性愛簡史

為什麼嘴上談愛，腦袋裏會想到性

肉唐僧 著

原書名：被劫持的私生活

推薦序

這本書的主題是性別。在中國，像本書作者這樣寫書的人並不多。他廣泛涉獵古今中外與這個主題有關的資料、思想，融會貫通，用經過自己深思熟慮的邏輯加以重新整理和論述。雖然有些論述尚可商榷，但是作者能夠自圓其說，提出了許多新穎而有趣的理論。

性別問題有著什麼樣的重要性呢？在我看來，性別這個範疇和階級、種族、年齡等範疇處在一個數量級上。書的標題（本書原名《走好，父親》）點明了全書的主題：父權制的形成及其走向。

到目前為止，全世界大多數文化都形成了父權制，並持續了數千年之久，只有少數例外，例如有人類學家米德所研究的一些島國，和蔡華研究的中國雲南省的摩梭文化。因此，可以斷言，父權制是一個跨文化的現象。

儘管女性主義理論千差萬別，但是在一點上保持高度一致，那就是：父權制既不是

「自然」的，也不是永恆的，它有人為建構的成分，而且是可以改變的。其實，在最近一百年間，它已經發生了很大的變化。而這一改變與女性主義理論家、實踐家的奴隸有關，是風起雲湧的婦女運動的直接後果。

父權制（patriarchy）在西方學術話語中也被稱為男權制，原因大約在於，從根詞上講，父權制與父系的（matrilineal）、男性家長（patriarch）同源，相對於母系的（matrilineal）、女性家長（matriarch），表示一種男性佔據統治地位的兩性不平等的制度。從眾多的關於父權制的定義來看，父權制與男權制完全重疊，應當可以通假，視為同義詞。

下面我們看一組關於父權制（男權制）的定義：

——父權制就是將男性身體和生活模式視為正式和理想社會組織形式。

——這是一個系統的、結構化的、不公正的男性統治女性的制度。男權制包括這樣一個制度（如政策、實踐、地位、機構、角色和期望）和行為，它們為男性授予特權（較高的身分、價值和特權）。這些制度和行為構成了性別主義的概念框架，後者反過來維護前者，將前者合理化。男權制的核心是對男性特權的權力的維護及將其合理化。

——長期以來最令人驚異的一個事實是，做為女性的對立面，男性的活動總是被當作絕對重要的，文化體系對男性的角色和活動賦予了絕對的權威和價值。

——父權制：一個社會由男性統治，是認同男性的，男性中心的，這個社會的關鍵因素之一是壓迫女性。

——男權制（父權制）又稱男性中心主義（androcentrism）。所謂男性中心是指：主義的中心在於男性及其活動。

概括的說，父權制包括以下內容：

第一，男性統治：在一個社會中，無論政治、經濟、法律、宗教、教育、軍事、家庭領域中，所有權威的位置都保留給男性。

第二，男性認同：核心文化觀念關於什麼是好的、值得嚮往的、值得追求的或正常的，總是與男性和男性氣質理想聯繫在一起的。

第三，女性的客體化。

第四，男權制的思維模式。

當所有的男權制思想家、理論家為男性統治女性的歷史、現實、制度和觀念辯護時，他們的一個潛臺詞總是：是上帝（或自然）迫使女性服從男性的。他們透過賦予男性某些品格（理性、邏輯、智力、靈魂），賦予女性另外一些品格（混亂的情感、無法控制的性慾等），將女性邊緣化。除了赤裸裸的男權制思想言論外，有些時候男權制的邏輯並不直接說女性什麼，而是用委婉的話去掩飾真正的涵義，當它想維護既存制度促使女性屈從於男性時，所使用的卻是諸如「保護家庭」一類的口號。

在當今社會，男權制思想精英不敢公開說女性是天生的二等公民，關於有某一類人生而低人一等的話語，在二十一世紀的話語中沒有合法性。但是，性別歧視的話語和觀念，還遠遠沒有退出公共話語的舞臺。男女平等的事業還將經歷一個漫長而艱苦的過程。為什麼現代社會仍然存在性別歧視？主要原因在於性別歧視深種於文化之中，這一文化已有數千年的歷史。作者在這本著作中致力於樹立目前盛行於世界的父權制起源、發展，及其在婚姻、愛情和性的領域中的表現。感謝作者為我們提供一個深入瞭解性別問題的思路，使我們在翻閱之後，能夠在被作者拓寬的視野中，對性別問題做一番全新的思考。

李銀河

作者序

很多人問過我同樣一個問題：「你為什麼要寫這本書？」我的回答是：這主要是寫給已婚女性的一本書。在我不斷探究性、婚姻和愛情觀念建立的歷史過程時，我也在嘗試著去分析婚姻不幸背後的制度性原因。今天的性、愛情和婚姻看似是一個自由和私密的世界！其實，它們卻不斷被道德、法律、孩子、財產、宗教、國家等種種力量所劫持！

在母系氏族社會，在性方面最不道德的一定是一位美麗卻又性冷感的女人——她拒絕用自己頗具性魅力的身體，來為氏族的興旺和農作物的豐收做貢獻。而到了父系氏族社會，道德卻成了「禁慾」的同義詞，成了對性資源的輕蔑。從母系社會到父系社會，從宗教到鬼神，從第一個父親的誕生到狹義父親概念的淡化，都呈現出了我們對於愛情、婚姻和性觀念的變遷。男人的好色是天生的，是生物本能所驅使的，他會去追逐盡可能多的女性。而做為女性來說，為了取悅男人而且「不勞而獲」，她們使盡渾身解數來誘惑盡可能多的男人。愛情、性和婚姻到底是男人騙女人一夜，還是女人騙男人一生？

做為作者，自己關於這三者的看法能被更多的人看到，總是件很開心的事情。然而此刻，我心裡卻有愧疚之感。這愧疚，源於三個方面：

一是本書的簡體版雖然是於二〇〇八年底在大陸發行，但其實早在二〇〇三年初就已截稿。寫作這本書時，搜集資料的時間跨度了四年，正式寫作時，又用了兩年。寫作開始之初是在一九九七年，那時候，我還沒有學會上網，也就談不上用搜尋引擎查找資料。資料的累積完全是靠紙質閱讀，這顯然成為了這本書最大的缺點。

我的第二個愧疚是此書的主題——婚姻制度及觀念的變遷史——所涉及的學科太多，這超出了我的能力，乖舛之處定是難免。本來，應該藉此繁體版出版的機會多加修訂，但是，一本寫完的書，就像個前妻，讓人很難提起興致。漏洞和錯誤的存在，或許會讓本書變得更開放，也能夠引起讀者批評和批判的慾望，這對我、對讀者，都不是壞事。

另外，這雖然是一本講婚姻制度變遷的書，但因為大陸的出版審查制度，將其中最重要的宗教與法律兩章刪除了。也就是說，在大陸發行的，其實只是個殘本。講婚姻制度，不許談法律、不許談宗教，這確實讓人人不爽了。而這，也就是我第三個愧疚的原因。

從二〇〇三年成稿到二〇〇八年簡體版出版，歷時五年有餘，也先後被八家出版社拒絕，原因五花八門，有說「太黃太下流」，有說「反對一夫一妻制違反憲法」。還有一位女編輯拒絕的理由是「作者的男性中心視角和大男人主義，讓人噁心」云云。一夫一妻制乃是父權社會的最高組織形式。其本質——如理安．艾斯勒所言——是「男人統治女人、一部分男人統治另一部分男人」。我唱衰這個制度，怎麼還可能是大男人主義呢？

福柯所說的「壓制並不僅僅來自於強權，更來自於我們自身」。大陸出版界實在是這句話最好的注解。大陸的出版審查制度，並不是每一部書稿都由官方派人來讀。因為這樣的工作量太大，所以它的辦法是讓出版人自己決定，如有違規，則事後懲罰。當然，這個懲罰是非常嚴重的。當初，我的這本書正要往各書店分送。另一家出版社出了一本關於宗教的書，社長就地免職。我的這家出版社社長便恐慌起來，硬是把這兩萬本印好的書全部收回去化了紙漿。重新印過之後，便是去掉了宗教和法律兩章的「潔本」。

此次繁體版，被刪的兩章就有機會補足。但是，法律這一章的內容卻因時過境遷而變得不適宜了。因為大陸於二〇〇一年頒布了《新婚姻法》。這個法律在我看來非常糟糕，雖然初衷是保護婦女和兒童，但實際操作的效果卻一定是會適得其反。所以法律這一章我根本就沒涉獵人類歷史上關於婚姻法的法理及具體法條的變遷，而只是著墨於對大陸《新婚姻法》的批評。如果是二〇〇三年出版，這一章還有點意思。但是現在，十年時間都過去了……

因為出版過程的坎坷，如果按照老套在作者序裡把要感謝的人都羅列出來的話，這將是令人昏頭脹腦的一大串名單。我就不折磨讀者們了。

感謝樂果文化把我的書以繁體版的形式介紹給香港和臺灣的朋友。閱讀此書，也許並不能提高您對婚姻的滿意程度，但是，萬一您身陷一個不幸的婚姻之中，這本書或許會減輕你的內疚之情。

達文西名畫《麗達與天鵝》

Ever urs 肉

於大連

目錄

第一章 男人的慾望

男人的好色，是由生物本能所驅使的。男人只是簡單的「為性而性」。要想把一個男人最大的生殖潛能表現出來，應該給他配備六百四十個女人！

第二章 女人的詭計

女人要想讓這場演出大獲成功，一定要達到「忘我」的境界。女人最大的心願就是盡可能多的男人去愛她！

第三章 就這樣，我們有了一個父親

受經濟利益的驅使，人類的婚配制度第一次背離了他們自己的生物學本性。最終，產生了以經濟利益為目的的、父權制的一夫一妻制家庭。

第四章 中國何時開始一夫一妻制？

在中國，父權制的一夫一妻制，在周是折衷於禮，至秦又輔之以律。

第五章 巫術與宗教——鬼神對我們性生活的看法

母系社會的時候，人們的巫術和宗教觀念，都是鼓勵群交的；男人得勢之後，認為非法性交會帶來災難的巫術觀念，讓男人有了限制女性性自由的理由。

道德和宗教這兩個東西，西方人選擇了宗教，中國人則選擇了道德。假設有一個男人向一位少婦求歡，如果這是位春心蕩漾的中國少婦，她會一邊掙扎著一邊說：「讓別人看見怎麼辦?!」而如果這位少婦是個西方人，她會一邊掙扎著一邊說：「噢，不！上帝會懲罰我們的！」

第六章 古怪的基督教

教士們為排隊等候天堂通行證的人們做出如下排序：獨身者、結婚者和通姦者。

第七章 道德——別人對你性生活的看法

在母系氏族社會，在性方面最不道德的一定是一位美麗卻又性冷感的女人——她拒絕用自己最頗具性魅力的身體，來為氏族的興旺和農業豐收做貢獻。而到了父系氏族社會，道德卻成了「禁慾」的同義詞，成了對性資源的蔑視。

第八章 三位一體的婚姻、愛情和性

愛情與性的關係也並不比婚姻與性的關係更正常些。希臘詩人帕拉塔說：「婚姻只能給男人帶來兩天的幸福，一天是把新娘帶上床，一天是把她送進墳墓。」

第九章 很多人想出很多辦法，事情卻變得更糟

當初，圍城是男人們建立起來的。只是四十多年前男人們犯了傻——把自己老婆一起帶出城逛了逛。男人們的玩性總是大的，過了一陣子之後，他打發老婆和孩子先回去，自己又多玩了一會兒。可是，當他想回家的時候，卻發現老婆和孩子已經建立起了一個新城。城裡，已經沒有了他的位置。

第十章 走好，父親

我們正處在這樣一個變化和轉型的時期——這是我們每個人都能感受得到的。但是，對於未來，我們卻不能假裝知道答案。在此，我們向行將謝幕的那個男主角誠懇的道一聲珍重：走好，父親！

第一章 男人的慾望

必須有一個女人，色慾使我片刻不得安寧。

——列夫·托爾斯泰（Lev Nikolayevich Tolstoy）（俄國作家，代表作《戰爭與和平》）

公雞——母雞

美國第三十任總統喀爾文·柯立芝（Calvin Coolidge），有一次偕夫人到一家農場參觀。導遊帶柯立芝夫人到了一處雞舍，柯立芝夫人非常驚奇地發現，一隻亢奮的公雞騎在母雞身上，樣子十分滑稽。於是她問導遊：「這隻公雞一天最多可以『上』幾次？」

導遊回答說：「恐怕可以『上』好幾十次。」

柯立芝夫人聽了之後就說：「請把這件事情告訴總統先生。」

不久，在農場別處參觀的柯立芝總統也來到雞舍，導遊便把剛才的事情一五一十地向總統做了彙報。「牠每次『上』的都是同一隻母雞嗎？」總統問道。

「喔，不，不是，總統先生！每次都是不同的母雞。」導遊回答道。

「請把這件事情告訴總統夫人！」柯立芝總統得意洋洋地說。

這便是著名的「柯立芝效應」：母雞和柯立芝夫人希望異性一天能搞很多次，公雞和柯立芝總統卻只想和很多異性搞一次。男人這種「每次都是不同母雞」的心願，令所有女性痛恨不已。而男人自己也頗覺不好意思，沉痛檢討，「寡人有疾」，心理負擔頗重。那麼，男人怎麼就做不到從一而終呢？一個男人即便娶了一個很漂亮的女人，他人生的終極目標也不會是和太太不停地做愛，那些不如妻子漂亮的女人照樣能讓他「痞𦙶思服」。我有個慣於尋花問柳的朋友，在一次大醉之後，捶胸頓足：「這些女人又不比我老婆漂亮，又不比我老婆溫柔，我為什麼還要為她們尋死覓活呢？」話音未落，他又盯著路過的服務小姐打起了主意。

是的，男人對每一個映入眼簾的女人都會產生興趣。三妻四妾的老爺，隔三差五的總忍不住要收個丫環。這在舊中國已經成了老套的故事。說到外國，伯特蘭・羅素（Bertrand Russell）、列夫・托爾斯泰（Lev Nikolayevich Tolstoy）、讓—雅克・盧梭（Jean-Jacques Rousseau）、亨利克・易卜生（Henrik Ibsen）、P・B・雪萊（Percy Bysshe Shelley）……這些名聲顯赫的男人絕不缺乏與眾多上流社會女性交往的機會。可是，他們還是把自己的女傭弄上了床！順便說一句，著名傳記作家詹姆斯・鮑斯韋爾（James Boswell）在為盧梭搜集傳記素材的時候，順手也把盧梭那位女傭出身的老婆勒瓦塞（Teles Levasse），搜集到了床上。

箇中原因，還是從柯立芝的雞說起吧！

我們知道，生命的終極目的，就是要完成基因傳遞。**後代最多的生物個體，就是最成功的個體。**

一隻母雞一天只能生一顆蛋，而一隻公雞一天卻能「上」幾十次。如果讓這隻公雞幾十次都上同一隻母雞，或者憋著——一天只行一次房，那對這隻公雞的遺傳利益來說，無疑是極大的損失。同時，行一次房對公雞而言，付出極小——誰也沒見過雞的精子是什麼樣子，但雞蛋大家都喜歡，一顆煮雞蛋就是一頓不錯的早餐。如果公雞射一次精，消耗的蛋白質也像一顆雞蛋的蛋白那麼多，那這隻公雞一天最多也只能行一兩次房，每天都「上」好幾十次的這種「淫糜」生活，恐怕連念頭都不會有。一顆雞蛋的大小，是一個雞精子的幾十萬倍。雌雄兩性性細胞大小差異的極端，見於鴯鶓，牠的卵子是雄性精子的一千萬億倍！不公平的是：在一隻小雞身上，來自公雞的基因和來自母雞的基因，卻是各佔一半！

如果一隻公雞「上」一次就能讓母雞受孕，牠一天能「上」多少次，就需要多少隻母雞——每天對妃子們「普施雨露」一次。只有這樣，才最符合牠的遺傳利益。

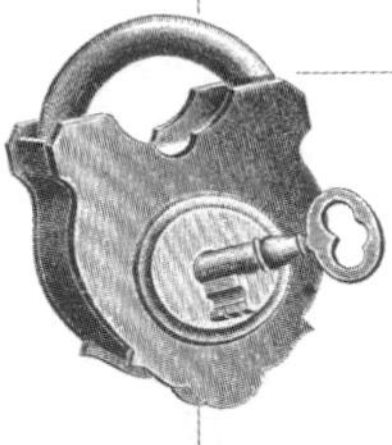

從理論出發，多少女人才夠呢？

雖然女人的卵子與男人的精子相比，大小差異沒有鴯鴕的那麼懸殊——人類卵子的大小是精子的三十萬倍——道理一樣。

男人一次射精的精子數，達數億甚至十幾億。而女人，假如十三歲初潮、四十五歲絕經，一輩子最大的排卵數，也不過區區的三百八十四個，如果期間懷孕或哺乳，這個數字還得下調。乍一看，在現行的一夫一妻制中，男子的生殖潛能實在被浪費了許多啊！當然這種演算法一定會遭到所有人的反對：男人如果　次只射出一個精子，能讓其配偶懷孕嗎？好像有點難度。那麼我們換個角度，從時間出發來算算這筆帳。

一個男人兩次射精之間的間隔，從理論上說，是十五～三十分鐘。當然實際上，沒有哪個男人能長時間保持這樣的高效率。那麼，一天一次怎麼樣？這對男人的身體不會有任何損害。

來看看女人的情況：懷孕及分娩需兩百七十天，之後的哺乳期內也很難再懷孕。雖然古代女子的哺乳期都很長，五～七年的時間也很常見，但我們仍按現代的一年時間來計算。這樣，一個女人兩次懷孕的間隔就是六百四十天左右（270+365=635天）。

看來，要想把一個男人最大的生殖潛能表現出來，應該給他配備六百四十個女人！

但是，這個數字必須被修正一下：沒有哪個男人能夠「彈無虛發」，與一個女人交配一次就會讓她懷孕。平均需要多少次很難估算，我們放寬到二十次，應該足夠了——假定這二十次全都發生在女人的「危險期」。

我們不妨想像有一群女人在一個男人面前「排隊」，條件如下：

(1)一個男人一天只行一次房；(2)只和身處「危險期」的女人性交，間斷也好，連續也好，只要做滿二十次，這個女人就會懷孕；(3)如果輪到哪個女人，而她卻正好處於經期或安全期，則向後順延一天，直至她進入「危險期」；(4)懷孕的女人離開隊列，完成分娩和一年哺乳後，再加入隊列；(5)隊列中人數最少的時候，不得少於十六人（假定每個女人的經期都相差一天。只有這樣，這個男人才不至於沒有合格的女人可用）。

這樣算下來，每個男人共需要四十八個女人（640÷20+16），即可發揮其最大的生殖潛能。

有眾多妻子的摩洛哥國王，得到他本人承認的子女就有一千四百一十三個。而女子中，生育紀錄的保持者是一位莫斯科婦女，只有可憐的六十九人——能達到這個數字，還要歸功於她生了很多三胞胎。子宮的容量，總是有限的。通常一個女人一胎生一個孩子，最大生育數也就是二十五個左右。與摩洛哥國王的子女數加以比較，比例是一比五十六。看來，我們上面那個一比四十八的估算，還不至於太離譜。

可是在實踐中，男人比理論更好色

垂涎欲滴的男子

男人的遺傳利益，在於與盡可能多的女人交配，以期生育出更多的後代。**他的好色，是喜新不厭舊的**。拿《紅樓夢》的賈璉來說，鳳姐和平兒，容貌、肌膚、身材、教養，哪方面拿出來都要比鮑二媳婦強出許多。但那也沒有用，賈璉還是要去「偷腥」的。因為唯有與多個女人保持性關係的這一種行為模式，才符合賈璉的遺傳利益。這一行為模式，早已被數位化編碼儲存在他的基因裡了。賈璉之好色，正如小鴨子生下來就會游泳一樣，是在賈璉動腦筋思考之前，甚至在他有一個會思考的大腦之前，就已經決定了的。正如賈母所言：「……整日價偷雞摸狗，髒的臭的，都拉了屋裡去……」鳳姐和平兒再好，他也還是只喜歡和不同的女人睡覺。

一個男人只能有一個妻子，而又不許他輾轉反側對其他女人寤寐思服，這確實十分不近情理。畢竟，**男人的好色，是由其最根本的遺傳利益所驅動的**。這既不是什麼道德問題，更不是所謂的「思想品格」問題。無論是對女人數目的不知饜足，還是在性上的不理智態度，這些所謂好色的表現，源於天性，而不是源於思考。

晉滅吳後，晉武帝將孫皓的嬪妃、宮女悉數收納，致後宮逾萬人。而南北朝時後趙的石虎，後宮居然有三萬多人。假設石虎每晚都有興致臨幸一個，那麼排在後面的女人們，要等「普施雨露」到自己頭上，都已經一百多歲了！對女人們來說，一百年都足夠讓她們絕經兩次啦！

不過，對普通男人來說，即便只有四十八個妻子，也是一件辛苦而困難的事情。首先，他面對來自其他四十七個男人的競爭。成功後，他要冒著被那四十七個男人聯合起來「謀色害命」的危險，以及眾多子女帶來的沉重經濟負擔等諸多煩惱。所以自古以來，只有在權力和財富上達到很高成就的男人才有能力擁有眾多的妻子。當然，且男人有能力這樣做，他們從不肯浪費機會！我有個朋友，無意中說過一句至理名言：**能夠隨心所欲地消費東西，不算發達，能夠隨心所欲地消費女人，**

才算是有一點發達，能夠隨心所欲地消費男人，那就是非常發達了！

能夠隨心所欲消費人的代表，無非是國王和皇帝：他們無一例外擁有眾多的嬪妃，修深宮高牆，牆外佈置禁衛軍，將在宮內的男性僕人盡數閹割，以確保自己對眾嬪妃的獨享；而規模很小的原始部落的酋長，雖然沒有能力採取如此嚴密的防範措施，卻可以利用原始迷信與巫術，來實現獨佔多個女人的願望。據達爾文（Charles Robert Darwin）對紐西蘭原住民部落情況的描述：在部落中，幾乎每一個長得好看些或有希望長得好看些的女子，都會被酋長宣布為是他的「塔鋪」，意即禁臠。

假如某個男人能避開諸如養孩子之類的煩心事而有幸當一個「大鼻子情聖」，就像錢鐘書在《圍城》裡所說的那樣：「只享受做丈夫的權力，而不必盡做丈夫的義務」，那麼這個男人好色的天性便會暴露無遺——對女人的需求數將達到荒唐可笑的地步，遠遠超過四十八個這一「合理」的限度。在這方面，國王們和中世紀的教皇和主教比起來，不過是小巫見大巫。W・萊基（W Lecky）的《歐洲道德史》（《History of European Morals》）中記載道：一一七一年在聖奧古斯丁，一個男修道院院長僅在一個村子裡就有十七個私生子；在西班牙的聖彼拉奧（San Pi Rao），另一位男修道院院長於一一三〇年被證實至少有七十個姘婦；列日的主教亨利三世被免職，原因是被查出有六十五個私生子。小小的主教當然無法與教皇相比——被教皇約翰二十三世所承認的私生子，數目達到創紀錄的一百一十七個。這個驚人的數字當然是長期努力的結果——在他還只是布倫紅衣主教的時候，就與轄區內超過兩百個的有夫之婦、寡婦、姑娘和修女有染。

在好色大業上，中國的男人比起外國的男人來，不說有過之無不及，至少是不遑多讓。清朝采蘅子《蟲鳴漫錄》中記載，朱元璋的大將常遇春，「三日不御女，皮裂血出，軍中攜妓自隨，明太祖不之禁」。更有甚者是紀曉嵐，每天必須行房五次，分別在入朝前、入朝後回來、午間、傍晚和臨睡前各一次。據他自己說，如果不這樣，他就會生病。這五次中尤其是「入朝後回來」還要行一次房，實在是令人匪夷所思。

紀曉嵐的閱微草堂在今天的珠市口西大街。雖說以前上朝比現在上班要早很多，天不亮就要進宮，可是參完朝議完政，還得和同僚們聊幾句天氣，然後才能打道回府。坐轎子從天安門一直到珠市口西大街，一路上也得花不少時間。這麼算下來，到了家裡怎麼也得是十一點鐘左右快吃中午飯的光景。看來他午飯前後要各行一次房才吃得下飯，和女人睡個覺簡直如同今人之飯前便後要洗手一般。

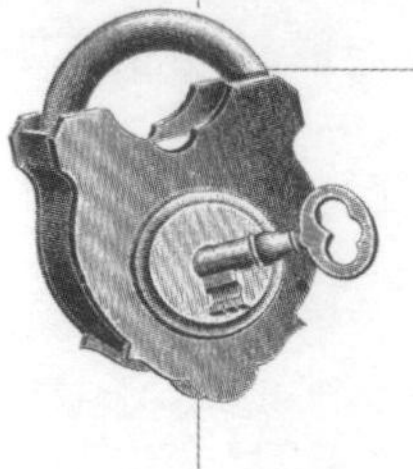

既然男人這麼「能幹」，為什麼非要和女人數目一樣多呢？

考慮到包括人類在內的諸多物種，雌雄雙方生殖潛力相差如此之大，那它們又為什麼非要雌雄數目相等呢？拿人類來說，如果男女比例是一比四十八，豈不可以省了許多麻煩！既能節省許多資源，人口的繁衍速度也絲毫不會受到影響。或許，一比四十八這個比例會讓男人過於自在了，他們極有可能會因為沒有競爭而喪失進取的動力。這對整個物種的基因不利。那就讓男人多一些，以產生些競爭。一比三十八還是一比二十五更合適些？具體數字或許會見仁見智，但是怎麼也不應該是一比一！

其他的物種也一樣。拿鹿群來說：每年的交配季節來臨，雄鹿們就會相互用腦袋亂撞一通，以這種方式選出最強壯者。最強壯的公鹿佔有所有的雌性，以維持整個鹿群獲取最優秀的基因。那麼，在爭奪交配權中失敗的公鹿，對整個鹿群的繁衍有什麼用呢？平時吃得多，耗費的資源大不說，遇到危險的時候，跑得可是比誰都快。有人就針對一個海豹群的情況做了研究：百分之四的雄海豹佔有百分之八十八的交配量，另外百分之九十六失敗的雄海豹整日無所事事，卻耗費著群體一半以上的食物資源（雄性海豹個頭大，吃得比雌性及幼獸要多），這怎麼合理呢？

對此，達爾文本人也產生了同樣的困惑。

在達爾文之後，羅奈爾德．費舍爾（Ronnell Fisher）爵士僅從「所有個體都只有一個父親和一個母親」這一再明顯不過的事實出發，解釋了大自然造物的奧妙，並從這一看似極不合理的現象入手，在邏輯上為進化論的觀點提供了新的佐證。牛津大學教授理查．道金斯（Richard Dawkins），在他優美的科普作品《伊甸園之河》（《River out of Eden》）中，對羅奈爾德．費舍爾的理論，做了精闢而簡潔的闡述：

如果某種生物能夠決定後代的性別，牠將為其後代選擇更有可能使其基因再傳下去的那個性別；所有個體生來都只有一個母親和一個父親。因此，**若干代以後，全體雄性的生育總量必定與全體雌性的生育總量相等**（這和義大利甲級聯賽，一年內十八支足球隊的總進球數必定等於總失球數是一個道理）。所以不難推知，如果雌雄數目不等，那麼，數目少的一方將得到比較大的「平均生育數」；上述情況一旦出現，必然會被自然選擇所修正，直到雌雄雙方的生育機會均等，亦即數目相等；在實行「後宮制」的物種中，上述規則依然適用。

現仍以海豹為例，為簡單起見，我們假設一隻雄海豹佔有十隻雌海豹，其餘九隻雄海豹沒有生殖機會。那麼，只有在雌、雄海豹總數相等的情況下，下列情況才能成立：對於一對海豹父母來說，生一個兒子，意味著有百分之十的機會獲得百分之百的孫輩；生一個女兒，意味著有百分之百的機會獲得百分之十的孫輩——兩者機會總體上均等。

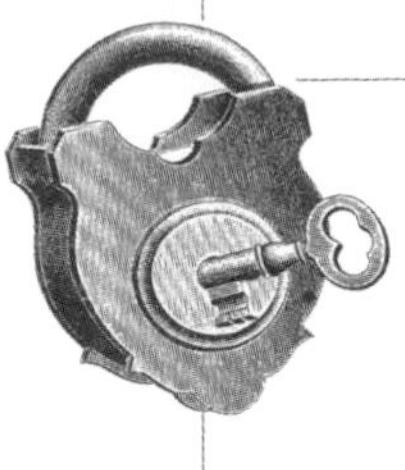

優生優育很重要，可是……

在自然界，絕大多數的群居性動物，都會有雄性競爭存在。不同的雄性動物制訂出稀奇古怪的比賽規則，或用頭相互撞擊、或打鬥廝咬、或齜牙豎毛地恫嚇，最終選出優勝者，並由牠來獨佔所有的雌性，從而維持了只有最優秀的基因，才能獲得寶貴的遺傳機會。這種類似於人類在豢養家畜時的選種工作，雖然剝奪了大多數雄性動物性的樂趣和生育後代的機會，但牠們的苦難是有回報的：整個物種或是族群，藉此獲得了巨大的優生學利益。

不過，有趣的是，自稱為萬物之靈的人類，卻從沒有將選種工作運用到自己身上。在人類出現至今百分之九十九點九的時間裡，人類的交配模式是每個男人都有份的群交。而在最近的六千年裡，人類的交配模式倒是有了變化，但卻改成了大鍋飯（註1）式的配給制。這也就是說，在人類長達四百三十萬年的歷史上，人類一天也沒有做過選種工作！

這是為什麼呢？**一個明顯不符合優生法則的交配方式，怎麼會產生迄今為止最為成功的物種呢？**

原因是人類會使用工具嗎？看起來像。當男人們個個都學會了躲在暗處用一塊板磚致另一個人於死地之後，一個男人佔有四十八女人，而讓另外四十七個男人只有看的份，這種情況看來是不可能了。

當然，這不是事實。它恰恰顛倒了事情的因果。

從人類的近親大猩猩和黑猩猩的情況來看：大猩猩實行的是後宮制——雄性大猩猩經過爭鬥，失敗者被迫離開群落，而留下唯一的勝利者獨享所有的雌性。而黑猩猩，卻是雜交的。

這兩種不同的模式產生了截然不同的結果：對於大猩猩，雄性最重要的是體格和力量。最雄壯的雄性大猩猩，才有機會打敗競爭對手，傳下自己的後代。經過一代一代的進化，雄性大猩猩的體魄變得十分可觀，達到雌性大猩猩的三到四倍。黑猩猩是完全雜交的，成年的個體，不論雄雌都混居一處。彼此間的交流十分頻繁，利害關係也是多變而複雜的。在這種環境下，審時度勢、欺騙、威脅或是諂媚等等能力和手段，便成為成功與否的決定性因素。大猩猩後宮制的遊戲規則，導致了雄性大猩猩體格上的優勢；而黑猩猩雜交的遊戲規則，則導致了其智力上的優勢。

所以，**正是雜交使人變得聰明**，而不是相反——每個男人都聰明的足以學會用板磚砸人，使得人類不得不雜交。

不同的交配方式，對於兩種雄性動物的性行為模式也產生了根本性的影響。對黑猩猩來說，因為在每一個有能力受孕的雌性黑猩猩身邊，總有一大堆雄性黑猩猩在競爭，所以，雄性黑猩猩和雄性大猩猩不同──牠們比的是床上功夫，而不是力氣。另外，正所謂「工欲善其事，必先利其器」，雄性黑猩猩只有「勤奮」是不夠的，牠還要長出一根比別的雄性更大的陰莖，才能讓自己的精液更靠近雌性的子宮口，以使自己的精子在激烈的「精子大賽」中占得先機。而對於大猩猩來講，雖然雄性間的爭鬥很辛苦，但比賽過後，勝利者就可以不慌不忙地得享受勝利者的榮耀和權力。如果哪一天牠身體不舒服，不想「臨幸」牠的眾妻妾，牠也用不著擔心會有別人趁虛而入。所以，胳膊、腿粗壯有力就夠了，至於陰莖，就沒有必要長得太大了。

因此，如果說黑猩猩比大猩猩更「好色」，大概不會有人表示異議；說陰莖的大小與好色的程度成正比，大概也不會有人表示異議。

在所有現存的一百九十三種猴子和猿（人也包括在內）當中，人類陰莖的絕對大小和相對於身體的大小，與他那一百九十二個遠房親戚相比，均榮登榜首。也就是說，**我們人類──至少在所有的猴子中──是最好色的**。

註1　大鍋飯：是對分配方面存在的平均主義現象的一種形象比喻。

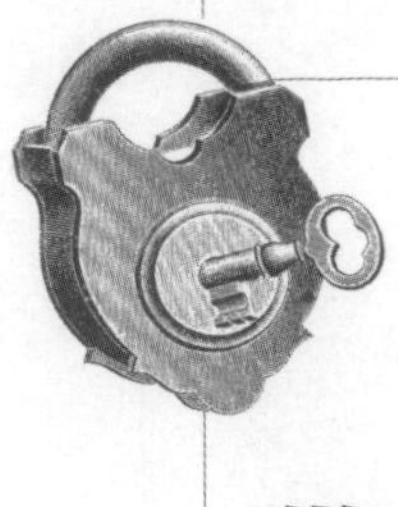

做愛經濟學

「在所有的動物中，幾乎總是雄性的一方擔當追求的角色。對待交配這件事，雄性一方的表現總是要比雌性一方『性』急得多。」做為一個被維多利亞時代道德觀洗腦的男性，達爾文在闡述這一事蹟時，顯得頗為扭捏，還有幾分羞惱。

其實，這一點也不難理解：

雖然在一個孩子身上，來自父親和母親的基因一樣多。但是，對於這個孩子的付出，雙方卻相差甚遠。母親除了懷孕、分娩外，還要承擔孩子的哺乳、餵養、教育和保護工作。在漫長的母系社會，這些任務是由母親獨自完成的，因為沒人知道誰是孩子的父親。在原始生活條件下，嬰幼兒的哺乳期往往長達五至七年。這意味著，一個女人一生中，最多只能生五個左右孩子。而男人不同，他們每天都有做愛的慾望和能力。雲雨一番過後，男人便志得意滿地走開，有關孩子的一切麻煩，都與他無關。

因此，在這個交易中，男人是佔盡了便宜的。這就好比兩個人合夥做生意。其中一個人只出一塊錢的本錢；另一個人出九十九塊錢的本錢不說，還要獨自承擔打理生意的重任。而賺的錢，卻是兩個人平分。不消說，在促成交易的過程中，當然是只出一塊錢的那個傢伙更積極些。

而女人，因為一生中生育的數目是有限的——和盡可能多的男人交配，並不能多生出很多孩子。所以，**女人的遺傳利益，便主要展現在孩子的品質而不是數量**。這使得女人不願意輕易地委身於人，她要觀察、要衡量，要在眾多可供選擇的性伴侶中，找一個優秀的、她喜歡的男人，來與他共同產生後代。**女性的這種挑剔和矜持，恰與男性的「性急」產生了鮮明的對比**。

男女雙方這種對待性事積極性上的差異，除了將「好色」的帽子扣在男人頭上之外，還有另外的幾個重要而具有實際意義的作用。

首先，**女人看似被動，實際上卻掌握著性選擇的力量**。一個漂亮的女人，和一個難看的女人相比，生育後代的數量是沒有明顯差異的。一是因為女人一生中所能養育的孩子數目太少；二是因為男人的好色——胃口出奇地好，再醜的媳婦，也會有男人帶去見公婆。所以，女性容貌上的差異，便不能被進化的力量所選擇。

男人就不同了——普遍受到女人歡迎的男人，有機會得到更多的後代：如果女人們都喜歡長著落腮鬍子或鷹鉤鼻子的男人，男人們就會朝著西部牛仔的方向進化。因此正是女人的口味，決定了人類這一物種的內在品格和外在相貌。一談到性選擇，人們往往想到的是雄孔雀的炫耀、夏天裡令人心煩意亂的蟬鳴，或是牡鹿們彼此用長著角的腦袋狠命相撞。在這場動物界的奧林匹克賽會中，下場比賽的絕大多數都是雄性動物。然而，宣布勝負結果的裁判可都是由雌性來充當！雌性的選擇，才是淘汰過程中決定性的因素。塞繆爾．巴特勒（Samuel Butler）（註2）的名言可謂一語道破天機：「雞是蛋生蛋的工具。」從根本上說，**雄性，不過是雌性動物製造更多雌性動物的工具罷了**。

再者，有資格挑剔和矜持的女人，往往就是最受男人們喜愛的女人——需要他們付出極大的耐心和更多的智慧去勾引和追求。這使得男人好色的天性，得到了後天的鍛鍊。男人們因此而更加好色了，也更「會」好色了。因為男性間的嫉妒和競爭天性，使得最難到手的女人往往成為眾人搶奪的「錦標」。男人願意為之傾家蕩產，甚至付出生命榮譽都在所不惜的女人，往往只是因為她豔名高熾，卻又不肯讓他得逞——這正是男人最愚蠢的天性之一。

歐洲文藝復興時期很多的高門大姓，就是因為與名妓或是交際花的交往而破落了。很多人在賠進全部家當後，卻主動放棄與美人一親芳澤的權力，為的只是表白自己「動機的純潔」。男人因而具有了一個令自己麻煩不斷的天性，就是所謂「禁果分外甜」的心態。與此相對應的是，**男人無法對已經被自己征服的女人，保持長久的興趣**。

最後，挑剔的女人發現，她可以利用自己的矜持獲利——這便是唐．西蒙斯（Don Simmons）所謂的「娼妓理論」。從人類的早期歷史開始，女人們就懂得了利用男人對自己身體的渴求，要求男人提供物質上的幫助。比如：食物、警戒和保護等等。聰明的女人發現，與其讓眾多男人同時都得到滿足，不如讓這些男人都得不到滿足。所以，女人們在施展渾身解數、勾引盡可能多的男人的同時，卻又不肯輕易讓他們得逞。這無疑是對男人好色天性的又一重大催化。女人們就是透過這一途徑，來要求男人對撫育後代提供幫助。這種幫助雖然極為有限，但無疑也會產生重大和深遠的影響。

這麼一來，**男人們就「不得不」好色了**。他們的「人生道路」就只剩下了一條——追逐盡可能多的女人！

這個觀點，會讓許許多多的男人擺脫道德的枷鎖和良心的譴責。不過，也一定會有人持不同觀點。他們會舉出動物中夫妻恩愛的典範，諸如鴛鴦、或者是對愛情一生不渝的象徵——仙鶴等等，以及歷史上為數眾多的、著名的纏綿悱惻的愛情故事，來對上述說法加以駁斥。

對此，我們不應忘記的是：幾乎所有的規律都是存在例外的。**有資格成為故事的事情，本身就意味著它的發生機率是極低的**。愈是膾炙人口的故事就愈是罕見，甚至乾脆就是人們的杜撰。

不過，例外確實存在於某一些生物的某一特定時期內。比如，一些鳥類，在很長一段時間內維持著排他性的、一對一的性關係；熱戀中的青年男子，眼裡只有他的「西施」，視其他女人為無物。這種現象在生物界，被稱為高等生物對配偶特有的「親嗜性」，它的深層原因是什麼呢？

在生物界，「生物一生中各種活動的最根本動機，就是將自身基因最大化地遺傳下去」的這一原則，從無例外，只是各種生物所採用的計策各有不同罷了。在一個繁殖期內，如果哺育後代的工作需要雌雄雙方合作才能完成的話，許多生物的表現看起來的確很像實行一夫一妻制的人類。但自然界中絕無任何物種，為了所謂「道德」的緣故，而犧牲自己在遺傳上的利益。

某些雄鳥放棄到外面「拈花惹草」，是因為牠們計算過，還是盡心盡力幫助雌鳥把現有的雛鳥養大，更加符合自己的遺傳利益。而忙於到處拈花惹草的那些「不負責任」的雄鳥，可能只是讓更多的雌鳥受孕，最終卻得不到一個存活的子代。

就拿被人們當作美滿愛情象徵的鴛鴦來說，雌鴛鴦的淫蕩在鳥類中是出了名的，只是牠們在繁殖期間，用在調情上的時間比較長，故而經常是成雙成對地出現在人們的視線之中，才給了人們「夫妻恩愛」的錯覺。

白頭翁這種鳥，很多人相信牠們對配偶的忠誠是至死不渝的。但是在阿根廷，動物學家在對鳥巢中雛鳥的 DNA 進行測試後發現，多達百分之二十五的雄白頭翁，辛辛苦苦、終日勞碌所餵養的雛鳥，並非牠們自己的血脈。無疑，牠們是雄鳥在外覓食時，雌鳥與其他雄鳥苟合的產物。而在性比較開放的美國，與雄白頭翁有同樣遭遇的丈夫，其比例尚不足百分之二。由此可見，加諸許多動物身上的所謂「美好品德」，其實只是人類的一廂情願而已。

在人類，哺育幼子需要男女雙方的合作，是一段時間內男女雙方感情專注的最為重要的原因。

這可以用來解釋婚姻的第二個危機期，即「七年之癢」：在婚姻的第七個年頭，孩子已經大了，雙方合作告一段落。男性便恢復了自己好色的天性。

婚姻的第一個危機期，通常發生在婚後一年半至兩年之間。這也同樣凸顯了男人好色的天性：那時孩子出生不久。對正在哺乳的、無法再次受孕的妻子，男人們實在無法保持「性趣」。可是從倫理學的角度來說，妻子們辛辛苦苦受孕的同時，還要忍受丈夫們的出軌，這實在是太殘忍了。

註2　塞繆爾是以色列最後的一位士師，也是以色列民立國後的第一位先知，他曾膏立掃羅和大衛為王。他不但是一個先知，也是祭司；更是一位偉大的軍事家、政治家、宗教家。是聖經中極少的沒有記載任何罪行的人之一，我們查考他的一生，必能發現許多值得模仿的美德。

小結

男人的好色，是由生物本能所驅使的。**男女雙方生育潛能的巨大差異，決定了男人實現其遺傳利益的唯一途徑：追逐盡可能多的女性**。沒有人能夠做到透過「思想教育」來讓男人不好色，因為這種性取向，本就在思想範疇之外。男人只是簡單的「為性而性」。在他們決定思考，甚至長出一個會思考的大腦之前，他們就已經好色了。從生物本性來說，男人們是極不喜歡一夫一妻這種婚姻制度的。可笑的是，一夫一妻制又是男人們費了好大力氣才建立起來的。

第二章 女人的詭計

女人最大的心願，就是要人去愛她！

——喬凡尼．薄伽丘（Giovanni Boccaccio）（義大利作家，代表作《十日談》）

《鞦韆》描繪的是浮華貴族少年藏在樹叢裡，偷看小姐盪鞦韆的場景

從葉猴說起

一九七一年，年僅二十五歲的美國加利福尼亞大學的社會生物學家薩拉．赫迪（Sarah Hedi），隻身前往印度賈拉斯坦邦（Rajasthan）的阿布聖山，試圖弄明白為什麼生活在那裡的葉猴，普遍存在殺嬰現象。

現在看來，葉猴殺嬰不過是個老套的故事：一群葉猴，由一隻雄猴做猴王，擁有七、八隻成年雌猴做為牠的配偶。

猴群內其他的成員，是牠們的未成年子女。多出來的那一大堆成年單身雄猴，整天在猴群外居心叵測地遊蕩。每一個猴群中，平均每二十六個月就會發生一次權力更迭：外來的雄猴打敗猴王。牠繼位後做的第一件事，便是殺掉所有仍在吃奶的小猴，以便讓處於哺乳期的雌猴再次進入發情期。這樣，新猴王才能盡快得到屬於自己的骨肉。

同樣的劇情，幾乎發生在所有採取「後宮制」模式的哺乳動物身上——獅子、非洲獵犬、狒狒、大猩猩等等。我們人類最近的親戚黑猩猩，雖然採用雜交模式，但成年的雄黑猩猩，也十分傾向於殺掉幼崽——只要牠有把握那不是牠的種。

不過，薩拉．赫迪並沒有滿足於此。可能是抱著學習的心態……她工作的重點，漸漸轉向了對雌猴的觀察。當雌猴面對如此悲慘的情況，她們是如何應對的？

雌猴無法阻止新猴王殺掉自己的孩子，也不能賭氣不和這個殺掉自己孩子的壞蛋交配，這樣做，不符合她的遺傳利益；她也沒有能力做到這一點。她唯一能做的，就是「把水攪渾」。於是，雌猴們不放過任何一個機會，趁猴王不注意的時候偷偷跑出去，和在猴群外對王位虎視眈眈的所有雄猴交配。這樣，不管今後哪隻雄猴繼承了王位，雌猴都會讓新猴王相信，她的孩子「可能」是牠的骨肉，從而使小猴免遭厄運。

可能有人會抗議：薩拉．赫迪把一隻猴子想得過於聰明了！也許，雌猴只是為了性，為了「偷情的快樂」才這樣做的？

於是，薩拉·赫迪進一步觀察雌猴的性頻率以及尿液中激素水準，最終發現：母猴對性最為熱衷的時候，是在自己懷孕的早期。大自然不會允許沒有道理的事情發生。一隻雌猴到了懷孕之後才變得更加熱衷於亂交，其目的只能是一個——欺騙！

看來雌猴的確是聰明的：首先她要懷上猴王的種，讓自己的孩子得到猴群中最優秀的基因。然後再去做好「公關事宜」。她們不僅牢牢握著績優股，對黑馬原始股也都不放過。這樣，日後不管「政治風雲」如何變幻，她母子二人都可確保無虞。

女人，當然比猴子做得更好

那麼，女人，有同樣的智慧嗎？在能力上，不應就此對女人有任何懷疑。問題的關鍵是：女人，需要有這樣的智慧嗎？

要回答這個問題，我們心中始終要有這樣一個時間概念：被我們所熟知的現行一夫一妻婚配制度，也才實行了區區六千年，而人類的歷史（從自立行走及產生語言算起），距今已有四百二十多萬年了。因此，不論從身體構造還是行為模式上，**人類的設計都不是為了與現在的生活方式相匹配，而是與農業社會之前漫長的狩獵採集時期相匹配**。

美國猶他州立大學（The University of Utah）的人類學家克里斯滕・霍克斯（Kristen Hawkes），對巴拉圭北部的埃克印第安人——一個採獵部落的研究，十分生動地揭示了女性的利益所在，以及她們為此而採取的策略。

埃克男人的生活方式有兩種：一是不停地敲打棕櫚樹幹，以獲取其內部的澱粉。這樣的生產方式一天可以獲取將近五十千卡的熱量；另一種是打獵，其收穫不但沒有前者那樣穩定，而且日均收穫還不到四十千卡的熱量。無疑，嫁給一個天天敲打棕櫚樹幹的農民，對女人來說在經濟上更有保障。每天多出的這十千卡熱量，就像三年自然災害時期（註3）多了一個珍貴的窩頭，對孩子的營養甚至於存活，都有著重大意義。但是，相較於一個農夫，一個獵手擁有更敏捷的身手、更機智的頭腦和更討人喜歡的性格——簡單地說——獵手擁有更優秀的基因。

是的，對一個埃克女人來說，她最好的選擇就是：嫁一個農夫讓他養家，同時偷偷地與最優秀的獵手通姦，生下具有優秀基因的孩子。事實上，她們也的確是這麼做的：六十六個婦女在被問及她們孩子可能的父親時，平均數是兩個。但有超過十五個婦女，提到了一個相同的名字——部落中最優秀的那個獵手。

一個現代女人的理想，要比埃克女人的難以實現得多：她最好嫁給比爾・蓋茲（Bill Gates），偷偷地生一個愛因斯坦（Albert Einstein）的孩子。這還不算完，她還需要湯姆・克魯斯（Tom Cruise）、史恩・康納萊（Sean Connery）或是麥可・喬登（Michael Jeffrey Jordan）做她的情人，才能得到最大的滿足。

註3　三年自然災害：三年困難時期是指中國大陸地區從一九五九年至一九六一年期間，由於大躍進運動以及犧牲農業、發展工業的政策所導致的全國性的糧食短缺和饑荒。

只許成功，不許失敗

每當涉及性、涉及男人的時候，女人們就會本能地開始算計、開始耍弄自己的「陰謀詭計」，只是她們自己並未意識到這一點。女人要想讓這場演出大獲成功，一定要達到「忘我」的境界。也就是說，在欺人之前，首先就要做到自欺，只有這樣，她們才能夠扮演好大自然賦予她們的角色。當人們觀看著一齣齣傷春悲秋、尋死覓活的偶像劇時，誰能想到這正是女人們給男人們召開的一次招標投資會呢？

這是一場只許成功，不許失敗的演出。相較於所有雌性哺乳動物，人類女性有著獨一無二的困境。

農業社會之前的人類生活，可以概述如下：群居、採集野果為食、雜交、壽命很少超過四十歲——這和黑猩猩幾乎沒什麼兩樣。按莊了富有詩意的說法，就是「含哺而熙，鼓腹而遊」——飽食終日而無所事事。然而，隨著東非地殼的隆起，茂密的森林一變而成乾旱的草原。其他靈長類諸如大猩猩和黑猩猩佔據了非洲殘存的森林，而人類的祖先「東非人」卻很不幸——他們被遺棄在那塊隆起的高原上。樹沒有了，他們只能來到地面上，開始一種全新的生活，以往賴以生存的果子不見了蹤影。更糟糕的是，雙手早已進化成善於持握樹枝和摘果子的樣子，無法附地奔跑。**如果沒果子好摘，閒著沒事做的兩隻手只好用來勞動。**

在弓箭發明之前，像樣的狩獵是談不上的，雙手能做的事情非常有限，除了拿根草棍去捅螞蟻窩之外，能做的只是去把獅子吃剩的殘羹剩飯撿回來吃，運氣好，大概還能撿到動物的死屍。這時的人類，就和老鼠、豬差不多，什麼都吃。考古學家對於人類早期遺址的挖掘，**證實了人類「食腐者」的身分：**混跡於人類遺骨中的獸骨，多數都帶有被猛獸咬噬過的痕跡。現在的浙江地區，還保留著吃臭豆腐、黴千張（註4）這些腐爛食品的風俗，這大概就是對食腐生活默默的懷念吧！

和森林生活相比，平原人雖然經常吃不飽，飲食結構卻發生了根本性的變化：蛋白質的攝取量大大增加。兩百萬年間，人類的腦容量增加了三倍！但是，他們的身體卻沒有增加那麼多——其結果就是，人類成了所有動物中生孩子最費勁的物種。現代科學家把疼痛分為十二個等級，第一級的疼痛是被蚊子叮，第十二級是女人生孩子。當然，還有第十三級——女人生孩子的時候被蚊子叮。

人類直立的行走方式，使得骨盆的尺寸不可能隨腦容量擴大下去。可是為了學會語言及製造使用工具，人類又不得不長出個碩大無比的腦袋。因此，胎兒不得不在很不成熟的時候被娩出母體。如果等胎兒成熟到像小馬、小鹿那樣，一出生就會跑會跳，那根本就別想生出來了。想想女人生孩子時的困難，再想想新生兒在第一個月內頭部體積會增加一倍，我們就不難理解，如果把十月懷胎延長為十一個月懷胎，會產生怎樣災難性的後果。

但即使女人的骨盆能夠增加一倍，以便讓孩子在子宮內多待一個月，也無濟於事：剛滿月的孩子，還是什麼都不會。**人類的幼仔，簡直是所有生物中最麻煩的東西**。在他一生三分之一的時間內，如果沒有別人的照顧，他就無法存活。在原始採集部落中，母親要給孩子哺乳四年以上。之後，還要為他提供固體食物、教會他採集食物、掌握語言、製造和使用各種工具。至少十二年之後，這個孩子才能自立。而那時的人類，壽命還不到四十歲。

即便是在科技十分發達的今天，一個二十五歲的婦女，生孩子也是十分危險和困難的事情。而在原始時期，即便我們認為一個女人從十五歲起就可以生孩子，一直生到三十五歲，一個女人一生中最多可以有二十年的時間生孩子。但那個時期的女人需要給自己的孩子哺乳四年以上，原因很簡單——沒有奶粉、沒有營養米粉，也沒有雞蛋。這樣一來，一個女人平均五年才能有一個孩子，因為哺乳期的婦女是很難再懷孕的，所以終其一生，她只有四次生育的機會。

那麼，對一個身處原始社會、一天至少可以射一次精的男人來說，看著他身邊的這些一輩子只有四次生育機會的女人們，不是正在懷孕就是正在給孩子餵奶。這無疑是一件讓他十分惱火的事情。一個吃奶的、與自己無關的孩子，使得他在一千五百天之內無法與一個女人產出屬於自己的後代。這樣的東西，當然是欲除之而後快的。

所以，女人起碼要和雌葉猴一樣聰明才行，不然，就難免遭受骨肉受戮的厄運。

但是，僅僅和猴子一樣聰明，夠嗎？

一個原始時期的女人，一生中有一半的時間，要嘛是處在大腹便便的孕期，要嘛是處在哺乳期。懷孕後期的行動不便，自不待言；而哺乳期的婦女，一天的消耗相當於正在訓練的中長跑女運動員。以前生活在森林裡的時候，懷裡抱著個孩子並不太影響摘果子。然而現在要走很遠的路才能找到吃的，一路上的危險自不待言——兩足行走的人類祖先，跑不過任何一種兇猛的野獸。**兩性之間的關係就此發生了根本性的變化：女人必須要籠絡住男性，讓他們為幼兒提供食物**。

在靈長類中，與原始人類生活方式最接近的就是黑猩猩了。但是黑猩猩的幼子一斷奶就能夠自己覓食。而人類的幼子卻要麻煩得多——在斷奶後很長一段時期內，都需要別人供給食物。所以，只求男人不殺掉自己的孩子是不夠的，女人還需要男人做得更多。可是，怎樣才能讓一個男人，表現得比一隻雄猴更好一點呢？

出路只有一條：比雌猴的演出更精彩！

註4 黴千張：紹興市上虞著名特產，以鮮潔、清香、素淡聞名，是豆製品中的佳品，被宮廷譽為「奇菜」。

女人的演出節目單

第一幕　褪毛

在現存的一百九十三種猴子和無尾猿中，人是唯一沒有體毛的。這給人類帶來的麻煩可遠遠不只花筆大錢去買件貂皮大衣。除了在熱帶，人們不藉助於自製的衣物就無法在所處的環境中生存。相較於有著一身漂亮毛髮的動物，我們有特殊的麻煩：種棉花、種亞麻、織布、染布、做衣服，當然，更要命的還是經常洗衣服。一定有很重大的動力，才使得人類甘心忍受這一切。那麼，這個原因到底是什麼呢？一時眾說紛紜。

美國動物學家德斯蒙德．莫里斯（Desmond morris），寫了一本膾炙人口的小書《裸猿》，就可能的原因做了種種探討，十分有趣。現在，讓我們沿著他的思路，來看看真正的原因到底是什麼！

一種猜測是：在很久以前，人類為了躲避陸地上的猛獸，曾經長時間生活在淺水區域，靠水生植物和捕魚為生。於是，這一身增加水中阻力的毛，便脫落了。這種說法的理由是，人後背的汗毛走向——和猴子不同——是從一側肩膀走向脊柱的。只有這樣的走向，才會減少在水中的阻力，並為在水中游泳的人提供更大的浮力。不過，在已發現的所有原始採集聚落中，我們沒有看到任何一個聚落是以這樣的方式生活的。更要命的是——也從汗毛的走向說起——人類上臂的汗毛是向下的，而下臂的汗毛是向上的，就是說，都指向肘部。這倒和有毛的猴子一樣：下雨的時候，用手抱著腦袋，這樣的毛髮走向，有利於雨水順著肘部流走。

可見，這個猜測是不成立了。但它讓人們更加堅信了一件事情：那就是，人類以前是有毛的。

另一種猜測是：人類剛從樹上走到地面上來生活，是穴居的。在巢穴中遭受了嚴重的寄生蟲侵擾。不勝其煩的人類於是褪去了所有的毛，讓蝨子、臭蟲們無處藏身。這種說法乍看起來很有道理，但幾百種穴居的動物，沒有一種採取了和人類相同的辦法來解決寄生蟲問題。更何況，褪了毛的人類，與有毛的其他動物相比，遭受皮膚疾病的困擾一點也未見減少。寄生蟲是少了，但隨之而來的各種真菌和細菌感染，以及皮膚受傷的機率卻大大增加了。相較你有一隻狗，去醫院皮膚科看病的次數一定是你比牠多。所以說，這種方法是極不划算的。**大自然不會單獨讓人類去犯如此愚蠢的錯誤**。

至於把褪毛歸因於烤火或是散熱，那更是不值一駁。在夏季的海灘上，誰都知道穿件衣服要比什麼都不穿更能防曬。看看長年身處炎熱沙漠中的阿拉伯人的穿著，我們立刻就會明白此種言論的無稽。

另一個說法，則把人的無毛看作是「幼態持續」的結果。「幼態持續」這個詞，單從字面上便可以理解它的涵義，即把嬰幼兒時期的特點保持很長時間。人剛出生的時候，腦容量只佔成年時期的百分之二十三。同時，人的生長發育是很慢的，因為他需要學習太多的東西。所以到十三歲左右，才會性成熟，而大腦，還要再過十年才會成熟。這就使得人類在相當長的時間內，需要保持一種「幼稚狀態」，從而獲得持續學習的能力和讓人腦不斷學習的機會。這種「幼態持續」，導致了人類終其一生，外貌都像嬰幼兒的樣子，而其主要的特徵，就是像剛出生的小孩子一樣——無毛。

可是這種說法，無法解釋為什麼人類到了成熟期之後，體毛一點也沒有增多。照說，成熟期之後至少應該比年輕時多長出一些才對。但事實上卻正相反：老年人的體毛，反倒比小孩子的要少些。仔細觀察，我們便會發現，多數小孩子的身上，都有一層細細的絨毛。拿女孩子來說，青春期四肢上往往會有比較重的汗毛。反倒是三十歲以上的成熟女性，肌膚才變得光潔細膩起來。從人種來看，黑人的毛髮是最少的，可是發育成熟的速度，反倒比其他人種更快些，也就是說，他們的「幼態持續」期要短一些。由此可見，雖然在生理特性上我們的確存在「幼態持續」這一回事情，但無法用它來解釋我們無毛的原因。

那麼，真正的原因到底是什麼呢？達爾文給出了正確的答案：性選擇！

在《人類的由來》一書中，達爾文這樣寫道：「據我看來，最近乎實情的看法是，人，或基本上是人之中的女人，之所以沒有體毛，是為了美觀的目的——因為，凡是透過性選擇而取得的特徵，即使在關係很相近的生物類型之間，也往往可以有超出常度的差別。」

再從大處著眼：我們知道，**生物獲得一種性狀，無非有兩條途徑：自然選擇或是性選擇**。既然人以前是有毛的，而且毛肯定是有用的。那麼，體毛的喪失，便一定是性選擇的力量使然。

不過，女人為什麼要透過褪毛來吸引男人呢？現在的男人的確都著迷於女人那細嫩光潔的肌膚。但是當這個過程剛剛開始的時候，在一個渾身長滿濃密毛髮的女人，和一個毛髮稀疏的女人之間，男人為什麼會喜歡後者呢？

答案很簡單，且頗有幾分好笑——那就是——只有褪了毛之後，我們光潔的皮膚上，才能有「癢癢肉」（註5）！

只有四種人不會有癢的感覺：出生不久的小孩、老人、剛射完精的男人和剛經歷了性高潮的女人。很明顯，這四種人的共同點在於：他們對性沒有要求。佛洛依德（S. Freud）是對的：他認為癢，是「力比多」——即性慾——在皮膚上的一種表現形式。他據此推斷，一個孩子從被胳肢後知道笑開始，便有了性慾。

撫摸女人，就會激發她的性慾。當然，這個女人的毛愈少，撫摸所產生的效果就會愈好。相較於一個渾身長滿毛而「不解風情」的女人而言，當然是渾身無毛、一被撫摸就哼哼嘰嘰地給予男人回應的女人，能夠給男人帶來更多性樂趣。隨著男人的體毛也因為自己母親的緣故而逐漸脫落之後，他們的身上，也開始有了「癢癢肉」。如今，男人不但喜歡撫摸，同時也和女人一樣，喜歡被撫摸了。於是，人類便有了**一種別的動物所不具備的技能——調情**。

調情這一技能，對於增進男女之間的親密關係，其重要性是怎麼加以強調也不會過分的。在學會調情之前，男人只是簡單而粗俗地需要女人；而在學會調情之後，男人才真正學會了如何精緻而細膩地去喜歡一個女人。

男人對女人的海誓山盟、各式各樣的承諾，都是在調情階段做出的，而不是在心滿意足之後。**調情的時間愈長，會讓男人在事後追悔莫及的承諾就愈多**。這種模式上的轉變，對女人和孩子的利益，產生了多麼重大的影響！相較之下，因體毛喪失而帶來的不便，也就算不了什麼了。

註5　癢癢肉大多存在與我們的脖頸處、胳肢窩裡、腰部、腹股溝，以及人腿內側。這幾處主要是人體的淋巴神經（即淋巴結）分布的主要區域，這些神經直接與我們腦神經相連，因而對外界的刺激反應也就特別敏感！

德拉克羅瓦《自由引導人民》，最具政治意義的乳房

我們的親戚黑猩猩和大猩猩，只是在哺乳的時候，才開始乳房隆起。哺乳任務一結束，胸部便又恢復平坦。其他哺乳動物也是一樣。可是為什麼女人在其一生漫長的成熟期內，不管是不是在哺乳，都會有一對碩大的乳房呢？原始時期的女人，在沒有內衣的情況下，一會兒要上樹摘果子，一會兒又要在平地上疾奔——以逃避或追逐某個動物。無疑，乳房會使女人們感到十分不便。在其他動物眼裡，這兩塊贅肉，也一定是十分滑稽和可笑的東西。

是為了取悅於男人，才長出這兩個東西來嗎？**但男人並不是天生就喜歡乳房**

的。所有雄性動物對於有大乳房的雌性，都是不屑一顧的——因為，她們正在哺乳，不可能懷孕。

佛洛依德的信徒們相信，男人之所以喜歡乳房，是因為這兩個肉球能讓他們重溫在母親懷中吃奶時的童年體驗，會給他們帶來安全感。還有的人認為，男人之所以喜歡有大乳房的女人，是因為他們相信，這樣的女人今後會奶水充足，對孩子有利。

如果是因為這個原因，那女人的乳房可就問題多多了。看過孩子吃奶的人都會立即發現，現在絕大多數女人所擁有的半球形乳房，其實是個有嚴重設計缺陷的東西。首先，這種形狀的乳房讓孩子很難持握；其次，乳頭過短——母親和孩子兩個人，都感到很不方便。當母親側臥睡著之後，半球形的乳房加上過短的乳頭，又很容易把正在吮吸的孩子鼻子塞住——因為這個而送了孩子命的情況，也屢見不鮮。另外，半球形乳房做為裝奶的容積，一點也不比梨形乳房多。

因此，如果女人是因為要做廣告才長出乳房來，那不應該是長成現在的這個樣子。被陝西人稱為「口袋奶」的那種梨狀乳房，再配上一個長長的乳頭，才算得上是成功的廣告策劃。

那麼乳房的真實意義，到底是什麼呢？沒錯，**它是女人的另一個計謀——對男人的又一次欺騙**。

在動物界，雄性不會對有著大乳房、止處於哺乳期的雌性有任何興趣——因為牠無法受孕。而女人面對殘酷的生活現實，要求男人無時無刻對她保持興趣，從而有機會獲得所需要的。為了迷惑男人，女人面臨著兩種選擇：要嘛哺乳的時候也和平時一樣，沒有乳房；要嘛不論在什麼時候，都有隆起的乳房。前者，是女人無法做到的，現行的措施，便成了唯一的選擇。

總的說來，女人的乳房遠沒有人們想像得那麼重要。它們不過是女人們為了假裝自己隨時可以懷孕而不得不長出的兩大塊贅肉。「母性的象徵」、「性感的源泉」、德拉克羅瓦（Eugene Delacroix）（註6）筆下自由女神的雙乳是有史以來最具政治意義的一對乳房——它展現了法國大革命的理想和追求……那些一本正經地加諸乳房的「重大意義」，都只不過是些無聊的炒作。一支業績平淡的股票，要想博取眾人持久的關注，莊家就得不斷找出題材來加以炒作。女人身體上隨便什麼部位，要想獲得男人額外的關注和興趣，也需要如此這般地炒作炒作。

日本女人「最是那一低頭的溫柔」，露出一截蝤蠐般的後頸，是最能讓日本男人動心的部位。三寸金蓮對於中國男人不僅是催情之物，更是文人們創作的動力和題材，國學大師辜鴻銘（註7）文章寫不下去的時候，趕緊把自己的小腳老婆喚到身邊，捧起她的一雙金蓮放在鼻子底下嗅來嗅去，登時文思泉湧。陶淵明看來也是個超級戀足癖，曾作《閒情賦》一首以明志：「願在絲而為履，同素足以周旋；悲行止之有節，空委棄於床前！」實在是感人至深。維多利亞時期的歐洲男人癡迷的部位，則是女人秀挺的腳踝——從福樓拜（Gustave Flaubert）的小說中我們得知，當包法利夫人為邁過路當中的一個小水坑，輕輕提起長裙的時候，露出的那一小截腳踝雖然還裹著一層襪子，身後的那個年輕男人照樣心馳神蕩起來。

如今，拿來炒作的題材恰好輪到了乳房。為了讓男人們對本無用處的這兩塊贅肉保持長久的興趣，女人們著實費了不少心思。

每隔四十年，美國就會輪流時興一次豐胸和平胸。一九八八年十二月，《華爾街日報》宣稱：「大胸脯潮流又回來了。」是的，今天，我們碰巧又生活在以大乳房為美的時尚中。女人們戴上各種式樣和顏色的胸罩，想出各種在衣服上收腰和開領的方法，甚至把矽膠和鹽水袋埋進自己的胸部，以期男人們對她們身體的這一部分多加關注。

第一次世界大戰之後，女人們拋棄了笨重的靴子和長裙，愈來愈多地露出了雙腿。於是，女人身體上不再有什麼部位能和乳房來競爭情色中心這一地位了。不管是什麼部位，如果女人們總是用衣物擋著不讓男人們看到，男人們就會愈來愈感興趣——這是屢試不爽的炒作手法！男人們簡直愛死了女人胸前的這兩塊軟肉。幾年前，一位胸前偉岸的美國家庭主婦不滿於婚姻生活日漸單調無聊，去做了個縮胸手術，以期給丈夫一點新鮮感。不料事與願違，丈夫堅決要求離婚，在法庭上，丈夫聲情並茂地向法官陳述說，和胸前只有兩顆「小豌豆」的女人在一起的日子，一天也過不下去。

十九世紀的一首詩這樣嘲笑小胸脯的女人：

親愛的，我不會嫌棄妳瘦骨嶙峋；嬌小的乳房讓心兒更加貼近。

但即便時尚如此，男人思想深處似乎仍保留了雄性動物對乳房的一份本能上的反感：一九九〇年，克萊茵克（Klein J）和斯坦納斯基（Stan Nath Ki）這兩位好事的心理學家給一些男人看一組女大學生的照片，結果，胸圍八十七公分的女生們普遍受歡迎，男人們覺得這些胸脯小的女生們「比較聰明以及有禮貌」；而那些胸圍在九十五公分以上的女生們，則被評價為「不太聰明或不太道德。」可是，美國社會學家埃文．羅斯戴爾（Evan Rosdale）對一千兩百名婦女做了統計學調查，發現女人真的是胸部愈大愈聰明呢！她說：「儘管我們大多數人都不願意承認這一點，比如我自己就穿一號內衣，但是我們的研究證明這的確是事實：**胸部豐滿的女性與胸部扁平的女性相比，智商高出近十點。**」

這個結果不禁令人想起一句老話：「騙子都是些聰明人。」

註6　歐仁．拉克羅瓦是法國著名畫家，浪漫主義畫派的典型代表。他繼承和發展了文藝復興以來歐洲各藝術流派，包括威尼斯畫派、荷蘭畫派、P．P．魯本斯和J．康斯特布林等藝術家的成就和傳統，並影響了以後的藝術家，特別是印象主義畫家。

註7　辜鴻銘：辜湯生，字鴻銘，號立誠。學博中西，號稱「清末怪傑」，是滿清時代精通西洋科學、語言兼及東方華學的中國第一人。熱衷向西方人宣傳東方的文化和精神，在西方形成了「到中國可以不看紫禁城，不可不看辜鴻銘」的說法。他翻譯了中國「四書」中的三部——《論語》、《中庸》和《大學》；並著有《中國的牛津運動》（原名《清流傳》）和《中國人的精神》（原名《春秋大義》）等英文書籍。

第三幕 被隱藏的排卵期

出於和乳房同樣的原因，女人對自己的排卵期也開始祕而不宣——如果像雌猴那樣，一排卵屁股就變得鮮紅，那麼在一年絕大部分的時間內，男人們就會不見了蹤影。

女人隱藏自己的排卵期，全年都接受性，從而讓男人相信，這個女人隨時有能力，有可能懷上他的骨肉。只有這樣，才能使男人全年都對自己有「性趣」。這個出色的計謀，對男人產生了怎樣的影響呢？兩種學說長期爭執不下。

第一種說法，被稱為「居家父親」理論，提出者為美國密西根大學的生物學家理查．亞歷山大（Richard Alexander）和凱薩琳．努南（Katharine Noonan）。他們的主張是：在一個男人不能確定一個女人什麼時候排卵的情況下，這個男人不得不經常地與這個女人做愛，以確保不會錯過這個女人的受孕期。如此一來，不僅密切了這個男人與這個特定女人之間的關係，也使得這個男人不再有更多的時間和精力，去追逐其他的女人。另外，這個男人還需要不間斷地監視和保護這個女人，才能避免其他男人染指這個女人。這使得男人不得不天天留在「家裡」，成為一個「居家父親」。由此，逐漸演化出了一夫一妻模式的婚姻。

另一個理論，被稱為「多父」理論，由前文涉及的薩拉．赫迪提出。看到薩拉．赫迪這個名字，我們就應該能猜個十之八九——是的，與殺嬰有關。她認為，隱蔽的排卵期，使得每一個與某個女人做過愛的男人，都會認為自己可能是她孩子的父親，這避免了殺嬰。更進一步，一對極需幫助的母子，有機會同時獲得好幾個男人的照顧。

照第一種理論看，女人會愈來愈貞潔；照第二種理論看，女人會愈來愈放蕩。兩種截然相反的意見，誰是對的呢？

瑞典生物學家比吉塔·西倫－圖爾伯格（Birgitta Sillen-Tullberg）和安德列·默勒（Antler Moller），對六十八種靈長類動物的性交模式及其排卵期徵象的明顯程度，做了系統的比較。結果發現，在進化過程中，排卵徵象趨於隱蔽的始祖動物中，只有一種是一夫一妻的，另外八種是雜交的。這八種始祖動物中，包括了我們人類的祖先。

因此，「多父」理論是正確的：**女人之所以不像猴子那樣，一排卵就屁股發紅，就是想透過雜交讓所有的男人都認為，自己是孩子的父親！**

不過，「居家父親」理論也不算錯到了家。因為在十一種一夫一妻制的靈長類動物中，十種有隱蔽的排卵期。

看來事實是這樣：女人想讓孩子「多父」是因，「居家父親」的產生是果——在女人變得如此令人難以捉摸之後，男人們不得不「居家」了。當然，居家也不一定能完全防微杜漸。前幾天新聞報導，一個倒楣的丈夫發現，妻子生下的雙胞胎中一個是自己的孩子，另一個不是。這不僅說明那天妻子正好排了兩個卵，還說明，在和丈夫做愛後的七十二小時之內，她又迫不及待地殺往前男友處，和情人再做了一次。這簡直是該男子的奇恥大辱。女人的「多父」情結，真是勢如破竹，無往而不利。

第四幕　性高潮

性高潮是個讓人難以理解的東西。柏拉圖（Plato）在《斐列布斯篇》裡描述道：「性高潮讓整個身體攣縮起來，渾身亂顫，以致面色陡變，發出各種喘息聲，亂喊亂叫，陷入一種極端迷狂之中……」而德謨克里圖（Democrit）則言簡意賅地總結說：「性交是一種小癲癇。」在希波克拉底（Hippokrates of Kos）看來，性交很像是在調製一杯卡布奇諾咖啡——精液產生於腦袋裡，經由耳朵流入脊髓和腰部，並儲存在那裡。交媾的摩擦產生熱量，攪動全身上下的體液並形成泡沫。不消說，精液就是那些泡沫成分，像卡布奇諾上的奶泡。他甚至認為女人也會產生精液：「在性交中，女人的性器官被摩擦，子宮運動起來，我認為子宮的運動引起了一種心癢，它把快感和熱量傳遍全身其他部位。」

那麼，在性高潮中，男人和女人哪一方快感更強烈些呢？希臘神話中，有一段關於宙斯（Zeus）與其妻子赫拉（Hera）的爭執。起因是雙方都認為，在夫妻房事中，是對方從中獲得了更大的樂趣。於是，做了一陣子女人、後來又做了男人的提瑞西斯（Teiresias），被召至奧林匹亞山當裁判。他的回答是：**女人得到的快樂，差不多是男人的九到十倍**。這個答案不禁讓人想起了一個與此有關的黃色笑話：用手指頭摳耳朵，是手指頭舒服，還是耳朵舒服呢？

女人為什麼要有性高潮？

戴斯蒙德・莫瑞斯認為，女人之所以有性高潮，起因在於人類的直立行走。如果女人性事後沒有性高潮，沒有因此而產生的滿足感和疲乏之感，性事一完立即拍拍屁股走人，那麼精液就會流出陰道。因為直立行走的女人，陰道是垂直向下的；而四足行走的動物，陰道則呈水平方向。因此，雌性動物便不需要性高潮。

這個說法看似很有道理，其實是錯的。首先，現在證明男人射精後，會有足夠的精液直接噴到子宮口，即便房事後女人立即站起來，受孕率也不會有明顯降低；其次，現在發現，大概有一半的靈長類雌性，也有性快感，有的甚至還能有高潮。

要探究女性性高潮真正的原因，不妨逆向思維先問自己一個問題：如果女性性高潮是有用的東西，那麼為什麼女人不能像男人那樣，每次房事都一定有性高潮呢？

心理學家威爾森（Glenn Wilson），做了一個有趣的試驗：他讓猴子走一個蹺蹺板時發現，只是無規律地、偶爾地給一點食物獎勵時，猴子走蹺蹺板的熱情才最高。這便是著名的「威爾森效應」。其實該理論的實質並不難理解。試想，如果規定，一個人只要碼好一千張麻將牌，就給他五塊錢的話，還會有人喜歡打麻將嗎？

正是性高潮及其不確定性，才能夠使女性克服對懷孕和分娩的恐懼，以極大的熱情投入到性事當中。

那麼，為什麼讓一個女人獲得性高潮，會如此不容易呢？男人射完精後，從自己性伴的眼中，看到的大多是淒怨和失落的神情。這讓男人有了強烈的愧疚感和挫折感——**早洩，幾乎成了所有男人的一塊心病**。女權主義的性學家們認為，只要男人在性伴侶沒有達到高潮前就射精，那就算早洩。這個定義，對男人們無疑是過於苛刻了。而醫生們從生物學角度出發，認為只要男人有能力將自己的精液射入陰道，從而使配偶懷孕，就不算早洩。面對兩種爭持不下的意見，世界衛生組織WHO出面做出了一個量化的調和：能夠抽送十五次或更多次之後再射精，就不算早洩。言外之意，抽送十五次後，女人能不能體驗到快感或是高潮，那就是她們自己的事情了，與男人無關。

可惜的是，WHO給出的這個對男人充滿善意的定義，卻並沒有將眾多男人從自責中解救出來，反而使事情變得更糟：許多極力想給予性伴侶自信心的女性，往往會從第一次抽送開始，便大呼小叫起來，極力想在十五次之內，表現出自己的興奮甚至是高潮。不用說，這無疑加重了男人的心理負擔，並減少了他的抽送次數。

那麼，漫長的進化過程，為什麼沒能造就出被抽插兩三次便能達到高潮的女人呢？

如果一個女人，每次都在男人射精前達到高潮，那麼，當男人射精的時候，她已經興致索然了。這樣的女人，當然不容易受孕。另一個原因，還是要從「威爾森效應」說起：一個只是偶然才能體驗到性高潮快樂的女人，和一個每次都會得到性高潮的女人相比，哪一個會更熱衷於房事呢？當然是前者！

可見，我們剛巧想反了——正是那些過於容易得到性高潮的女人，才不喜歡性，並且性交後懷孕的機率又小。**這種特質的女人，勢必會被自然選擇所淘汰**。留到今天的，都是令男人們垂頭喪氣的女人——熱衷於性事，卻很不容易被滿足。

但正因為如此，女人們獲得了持續接受性的興趣和能力。和男人不同，在一段時間內，女人有和多個男人持續做愛的能力。按「多父」理論來看，這種能力，是原始時期的女人們所必需的。

小結

在漫長的採獵時期，女性因為無力承擔單獨長時間哺育幼子的任務，使得她不得不拿出渾身解數，來誘惑盡可能多的男人，以求得他們的友善，繼而是食物上的幫助。為此，她褪掉身上的毛，透過和男人性前親密的調情，賦予了性事更多的內涵和更加細膩的品質，從而讓它顯得更加有趣。這大大改善了男人對女人的態度；她隱蔽了排卵期，讓自己的乳房長年隆起，讓男人們誤以為自己隨時可以受孕；她全年接受性，並熱衷於此。

小女孩在四、五歲，甚至更小一點的年紀，就會偷媽媽的口紅塗在小嘴上，在鏡子前面左顧右盼。由此我們可以明白，什麼是女人的天性。為了能讓自己顯得稍微「性感」一點，女人們什麼苦不能忍受、什麼代價不願意付出呢？

那些認為女人天性就喜歡從一而終，並滿足於一生中只屬於一個男人的念頭，是非常靠不住的。要知道，即使一個只愛自己丈夫、心無旁騖的妻子，也永遠都只是為了丈夫之外的男人而打扮。貞潔的妻子們穿著高跟鞋、絲襪和短裙，在凜冽的寒風中走來走去。而回到丈夫身邊之後，卻忙著在腦袋上夾髮夾、在眼角上貼黃瓜片，為下一次出門做準備工作。事實上，我們應該把薄伽丘的話做這樣的改動：**女人最大的心願，就是要盡可能多的男人去愛她！**

第三章

就這樣，我們有了一個父親

我們愈是瞭解人的習性，就愈是覺得他顯得古。

——J．G．弗雷澤（James George Frazer）（英國人類學家，代表作《金枝》）

《幸福家庭》勒南兄弟創作

人類據信已經有了四百三十萬年的歷史。而現行的婚配制度——一個男人娶一個女人，並挖空心思不許她和其他男人有染——總計不過六千年。而在此之前，是長長的母系氏族社會。那個時候，女人們用盡渾身解數去吸引盡可能多的男人。如果把男人看作是約翰·凱恩斯（John Maynard Keynes）（註8）的信徒的話，那麼女人，就是亞當·史密斯（Adam Smith）（註9）的狂熱崇拜者了。以下，我們試著勾勒出人類婚姻模式演變過程的一個大概。

自由競爭的母系社會——

女人將男人當作一種資源的時候

人類在蒙昧初期所採取的交配方式，是和黑猩猩一樣毫無禁忌地群居雜交。這個起點遠不如絕大多數的群居性哺乳動物，但卻是無可厚非的事實。

到了舊石器時期的早期，距今約兩百五十萬年，也就是人類剛學會製造工具的時候，我們的祖先開始設置了一些交配上的禁忌。先是禁止不同輩分之間的性交，然後，是不允許親兄弟姐妹之間的性交。原始人類並不缺乏這樣做的理由，在他們身邊，有很多可供他們學習的動物的榜樣。這樣做的群體，得到了更好的遺傳效果。而沒有任何禁忌的、雜交的群體，便被淘汰了。

最先產生的婚配禁忌是婚級制，以禁止不同輩分間的交配。這樣的實例——據摩爾根（Thomas Hunt Morgan）（註10）介紹——僅見於最為原始的澳大利亞原住民。他們生而有標明自己婚級的名稱。男女各分四級：**在男子，分別為伊排、孔博、慕里和庫比；在女子，分別為卡波塔、瑪塔、布塔和**

伊帕塔。所有的伊排與所有的卡波塔互為婚配，與其他的則被禁止。以此類推。

婚級制進而便發展為氏族，最初級的氏族必定是母系的，因為只有母親的身分能夠確認。這種例子見於美拉尼西亞群島，即現在的所羅門群島、薩摩亞和斐濟群島等地。由一個共同的女性祖先構成的親戚們生活在一起，氏族內禁止通婚，男子成年後便到其他氏族找妻子。女人們則留在本氏族內，從其他氏族找來丈夫們一起共同生活。這種與絕大多數群居性哺乳動物近乎相同的模式，被稱為普那路亞婚制（The punaluan marriage system）。

這時期，還沒有農業，弓箭也在稍晚些時候才發明出來。男子的地位不高，最多只是與女子平等。食物主要是女人們採集的野果和含有澱粉的植物根莖。男人們整天成群結隊地外出，在居住地周圍閒逛，根本沒有能力打到一隻鹿或是一隻羊，猛禽就更不用說了。與其說男人們是去打獵，不如說他們是互相壯著膽，去給出沒於四周的野獸「張貼安民告示」。

二十世紀八〇年代，對於非洲處在相同狀態下的部落民族飲食結構的調查，也頗能說明問題：女子採集的植物類食物，為全族人提供了百分之八十三的熱量；男子只提供了百分之十七。而且，當偶爾打到像樣的獵物後，他們並不像狄更斯時代英國的理想丈夫那樣——「把肉帶回家」，而是馬上舉行燒烤聚餐，就地將獵物吃掉，以此來增進「男人們之間的友誼」。

這便是共產共妻的原始共產主義階段。**雖稱共產，其實並無財產**。一個人最珍貴的東西也在其死後用於殉葬，供主人在冥界繼續使用。共妻使每個人都有充足的交配機會。加之人口稀少且資源充足，氏族間便沒有發動戰爭的理由，更何況各氏族間多少還有姻親的關係。

管教孩子及安排其終身大事的權力，在舅舅而不在父親。即使是在今天，我們也可以找到這種制度的遺跡。比如，在論及各親屬的親疏時，我們漢族人常說的一句話便是「娘舅為大」。在江浙一帶，舅舅見了外甥或是外甥女，一把抱在懷裡，第一句親熱的話往往是：「爹親娘親，不如娘舅親。」而這話，在以前應該改為「爹大娘大，不如娘舅大」才對。

從許讓神父所寫的《甘肅土人的婚姻》一書中我們得知，時至今日，雖然土族人早已改為父系繼承，但在他們舉行婚禮的時候，不論是嫁女，還是娶婦，都會舉辦宴席。而這宴席上最尊貴的人，便是新人的舅舅。在女方，當新娘子離開家的時候，主婚人的告別語是以這樣的話開頭：「妳舅舅，妳血肉的主人，站在妳身旁……」到了新郎家，婚禮上最尊貴的人變成了新郎的舅舅。男方主婚人致迎新詞時要先對著他說話，開場白是「你，新郎的舅父，你外甥的負責人……」可是在日常生活中，這位備受尊敬的土族舅舅和我們的漢族舅舅相比，一點也不更有用、或更重要些。而在十六世紀法國人的婚禮上，我們同樣可以看到這位「非常重要」的舅舅。

那時的孩子應該是很快活的。天天跟他們在一起的父親，只是陪他們玩的大朋友。而對他們擁有權力的舅舅，則跑到另一個氏族結婚去了，難得見上一回。雖然男女同住一屋，但男人們的床比女人們的要小——這可能就是**唯一讓現代男子感到委屈的地方**。

即使是到了新石器時期的中期，男人的狩獵所得，為氏族提供的能量也不超過百分之二十。但他們是有用的，一是為氏族帶來了不同的基因，二是使氏族可以在與別的氏族產生爭鬥時佔據上風，三是為全氏族提供了不多但是極為寶貴的蛋白質來源。所以，女人們為了留住他們，還是極力地取悅他們。此時男人們的地位，與其說像現代家庭中入贅的女婿，不如說更像是還沒過門的兒媳婦。

這樣的日子，男人們過了幾百萬年。

人類學會了將自己喜歡吃的植物種在地裡，等到秋天的時候再收獲，最多不超過一萬年。有能力給自己種的東西澆水，還要再晚將近一千年。農業的產生並不是什麼主動進步的結果，實在是因為氣候變得乾燥和寒冷，大片森林被草原取代，俯拾皆是的野果不見了，只好辛苦種地。分散在森林裡的原始人現在不得不集中定居在河流的沖積平原上，靠種莊稼為生。**這大概就是真實版的「逐出伊甸園」了**。

農業這種嶄新的生活方式，對於人類的影響是決定性的。在早先的採集時期，所有的願望都是即時達成的——餓了就吃，果子就在伸手可及的地方。**勞動，不過是從這棵樹上跳過另一棵樹上罷了**。而現在，我們不得不在春天就開始播種，並在炎熱的夏天去完成灌溉和除草的工作。到了冬天，就是餓著肚子也要預留出明年的種子。所有的這一切，只不過是為了秋天一點可憐的收穫。

從這張簡單的表格可以看出採集時期與農業時期人類的差別：

採集時期	農業時期
直接的滿足	延遲的滿足
快樂	限制快樂
消遣	苦役
接受	生產
沒有壓抑	安全感

從採集到農業——按照佛洛依德的說法——即為從快樂原則向現實原則的轉變。這一轉變得以實現的前提，則是壓抑——不僅是對人的社會存在的壓抑，同時也是對人的生物存在的壓抑。而**壓抑，正是人類文明與進步的基礎**。一句話：人類的文明史，就是慾望被壓抑的歷史。

隨著農業的產生，人口密集起來，數量也比以往有了很大的增長。

弓箭發明之後，男人開始了像樣的打獵，這提高了男人的地位，同時營養的增加有助於人口的繁衍。日漸龐大的氏族開始分化。這樣分化出來的氏族之間，可想而知都是姨表親。這樣的幾個氏族聯合起來，便形成部落。雖然一個部落分布的地域比較廣，但一個部落內仍操同一種方言，並崇拜同一個圖騰。「圖騰」一詞來自於印第安阿爾貢欽人的方言，意即「他有兄弟姐妹等親屬」。由此便知，崇拜同一個圖騰的人之間，是禁止通婚的。

交流的增加極大地加快了文化發展的進程。秋天裡一季的收穫要供一年所用，家裡於是有了裝糧食的罈罈罐罐。其製作的方法，在東方，是用黏土製成陶坯後放到火窯裡燒；在美洲，工藝水準沒那麼高，只是先用柳條編出個形狀來，然後抹上黏土，放在火堆上烤乾。另外，要對全年糧食的消耗有所計畫，還要預留明年開春時的種子。這一切，促使了文字的產生。

農業的產生，也帶來了前所未有的新問題。**人口的增長使得土地資源緊張起來，部落間的關係也隨之緊張**。遇到荒年糧食產量不足，則更是部落間發生戰爭的理由。男人們的地位空前提高。毫無疑問，有能力留住更多男人的母系氏族，才能在新的條件下生存下來。

經常有戰爭的需要，部落或氏族就得有一個勇敢的男性做首領。從北美易洛魁印第安人的情形看，這個首領的權力，也只是限於戰時。戰爭結束後，氏族的結構便會回到從前。到了後來，部落中平時雖然也會有一個男性做首領，但是他的權力並沒有專政手段做為保障。也就是說，他無法將自己的意志強加到氏族中其他成員的頭上。他對於氏族的影響力，更多的只是取決於他個人的人格魅力。**富於民主精神的女人們依然是氏族的主人——只是，比以往更加起勁地取悅男人。**

總的說來，在母系社會中，性關係只是單純的性關係，而不是像今天這樣——與經濟動機聯繫在一起。理安．艾斯勒（Riane Eisler）（註11）把母系社會時期的男女關係定義為「夥伴關係」，以與父系社會中男性對女性的「統治關係」相區別。**在性關係尚未被財產玷污的漫長年代裡，生物本能驅使男人和女人選擇多對多的群交。**對此，男人和女人同樣熱衷，並樂此不疲。

農業的產生使得氏族內有了剩餘財產，這必然造成了氏族內的貧富分化。但是，剩餘財產和階級分化卻並不是父系取代母系的充分條件。

時至今日，雲南永寧的納西人依然保留著母系氏族社會的傳統。但在經濟層面上，納西人社會已經根據貧富情況分化為「司沛」、「責卡」和「俄」三個等級，分別相當於貴族、平民和依附農。他們怎麼沒有「自然而然」地進入父權制呢？在剩餘財產存在很久的納西社會中，母系社會的婚配制度仍然得到了完整的保存，並和貧富嚴重分化的經濟現狀並行不悖。

其婚配規則可以概述如下：

(1)執行嚴格的「斯日」外婚制。「斯日」一詞意即「有同一根骨的人」，屬同一「斯日」的男女不得有性關係；(2)自主、自願的原則。男人若中意某個女子，便直截了當地問一聲「阿夏（註

12）做不做？」得到女方首肯後，晚上即可去女子家與之共宿；(3)性與經濟和社會地位無關，子女歸女方所有。男人的經濟關係只在自己的「衣社」，而性關係卻在自己的「衣社」之外。所以不論男方女方，性配偶的經濟狀況對自己都毫無意義。一對男女建立起長期阿夏關係之後，男方頂多有義務每年送女方一條裙子、一雙鞋和一頂斗笠，就連這種饋贈也是雙向的——女方也得送男方一條麻布褲子。擺脫了經濟因素的性關係，使得女方在選擇「阿注」（註13）的時候，只在意男方的身體條件。因此相較於當地的漢族和其他少數民族，納西人普遍更加高大、漂亮和健康；(4)不論男女，都可同時擁有多個性伴侶。相較於臨時阿注，長期阿注擁有性的優先權，他或許會在女方臥室內存放自己的一套臥具。但是，這種所謂的長期關係並沒有任何約束力。一旦女方將其長期阿注的臥具搬出臥房，或男方自行將臥具搬出，雙方關係即告結束。

可見，**母系社會被父系社會取代的過程，遠比想像的要複雜**。剩餘財產的產生，只是為這種社會變革提供了一種內驅的動力。而真正引發這場變革，還同時需要來自外部的一個全新的概念。這情形，與上世紀七〇年代末中國改革開放之初，是極為相似的。在較近的這次我們正身受其惠的改革中，從外部輸入的新概念，叫做「市場經濟」；而在較遠的那次母系被父系取代的「改革」中，從農業社會外部輸入的新概念，叫做「父親」。

註8 約翰·凱恩斯：凱恩斯最卓越的成就是他在宏觀經濟學上的貢獻。一反自十八世紀亞當·史密斯以來尊重市場機制、反對人為干預的經濟學思想，凱恩斯主張政府應積極扮演經濟舵手的角色，透過財政與貨幣政策來對抗景氣衰退乃至於經濟蕭條。

註9 亞當·史密斯：經濟學的主要創立者。著名思想：古典經濟學、現代自由市場、勞動分工。

註10 摩爾根：是美國進化生物學家、遺傳學家和胚胎學家。發現了染色體的遺傳機制，創立染色體遺傳理論，是現代實驗生物學奠基人。於一九三三年由於發現染色體在遺傳中的作用，贏得了諾貝爾生理學或醫學獎。

註11 理安·艾斯勒：美國著名文化人類學家，現代文藝復興的代表人物之一；國際廣義進化論研究小組成員，國際夥伴關係研究中心的創始人。一九八七年出版《聖杯與劍》，引發人類學界和女性主義學界的世界性轟動。

註12 阿夏：摩梭語，是男子稱呼女情人的稱謂。

註13 阿注：意為朋友，為結交「阿注」關係的男女之間的互稱。

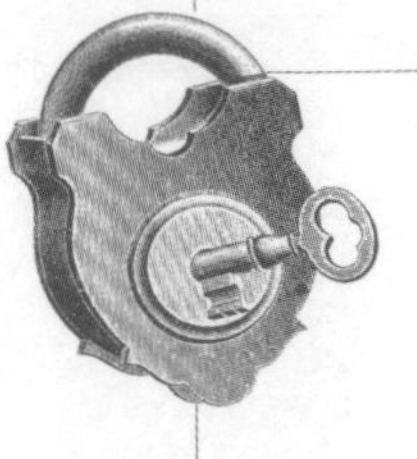

「計畫經濟」的父系社會——

男人將女人當作一種資源的時候

生活本來是可以像過去的近三百萬年一樣，繼續平靜地過下去。人類有機會停留在復活節島（註14）原住民的生活方式上：簡單、純樸而寧靜。

但最終，**一些為數不多的人改變了這一切……**

當絕大多數人定居於沖積平原並以農業維生的同時，少數人選擇了另外的地方和另外的生活方式——遊牧。

遊牧民族的生產方式，決定了一個或是少數的幾個男人，帶著大批的牛羊，過著逐水草而居的生活。他們的財產可計數，可移動，所有權明確。這些特點都是農業社會中的罈罈罐罐所不具備的。貝都因人，就是這種生活方式最典型的例子：因放牧所需，有血緣關係的氏族分成遙相呼應的十五～三十個遊牧團。每個遊牧團有三十～五十人，由一個或幾個男人以及他們的配偶和子女組成。

妻子的來源，開始是從他們路過的農業社會的部落或其他的氏族裡搶。漢字中的「婚」字，是和「昏」字相通的，意思就是天黑了好動手。搶了女人往回跑的路上，為了不讓她記得回家的路，一定要把她的頭給矇上，這就是新娘子蓋頭的起源。在西方，蓋頭則演變成了面紗。到了後來，才逐漸由搶而變成了買。

遊牧民族的生活方式，給了一個男人單獨與一個女人相處的機會。這是極為重要的：這使得男人發明了「父親」這個名詞，並懂得了其中的涵義。

在沒有機會與遊牧民族接觸的美拉尼西亞群島，馬林諾斯基（Malinowski Bronislaw Kaspar）（註15）曾經花費了很多口舌，試圖讓當地以農業維生的原住民特洛布里恩（Trobriand）人相信，一個女人要想生孩子，與男人性交是必不可少的。他的話，當然被特洛布里恩人認為是胡說八道。他們怎麼也無法理解，生孩子這件事情怎麼會和男人扯上關係。最終，看著唇焦舌燥的馬林諾斯基，心存仁厚的原住民們這樣寬慰他：或許，你們白人的女人們得靠男人幫忙才能生出孩子。可是我們的女人不是這樣，她們是在海裡游泳的時候，海水中的「精靈嬰孩」鑽進了她們的腦袋，然後隨著血流在女人的肚子裡安營紮寨。女人的肚子餵養他，於是月經停了下來。

當男人把自己視為播種者，把女人視為土地之後，「父親」這個新鮮出爐的概念立即迸發出了

巨大的能量。男人們開始著迷於這樣一個念頭：有一個可以確信為自己的孩子，並把屬於自己的財產傳給他！

財產由此與一個個具體的人產生了明確的關係，這史前的「包產到戶」，無疑極大地刺激了人們對財富的渴望和追求。從那以後，不捨得花完所有的錢，或是要賺到自己花不完的錢，成了人類的通病。**內需，就像一扇掉了把手的門，開始變得怎麼拉也拉不動了**。

一個孩子到底是不是自己的，在這一點上男人可沒有女人那樣有把握。所以男人們共同規定：誰也不侵犯別人的女人。這便是父系專偶制家庭得以產生的原因。那些從母系氏族中搶來或買來的妻子們，是習慣了和眾多男性保持性關係的，如今，當然要強制性地加以管教。

遊牧民族的男人們在從其他民族或是部落得到妻子的同時，也將「父親」這一概念向外傳播，並得到了身處農業母系氏族眾多男性的豔羨。此時農業社會的發展，已經產生了剩餘產品，使得「勞心者」的出現成為可能。部落中憑藉戰爭或是巫術上的才能獲得特權的男性，當然也開始要求在氏族中有專一的配偶，以得到可以確信為自己的骨肉。在原始部落中，酋長看上的女子，便被稱為「塔鋪」（taboc），意即禁臠，其他男子是不能染指的。

沒有能力宣稱有自己的「塔鋪」的下層男子，也有確認自己親骨肉的念頭，於是便有了對偶婚：在一段時間內，一男一女保持排他性的性關係，以便男人確認自己的孩子。但這種關係是完全平等的，男女雙方有任何一方改變了主意，雙方便會立即分手——不需要辦理任何手續。在從群婚模式的母系社會向專偶模式的父系社會的轉變過程中，這種面面俱到的對偶婚形式，無疑是一種很好的過渡形式。

除了觀念上的傳播，父系社會形態得以取代母系社會形態的另一個重要途徑，就是戰爭。不消說，贏家幾乎總是遊牧民族。在歐洲，來自北方的庫爾甘（Courgains）人對東歐和南歐有過三次入侵和遷移的浪潮，分別發生在西元前四二〇〇～前四二〇〇年、前三四〇〇～前三二〇〇年和前三〇〇〇～前二八〇〇年之間。接著，高加索地區其他的遊牧民族也無法忍受北方突如其來的幾次嚴寒，也紛紛南下。於是，雅利安人征服了印度、多利安人（Dorians）征服了希臘、赫梯人（Hittites）入侵土耳其。而塞姆人（Semu），其分支之一的阿拉伯人，征服了兩河流域（註16），其另一分支猶太人，則征服了現今的巴勒斯坦。所到之處，原住民的農業文化被徹底摧毀，象徵母系的聖杯被象徵父系的劍擊得粉碎。這一過程，便是恩格斯所說的**「女性世界歷史性的敗北」**。

我們可以從一則希臘神話中深刻體會「女性世界歷史性的敗北」的涵義。

攻打特洛伊的希臘聯軍統帥是密刻奈國王阿伽門農。大部隊集結於奧利斯港等待出發的時候，阿伽門農以打獵做消遣，一箭射中了一隻赤牡鹿——那是某人獻給狩獵女神阿特彌斯（Artemis）的祭品。更糟糕的是，阿伽門農在射中之後，居然誇口說：「就是阿特彌斯本人也未必能射得這麼準。」這徹底惹惱了女神。

她不許一絲微風吹過海面，迫使大部隊長期滯留在奧利斯港。面對日益躁動不安，隨時可能嘩變的部隊，阿伽門農只得聽從神諭——將親生女兒伊菲革涅亞（Iphigenia）獻祭給阿特彌斯。這使得阿伽門農的妻子——伊菲革涅亞的母親克呂泰涅斯特拉（Clytaemestra）對丈夫充滿了仇恨。十年後，從特洛伊凱旋的阿伽門農剛一回家，克呂泰涅斯特拉就趁他洗澡的時候用一張網把他罩住，並用刀捅死了他。

多年後，阿伽門農和克呂泰涅斯特拉唯一的兒子俄瑞斯特斯（Orestes）聽從阿波羅的神諭，殺死親生母親及其姦夫埃葵斯托斯，為父報仇。他的行徑激怒了古老的復仇三女神。她們迫使俄瑞斯特斯在瘋狂中顛沛流離。顯然，新神阿波羅代表了父系的觀點，而舊神復仇三女神則是持母系的主張。雙方爭持不下，最終由雅典娜出面，在雅典組織了一個法庭，對俄瑞斯特斯進行審判。阿波羅認為為父報仇天經地義，俄瑞斯特斯無罪；復仇三女神則認為克呂泰涅斯特拉殺死的不過是個丈夫，並非血親。相反，俄瑞斯特斯殺死的可是自己的親生母親，罪不容誅。

由雅典公民組成的陪審團的投票結果，正好是兩邊相等。按照事先的約定，在這種情況下，主審官雅典娜擁有決定性的一票。她的陳詞是這樣的：「我不是母親所生的人。我，一個處女，是從我的父親宙斯的頭裡跳出來的。因此我擁護父親和兒子的權利，而反對母親的權利。我不贊成為了取媚情人而殺死自己丈夫的婦人；我要投贊成俄瑞斯特斯的票，他殺死他的母親乃是因為她謀殺了他的父親。」說完這些，她朝投票缽中投了一顆代表無罪的白石子，然後做出了著名的雅典娜判決：「由於多數票的決定，我們宣告俄瑞斯特斯無罪！」這個判決，其實就是雅典娜代表新興的父系思想宣告對古老的母系思想的勝利。

註14 復活節島：是南太平洋中的一個島嶼，位於智利以西外海約三千六百到三千七百公里處，為智利的特殊領地。是世界上與世隔絕的島嶼之一。

註15 馬林諾斯基：英國社會人類學家。功能學派創始人之一。著有《澳大利亞原住民家庭》（The Family among the Australia Aborgines）《西太平洋的航海者》》（Argonauts of the Western Pacific）《兩性社會學：母系社會與父系社會之比較》（Sex and reperssion in savage society）等作品。

註16 兩河流域：指底格里斯與幼發拉底兩河的中下游地區，即美索不達米亞（Mesopotamia）。

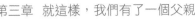

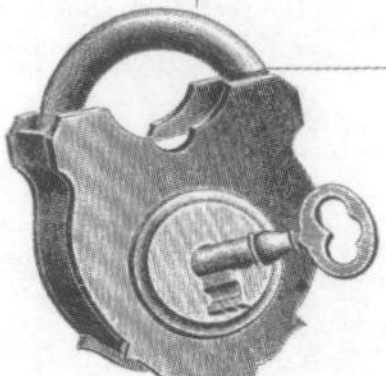

族內婚——父系氏族社會的特有現象

早期遊牧民族只採取族內婚，與母系氏族的普那路亞夥婚制相比無疑是一種倒退。其中原因，固然有地廣人稀、從外部娶妻不方便這樣的客觀因素。但更主要的，還是為了避免牛羊等財產因為婚姻的緣故轉移至別的氏族。春秋戰國時期的齊國是這樣，希臘、猶太也是如此。埃及甚至以法律的形式規定，當一個女人死了丈夫之後，她最近的親戚有優先權娶回這個寡婦，以免財產落入他人之手。

羅馬人在剛建城的時候女人極度缺乏，於是他們大量地從當地原住民薩賓人那兒搶來女人做妻子。可是在社會結構穩定之後，他們也並不避諱族內婚。從史料中我們得知，為了避免財產的流失，希臘人和羅馬人都非常樂意與自己同父異母的姐妹結婚。

早期父系氏族的這種向族內婚的倒退，最深刻地揭示了「一夫一妻」這一由男人們制定的遊戲規則，其最根本的動機只不過是經濟利益。**男人剝奪女性的性自由，只是為了能得到一個可以確信為自己的子嗣，以便財產繼承**。在古希臘，一個男人與他人的妻子通姦，做丈夫的可以殺掉這個男人；可是，如果這個男人強姦他人的妻子，做丈夫的卻只能要求一筆罰金。這兩者的區別是有著深刻的經濟原因的：在前者，合法丈夫的財產有在他本人不知情的情況下，被姦夫透過一個野種孩子一下子全部竊取的危險，所以這個姦夫犯的是死罪；而在後者，那男人犯的錯誤，不過是類似於在未徵得主人同意的情況下，用了一下他的腳踏車，事後還完璧歸趙。從這個角度看去，與陰險惡毒的通姦相比，強姦簡直就算不上什麼，罰一筆錢了事！

即使是在今天，婚姻的實質也只有在它解體的時候才表現得淋漓盡致，夫妻雙方辦理離婚手續時，才拿到桌面上討論的事情——財產分割和孩子的撫養費。看起來是兩件，其實，**不過只是一個字：錢！**

《舊約》中記載，猶太人的始祖亞伯拉罕，不願意為自己的兒子以撒娶迦南當地的女子為妻，所以捨近求遠，回本族娶來兒媳婦利百加。利百加的兒子雅格（Jacob），為他的舅舅拉班（Laban）服役二十年，報酬是拉班的兩個女兒，這大概是見於文字最早的服役婚了。這看起來像姨表親通婚，其實，拉班和自己的女婿還是同一個氏族的，這婚姻還是屬於父系的族內婚。有意思的是雅格與拉班的分家：當雅格打算帶走拉班的兩個女兒自立門戶的時候，拉班並無異議，分歧僅在於雅格應不應該帶走拉班的部分牛羊。爭執最終以雅格的勝利而告終，這也暗含著在父系氏族的早期，人們關於財產觀念的逐步改變和完善。

後來，雅格的全家共六十五口人，去了埃及，他的十二個兒子分別成為猶太人十二個支派的列祖。到了摩西時代，光是男人就已經有六十萬之多了。從他們一路上對農業社會的迦南原住民的征伐中，**我們可以體會到，《出埃及記》就是一部勝利的史詩**。這勝利，是父系氏族對母系氏族的勝利；是遊牧民族對農業民族的勝利；也是父權概念對母權概念的勝利。

小結

四百三十萬年前，人類的交配是毫無禁忌的。這個起點遠低於大多數哺乳動物。在學會使用工具的同時，人類的婚配開始有了禁忌。在同一地理範圍內，人群被人為地分成了不同的群體。有親戚關係的女性們在一起組成母系氏族，從氏族外找來男子一起共用。這樣的模式，人類維持了將近三百萬年。

距今六千多年前，因為農業的出現，社會出現了剩餘財富，並因此造成了氏族間的戰爭和氏族內的分化。與此同時，最早開始實施父系承繼的遊牧部落，對農業部落的不斷入侵，使得母系社會形態不斷地遭到削弱，並逐漸為父權所取代。

「父親」這一概念的產生及社會剩餘財富的出現，使得男人有了擁有可以確認為自己的孩子的念頭，以便將屬於自己的財產傳承下去。男人的這種要求，使得社會的經濟結構發生了巨大的變化——氏族衰落了，取而代之的，是婚姻家庭。受經濟利益的驅使，人類的婚配制度第一次背離了他們自己的生物學本性。最終，產生了以經濟利益為目的的、父權制的一夫一妻制家庭。

卡里．布羅茨基（Brodsky）（註17）或許說出了絕大多數已婚男女的心聲：當看到 monogamy（一夫一妻制）這個單字的時候，他腦子裡迸出的第一個聯想就是——monotony（單調）。男人們日復一日地忍受著這種單調，不為別的，為的只是能把一個存摺和一輛二手車傳給有自己一半基因的孩子。

註17 卡里．布羅茨基：美國作家，本句出自其作品《新魔鬼詞典》。

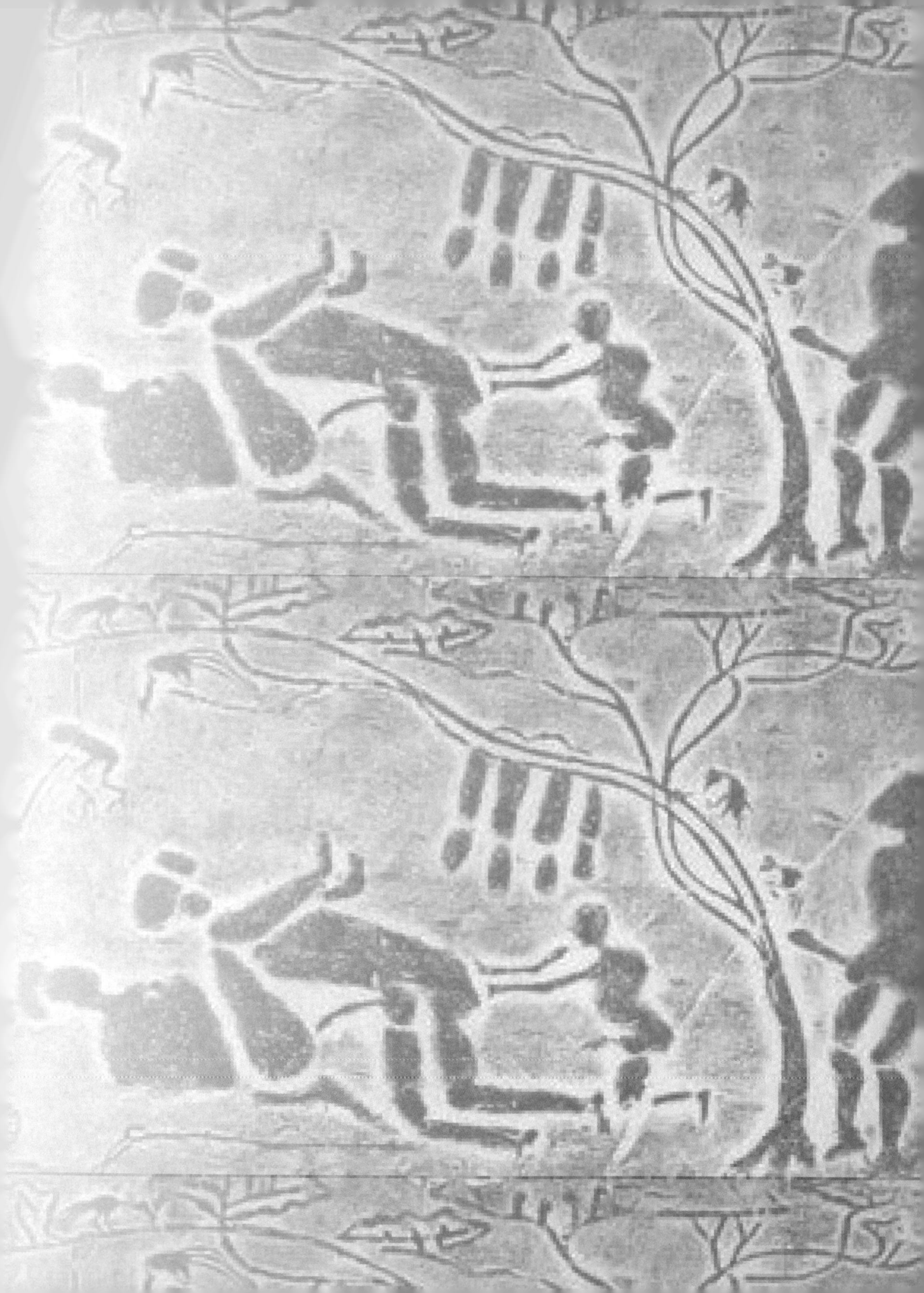

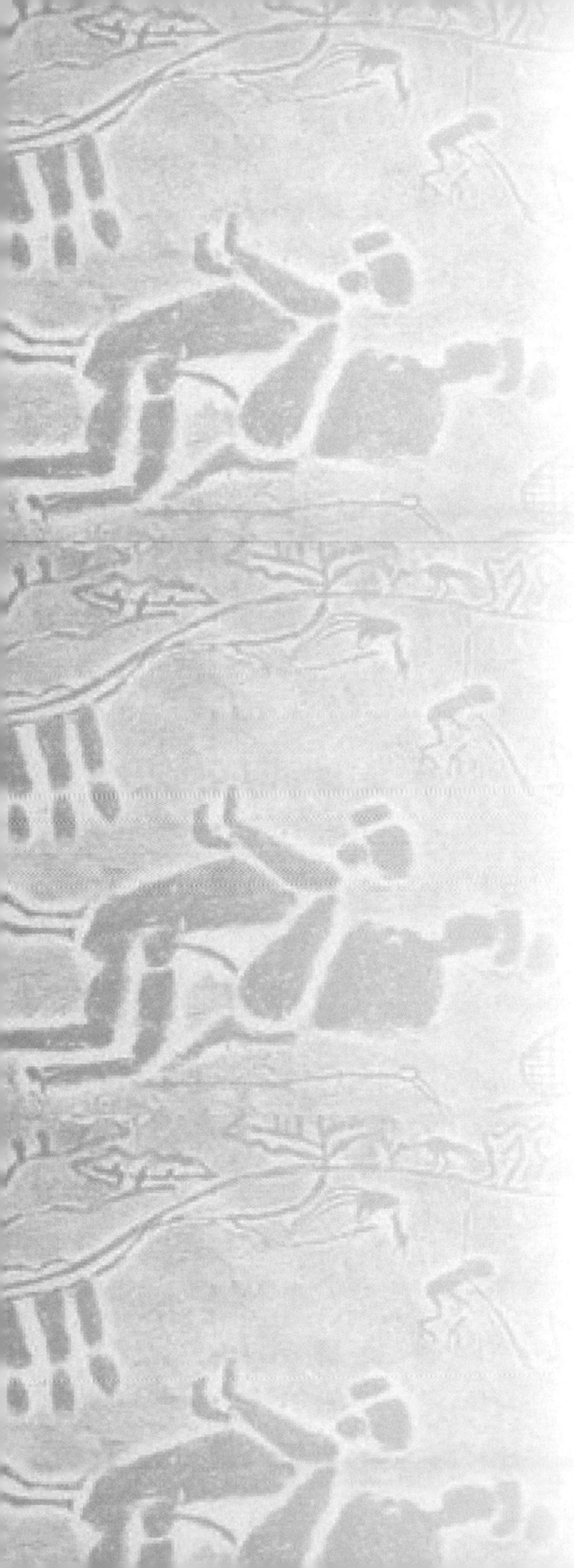

第四章 中國何時開始一夫一妻制？

蓋聞人之大倫，夫婦居一，二綱之首，理可不廢。——朱熹

父系社會的婚俗遺風

漢磚中的桑林野合圖

《史記》開篇就講軒轅氏的黃帝，取代了「德衰」的神農氏炎帝。單從名字上看，似乎就有端倪可尋。軒轅氏，自然是個放牧的；而神農氏，則無疑是個種田的。雖然現在我們知道，三皇五帝的時代都不是信史，而只是東周人編撰的神話故事。但是今天，還是有許多人願意相信，西元前四十五世紀的中國，就開始有了以一個名叫黃帝的男人為首領的父系氏族社會。可是《史記》還告訴我們，黃帝的出生是因為「其母附寶，之祁野，見大電繞北斗樞星，感而懷孕」。可見以黃帝為代表的軒轅氏，是來自於一個「只知其母，不知其父」的母系部落。更為重要的是——根據《史記》的說法——黃帝的二十五個兒子分屬十二個姓。如果黃帝是個父系氏族首領的話，這可怎麼解釋呢？

從考古發掘來看，一直到大汶口文化（註18）的墓葬中，才第一次看到有成年男女合葬在一起的墓葬形式。其年代，是在西元前四〇四〇年至西元前二二四〇年之間，比傳說中的黃帝至少晚了五百年，差不多正好是傳說中屬於堯、舜的時代。但是在一百三十三座墓穴中，能夠確認是一對成年男女合葬在一起的墓，只有四座。而這四對男女，我們也無法確定就一定是夫妻。因此，多數考古學家謹慎地認為，即使這個時期已經出現了父系氏族社會的形態，那也只是萌芽，絕沒有成為當時婚配形態的主流。

如果史上真有堯、舜其人，那麼，按陳顧遠（註19）先生的意見，堯將兩個女兒娥皇、女英嫁給舜之後，舜的弟弟象，也是可以與兩位嫂嫂睡覺的。另外，《淮南子．氾道訓》中也有這樣的記載：「昔蒼吾繞娶妻而美，讓其兄……孟卯妻其妻，有五子焉。」這些傳說，都暴露出萌芽期父系氏族社會的共妻習俗。我們不難設想，在父系氏族社會剛開始產生的階段，其與母系氏族社會並無多大的不同：同樣的民主、同樣的女性性自由遺風。只是世系的承繼，改由父系而已。

在農業社會中，吃慣了大鍋飯的男人們將所有的一切視為氏族公有，他們並沒有一下子就想到專偶制。開始的時候，他們只是滿足於把從遊牧民族那兒學來的「父親」這個稱謂安放在自己頭上，取代了女人而輪到自己坐莊：有血緣關係的男子們組成氏族，從外面娶、搶或買來女人，一起共用。

從流傳至今的親屬叫法看，我們不但有姨媽等稱謂，也同樣有伯父、叔父等稱謂。這揭示了**我們的祖先既存在過姐妹共夫，也存在過兄弟共妻**。

在父系社會的早期，還有一個特有的情況，就是女子表面上接受父系婚配的遊戲規則，卻在實際生活中堅持母系社會時的性自由。比如，普米族和布依族的女子，在嫁了一個丈夫後，卻「不落夫家」，繼續在娘家過著無拘無束的自由生活。

有的蒙古族姑娘可以和她父親指定的一個對象結婚，這樣的婚禮同樣要大宴賓客，辦得十分體面。之後，她便一直生活在娘家，與她中意的男子們自由交往。這方面最有意思的例子還是藏族和甘肅土族女子的「帶天頭」：如果一個土族女子不願意嫁人，她就會和自家院子裡的一根竹竿舉行「婚禮」，然後，就可以像母系氏族社會時期一樣，享有與多個男子同時交往的性自由。這種「帶天頭」的女子生下的孩子，父親是誰那真就只有天知道了。不過，這孩子的境遇一點也不差，長大了可以與舅舅們一起分他外公的家產，並不吃虧。

而美拉尼西亞群島的多布尼人則更公平：輪流在夫家和妻家各住一年。夫妻中佔有主場之利的一方不僅可以和親戚們聯手欺負那個「外人」，更可以和自己的表兄弟姐妹睡覺。身處「客場」的一方只得含辱忍垢，期待著來年報仇。

比較以上這些處於早期父系氏族社會的婚配習俗，我們不難看出其中的共同點：

(1)在氏族中，存在著一定程度的男子對性配偶的共用；(2)完全的婚前性自由；(3)即便是在婚後，已婚婦女仍可透過「不落夫家」的方式或是在諸如二月二、三月三、五月五等眾多的節日裡，獲得婚外性自由的機會。

在經歷了數百萬年的群交模式之後，一個男人想要讓別的男人認同自己對某個女人有獨佔權，絕不會是一蹴而就的事情。父系專偶制的建立，一定會經歷一個較長的過程。就是到了今天，一個男人結婚，也是要請朋友、同事們吃飯的。此外，他還要找個伴郎，在形式上表示大家同喜的意思。

在婚禮的當天，新郎還要忍受朋友們對自己女人的種種輕薄和調戲。我們可以有把握地說，在古羅馬早期的婚禮中，新郎的朋友們一定要當著新郎的面，輪流和新娘性交之後，婚禮才算完成。後來才逐漸變成了新郎和新娘性交，他的朋友們在一旁觀看。

晚至文藝復興時期的歐洲，還存在著這樣的習俗：來自男方新郎的朋友們和來自女方的伴娘們，在婚禮的最後，與新郎一起共同沐浴。可想而知，這種沐浴，絕大多數都將以集體淫亂而告終。在現代中國大陸的偏遠地區，婚禮中鬧新娘的內容也是十分粗俗的。

在古巴比倫，一個女人在結婚之前，需要在神廟裡和任意的陌生人交媾一段時間，以這樣的方法向過去的群交模式揮手告別。巴霍芬（Johann Jocab Bachofen）（註20）認為，這是「女子為了從被迫與多個男子性交的痛苦中解脫出來，從此獲得只屬於一個男人的權力，而不得不進行的贖身儀式。」除了前提之外，巴霍芬都是正確的。任何時期成年男女的數目總是大致相等的。可是說到性能力，女性卻大大地超過了男性。所以，在開放的母系社會中，稀缺的一定是男性性資源。女人們本來就吃不飽，怎麼可能會有「被迫與多個男子性交的痛苦」呢？正因為此，在父系氏族社會的早期，如果一個男人要求專有某一個女人，他就必須容忍他的新娘在婚前去神廟與任意的陌生男人交媾——這只是新郎對同氏族中其他男性不得不做出的妥協。

理安·艾斯勒的《聖杯與劍》發表之後，有中國學者認為中國的情況與歐洲不同。在他們看來，中國的母系向父系轉變，並不是因為北方或西方遊牧民族對中原農業社會的入侵，而是起源於大禹治水——治水需要組織大規模的人力、物力。他們這樣說的依據是：每當中原地區被西北邊陲遊牧民族侵佔之後，比如五胡亂華（註21）、有少數民族血統的隋唐王朝統治時期、元朝和清朝初建之時，中國女性的性自由反倒會更多些。

這種說法是值得商榷的。在歐洲，當務農的西羅馬帝國被其北部的遊牧蠻族日爾曼人消滅之初，也同樣出現了女性性自由的增加。這一點，和中國的情況並無差別。看來，更可能的實際情況是：**遊牧民族發明出來的父權思想，反倒是在嫁接到農業社會之後，才得到了進一步的發展。**

定居務農的生活方式，以土地和房屋等不動產做為財產的主要展現方式，從特定的外部族以制度化的聘禮形式獲得妻子——這一切，都為父權制提供了更好的生長土壤。相較之下，遊牧民族這一父權制概念的「原產地」，卻因為其嚴重的母系風俗遺存，財產的形式是可方便計數的牛羊（遊牧民族的女兒因而一直享有一定的財產繼承權），使得父權思想的進一步發展受到了制約。另外，遊牧民族妻子來源的不固定，也使得買賣妻子的規則不容易制度化，不利於強化將妻子視為丈夫財產的觀念。

再有，《論語》中孔子曾說過這樣的話：「夷狄之有君，不如諸夏之亡也」。這裡說的「諸夏」，當指中原地區與夏王朝並存的眾多部落。這句話告訴我們，務農的夏朝，其父系社會形態的發展水平大致上要低於東方和北方的少數遊牧民族。在這句話中，孔子舉東方的夷和北方的狄，而不是提西方的戎和南方的蠻，似乎並不是無心的。我們知道，取夏而代之的殷商，正是來自於東方；而取商而代之的周，則恰好來自於北方。

從上述情況看來，理安．艾斯勒在她《聖杯與劍》一書中提出的觀點，在中國也是同樣適用的——父系取代母系，就是遊牧民族用父親手上的劍，擊碎農業社會母親手上的聖杯。

註18　大汶口文化：是新石器時代後期父系氏族社會的典型文化形態。
註19　陳顧遠：二十世紀三〇年代著名的社會學家和法學家。

註20 巴霍芬：瑞士人類學家和法學家。其名著是《母權論：根據古代世界的宗教和法權本質對古代世界的婦女統治的研究》（一八六一年），他還著有《古信約，特別是對最古的親屬關係概念的瞭解》（一八八〇～一八八六年），以及一些研究古羅馬法和古希臘文化的著作。

註21 五胡亂華：是中國東晉時期，塞北多個胡人的遊牧部落聯盟趁中原的西晉王朝衰弱空虛之際，大規模南下建立胡人國家而造成與中華正統政權對峙的時期。

夏商：混亂的族內婚

從二里頭文化（註22）遺址的考古發掘看，自夏朝起，已經出現了城郭——這是父系社會存在的象徵。可見從開始出現到成為社會形態的主流，仍有很長的一段路要走。齊家文化（註23）的年代正好在西元前二十一世紀到西元前十七世紀之間，與夏朝的時代吻合。不過在墓葬上，一夫一妻式墓葬的比例雖然較大汶口文化的要高，仍不足主流。

《尚書》和《史記》中，都記載了大禹在舜面前表功的一段話：「予娶塗山，辛壬癸甲，生啟予不子，以故能成水土功……」這段話很難翻譯，尤其是「辛壬癸甲」這四個字，究竟是什麼意思，頗多爭議。張光直先生在他的《中國青銅時代》一書中對此做了解釋，大意是：「我娶塗山氏女子，是名門正戶，且符合辛配壬、癸配甲的嫁娶規則。生了兒子啟，我也沒有回家看望，因而成就了治水的功績。」這個解釋完全呼應了上下文，也與後來商朝的廟號相吻合。相較之下，郭沫若和《史記》注解中的解釋，是說辛壬日娶婦，癸甲日生子，中間只隔了兩天，這就顯得很沒有道理。又有的人認為這四個字與當時的女性婚前性自由有關，男子因而有「殺首子」的習俗——將娶回來的女人所生的第一個孩子殺掉，以此來解釋「生啟予不子」。但是我們知道，啟並沒有被殺掉。而且，不把啟當親生兒子，和「成水土功」又有什麼因果關係呢？所以，張光直先生的解釋，比起大禹娶了一個兩天後臨盆孕婦的說法，要可信得多。

看來，大禹說「辛壬癸甲」這四個字的時候，神情中一定是充滿自豪的。這讓人不由得聯想起古希臘的那些英雄們在戰場上自報姓名的方式：「我，阿基里斯（Achilles），高貴的佩琉斯（Peleus）的兒子……」一件值得拿出來炫耀的事情，一定不會是稀鬆平常的。大禹能夠確認啟是自己的兒子，和阿基里斯能夠確認佩琉斯是自己的父親一樣，在當時一定是一件很有面子的事情。即使到了現在，祖上曾經榮耀過的人家給孩子取名字，也會與普通百姓有所不同。比如阿拉伯的奧薩瑪·賓·拉登（Osama Bin Laden）、西班牙的羅伯托·唐·卡洛斯（Roberto Carlos Da Silva）之類，這名字中間的「賓」和「唐」，就是「某某人的兒子」的意思，法國人名中的「德」以及荷蘭人名中的「範」等等，也都是差不多的意思。

以大禹的社會地位，照規矩娶老婆也值得如此誇耀，當時婚俗之雜亂，可想而知。

夏初婚俗的雜，是指各式各樣不同婚制的多元化。所謂「上古萬國、至商三千，於秦則無」。這些組成了夏朝的大大小小、數目繁多的部落，其婚配模式自然也是形態各異的——既有早期的父系氏族社會，又有母系的普那路亞夥婚制，甚至還會存在更加落後的血婚制部落。

而夏初婚俗的亂，指的則是**母系氏族社會時期從來沒有出現過的一個新問題——族內婚！**

我們知道，在周朝以前相當長的一段時間內，是「男子稱氏、女子稱姓」的。這句話的意思，並不是說某人生了兒子，就將他命名為某某氏；而生了女兒，則將她命名為某某姓——這樣的解釋是說不通的。一對男女遵守母系的婚配原則也好，遵守父系的婚配原則也好，屬於他們的子女不應該有姓氏上的不同。「姓」這個字，本意即為「女生」，因此，「男子稱氏、女子稱姓」的真正意思是，如果是遵照母系的婚配和承繼規則，那麼孩子就稱姓；如果是遵照父系的婚配和承繼規則，那麼孩子就稱氏。由此可見，「男子稱氏、女子稱姓」的時期，就是兩種截然不同的婚配制度並行的時期。這種雙軌制並行的實例，見於雲南彝族的他魯人。他魯人的年輕姑娘如果不願意出嫁，那她就會和一個納西族姑娘一樣：待在家裡接待本氏族之外男子的拜訪。當然，她也可以選擇出嫁：離開自己的氏族去和自己喜歡的男子一起生活。在前者，她的孩子隨母姓，也就是「稱姓」；在後者，她的孩子歸男方，也就是「稱氏」。

我們可以設想，在這「雙軌制」的時期，即使是在同一個氏族中，也同時存在有認同父系婚配制度的「新派人士」和堅守母系婚配制度的「傳統人士」。**兩種截然相反的觀念的並存，必將造成婚配上的混亂**。比如：一對同父異母的兄妹，按照父系的新派觀點來看，他們是同一氏族的，不能通婚；可是按母系的傳統觀念來看，只要他們各自的母親不屬於同一母系氏族，那這一對兄妹就可以結婚。

在實行群婚的母系社會以及早期的父系社會，對男人們來說，氏族中所有和他同輩分的女人生的孩子，都是他的兒子或女兒，對女人們來說也是如此。所以，古代一對被稱為兄妹的男女，並不意味著他們一定要有共同的父親或母親，而僅僅意味著他們是同一氏族中屬於同一輩分的一對男女。由此推知，**關於古代兄妹婚的各種傳說，指的不過是族內婚而已**。

父系氏族社會剛剛建立起來的時候，妻子們的來源五花八門，有搶來的、有買來的，也有從戰敗部落中俘獲來的。所以，從早期父系氏族中妻子們的角度看來，屬於同一父系氏族的兄妹之間完全有通婚的資格——只要他們不是一母所生即可。這樣一來，恰恰是母系社會所嚴守的族外婚觀念，為早期父系氏族社會中的族內婚提供了倫理上的依據。

神話傳說，也為了適應這種前所未有的新形式而做了必要的改動。早先母系社會的時候，人們崇拜的只是一個女神，人類是由女媧「摶土為人」產生的。後來，她不耐煩了，改用一條鞭子在黃泥巴裡蘸一蘸，朝四周亂甩，於是一個個泥點子變成了人，由此，女媧造人的效率也大大提高了——這似乎解釋了中國人的膚色以及中國何以會有這麼多人。到了早期父系社會的時期，關於人類起源的故事也有了相應的新版本：出現了一個男神盤古——女媧的兄弟，他和女媧結婚，於是產生了人類。其他民族也有大同小異的故事，比如希臘，先是只有女神蓋婭，後來她生了個男神烏拉諾斯，這一對母子再生出奧林匹斯山上的第一代眾神。由斯稱王之後，便娶了自己的姐姐赫拉。

夏朝經歷了約四百七十年、十七代王之後，權力從桀的手上轉到了商湯。從殷商開始，中國歷史開始有了文字記載。這個來自東方的新統治集團，還保留著濃厚的母系氏族遺風。在王位的承襲上——按張光直先生的意見——還是舅甥承繼，而不是父子相傳。貴族們雖然都姓「子」，但是以天干為名分成十支，以甲、乙兩支為首帶一組，以丁為首帶一組。兩組間實行族內婚，王從兩組中交替選出。**一個人能否繼承王位，他的母親在氏族中的地位，發揮著決定性的作用。**

在殷墟的考古發掘中，發現一夫一妻式的合葬也只佔到三分之一。而且，從墓葬中陪葬品的情況來看，女性的地位並不比男人差。迄今出土的最大的青銅禮器司母戊鼎，也並非出自商王本人的墓，而是出自商王武丁配偶的墓。從卜辭上我們得知，武丁的另一個配偶婦好，還曾經率領大軍四處征伐，像古希臘傳說中的亞馬遜女戰士一樣，戰績相當輝煌。

與夏朝的婚配模式相比，我們並沒有看到殷商時期在父系取代母系的方面有多大進展。關於商朝，我們知道的只是：貴族階層實行嚴格的族內婚，王權繼承仍是舅甥相襲，平民階層仍是以群婚或對偶婚為主要形態。

註22 二里頭文化：中國歷史上的夏、商時期，屬探索中國夏朝文化的重要遺址。

註23 齊家文化：位於相當現今中國甘肅為中心地區的新石器時代文化，其名稱來自於其主要遺址齊家坪遺址，1923年由考古學家安特生所發現。

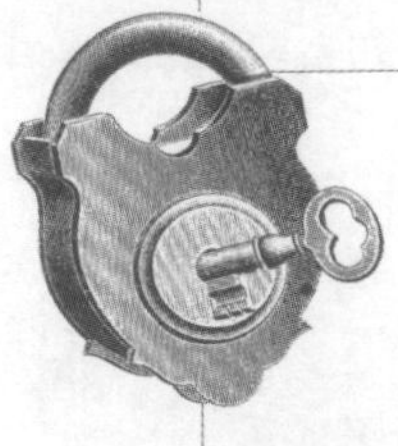

從周到秦：嚴格的一夫一妻制

三十代王、近五百年後，商朝的王權在紂的手上丟掉了。周朝建立，時為西元前一一二二年。乍一看，好像是五百年前殷取代夏故事的翻版：都是邊陲遊牧民族對中原的入侵和佔領。區別好像只在於上一次新主子從東來，這一次新主子從西北來。其實不然，**周的建立，使得中國在社會形態和婚配制度上，發生了巨大的轉變**。

按周人自己的說法，他們是夏人的後裔，其祖先的名字叫「後稷」，可見是以務農為生的。活動區域在夏勢力範圍的北部，生活習俗難免受北方遊牧民族的影響。據《史記》記載，後稷之子叫不窋，曾「去稷不務」，意思是說放棄了原有的農業生活，改為和戎狄一樣，遊牧去了。到了公劉的時候，才又回到中原地區務農。後稷和不窋的時代已不可考，只是傳說後稷與舜及大禹是同時期的人物。不過有把握的是，從又一次回頭務農的公劉開始，到文王的父親季曆，期間的跨度大概是四百年。

我們不難設想，不窋的「去稷不務」，使得周人接受了遊牧民族的父權思想和父系氏族的婚配制度。到了公劉的重新務農，周人便將業已形成的父系社會架構與農業的生活方式相整合，從而使父權思想得到了進一步的發展與鞏固。在武王伐紂，滅掉殷商之前，周人的父系社會形態已經發展得很成熟了。只是到了周朝，父系社會形態及其婚配制度，才在中國佔有了優勢的地位。其主要表現在以下幾個方面：

⑴周在還沒有取得王權的時候，就已經實行了嚴格的父系外婚制。同姓之間「雖百世而婚姻不通，周道然也」。自此以後，姑表親之間的締婚，在中國成為禁忌。周朝建立後，姬姓之間互不通婚，王與諸侯的妻子大多娶自姜姓的齊國、姒姓的杞國或乾脆與周邊的少數民族通婚；自己的女兒則大多是嫁給了承殷祀的宋國或是承夏祀的陳國。

⑵建宗法、分嫡庶，將父系氏族的傳承規則法制法、制度化。並在此基礎上，建立起嚴格的一夫一妻制。雖然王和貴族可以多娶，但嫡妻只有一個。嫡妻之外，則只能是妾。妾生子，稱庶子，沒有繼承權。**在娶妾上，也有禮法加以限制**。王在嫡妻之外，可以有一百二十個妾；諸侯一娶九女，且不再娶，可見妾是八個；大夫是一妻二妾；士則是一妻一妾。而庶民，則只許有一妻與之匹配，故而庶民被稱為匹夫匹婦。這便是具中國特色的一夫一妻多妾制。以後各朝雖然對妾的態度各有不同，但對於一夫一妻，則一貫加以嚴格遵守。

⑶制媒妁、具六禮。官家設媒官，要求百姓「非媒不娶，非聘不見」。**自由結合的只能算是淫**

奔。即便那個男子當時沒有妻子，「淫奔」來的女子也只能算是妾。《詩經・齊風・南山》有云：「……析薪如之何，匪斧不克。取妻如之何，匪媒不得」。可見「父母之命，媒妁之言」這一套制度，在當時已經被普遍接受。在官家的介入下，一個男人娶妻，要經過六道手續，即具六禮，分別為納采（求婚）、問名（問女子名字及生辰八字）、納吉（回去算算女方生辰八字吉不吉利）、納幣（送財禮）、請期（定過門日子）和親迎（娶老婆回家）。費了這麼大的人力、物力之後，女方仍想和對偶婚時一樣，不高興就跑回娘家去，就不可能了。在掠奪婚和對偶婚遺存嚴重的當時，這一套制度的執行，無疑發揮到了鞏固婚姻的作用。在抑制掠奪婚的同時，將婚姻中買賣的行為程序化，也強化了男子對於自己妻妾的佔有觀念。

但翻開史書，我們便不難發現，**春秋戰國時代，其實是淫亂得一塌糊塗的**。王公貴族，違制多娶自不待言；貴婦們與人通姦鬧出醜聞的，也是不勝枚舉。比如鄭穆公的女兒夏姬，嫁給陳國的一個大夫，丈夫死後與陳靈公和另外兩個大夫集體通淫，後來又嫁連尹襄老。丈夫在外作戰時，在家與繼子蒸淫。更為極端的例子，又如衛宣公、楚平王，給自己的兒子娶媳婦，得知兒媳婦漂亮後，就自己亂倫了；宋襄公夫人王姬六十歲高齡時愛上了自己的親孫子公子鮑，強逼孫子和自己睡覺。為了公子鮑能最終繼位，還殺死了自己另外的一個孫子；齊襄公和自己的異母妹文姜通姦，在文姜嫁給魯桓公做了魯國夫人後，還繼續和她通淫，魯桓公還因此而送了命。此外，《左傳》中還記載了大夫階層中類似於現在「換妻俱樂部」的情況，如慶封與盧蒲嫳的易內而飲酒、晉祁勝與鄔臧之間的彼此通室等等。

周朝這種專偶制的不徹底，原因有很多。在武王伐紂的時候，聯合的部落達四百多個，可見當時是多部落氏族並存的。這些部落落後的婚俗，對周難免有所影響。舉其大者齊國而論，齊國姜姓，「姜」、「羌」相通，可見是來自西方的遊牧民族。建立封國後，齊國仍保留著遊牧民族早期父系氏族的婚俗，即父系族內婚——這種現象在遊牧民族中是十分常見的。故齊桓公多內寵，姑表姐妹多人不嫁，就是一例。晚至齊襄公，與同父異母妹文姜通姦後，為了遮醜，竟下令全國，家中長女不嫁，命為「巫兒」，居家主祭。民間風俗由此可見一斑。

再者，周以一個蕞爾小邦取殷商而代之，與殷人相比，無論在人數上還是在文化上，做為統治者的周人都處於劣勢。從史學大家許倬雲先生的《西周史》中我們得知，周王朝的大多數封國起初並沒有明確的地望，被委以封國重任的貴族從周大子手中得到的，只是一些象徵權力的禮器、服飾和若干建制完整的殷民部落。在各個封國中，殷人並不被當作奴隸看待，而是協助周人，共同對封國內的原住民實行統治。在封國內，周人和殷人建一個城郭並一起居住在裡面，自稱「國人」；而生活在城外的原住民，則被稱為「野人」。在邊患十分嚴重的燕國，殷人在國內的地位幾乎與周人沒有什麼差別；即便在十分注重禮儀的魯國，殷人也保留著祭祀自己祖先的「亳社」。由此可以想見，殷人的母系社會結構以及對偶婚風俗，在周朝建立後的相當長一段時間之內，並沒有受到實質性衝擊。

另外，周關於婚制的規定，是以禮的方式推行的。但所謂「刑不上大夫，禮不下庶人」。對於下層百姓的管束，便很不嚴格。連年的戰亂，使各國亟需增加人口。於是官媒又有了另外的任務：「……仲春之月，令會男女，奔者不禁」。就是說，每年春暖花開之際，政府有關部門都要將未婚男女群聚在一起。在一起做什麼呢？當然不是跳交誼舞，而是集體通淫。其婚制推行的不徹底和士庶間的雙重標準，在此暴露無遺。

造成這種不徹底的深層原因，還是觀念上的。人們關於氏族內財產共有的思想還很嚴重。財產如此，用錢買來的女人當然也是如此。所以，當一個男人死後，他的女人們便理所當然地被同氏族的男人繼承——這便是周朝收繼婚甚至不同輩分間的「蒸」、「報」婚十分普遍的原因。**一個女人屬於某一氏族的觀念十分強大，而專屬於某一個男人的觀念卻相對淡薄，這是周朝與現代一夫一妻制度差異的最根本原因**。

這個問題，直到秦朝的建立才徹底解決。在周朝，秦是個非常落後的遊牧民族。只是靠給周王朝養馬，才獲得了附屬國的地位。其婚制，還處於早期父系社會階段。兄弟甚至父子共妻的事情屢見不鮮。秦風之粗鄙，僅舉《戰國策》中的一個例子就可想而知：楚韓交戰，韓派了好多使者求救於秦。使者中有一個名叫尚勒的，秦宣太后看著還順眼，便召入宮中向其闡述其想法：「妾事先王也，先王以其髀加妾之身，妾困不疲也；盡置其身妾之上，而妾弗重也，何也？……」這段話的意思是：「我和先王做愛的時候，如果先王只是屁股坐在我身上，那我不大一會兒就覺得累；如果先王整個身子趴在我上面，那我就不會覺得累了……」貴為太后，卻用自己的性交體位打比方，來向外國使節闡述本國的外交策略，這也算是古今奇談了。

到了秦孝公的時候，起用商鞅變法。我們知道，周朝列國，依用井田法。一個氏族分一塊地，以「井」字劃成九塊，周圍的八塊，收成歸氏族自己，中間那塊地的收成，用來繳稅。而商鞅的新法，是將土地全部收歸國有，重新丈量之後，分到每個壯年男子頭上。國家的稅收或徭役，直接與每個成年男子有關聯，而不再是以氏族為單位加以徵收。一個家庭中，如果有兩個或以上的成年男子而不分家的，人頭稅按五倍算。

這樣做的後果顯而易見——氏族結構被打破了，取而代之的，是小家庭。從此，家庭中**只有一個成年男人，並且這個男人要獨立承擔整個家庭的經濟和社會責任**。嚴格的一夫一妻制，至此有了適合於自己的土壤。如果這個家中的男人不幸早死，他的女人還有孩子需要撫養，有國家義務需要履行。所以，過繼或改嫁給別的男人，便是一件困難的事情。

一直到了這個時候，在概念上，一個女人才真正地歸屬於某一個男人，即便這個男人死了，也是這樣。舊約時期的猶太人，兄死後，如果身後無嗣，弟弟是非娶嫂子不可的。不過女人和弟弟生出來的孩子卻要歸於死去的哥哥的名下，以便這一宗支的財產繼承——這是某一女人在概念上專屬於某一男人最好的例子。

《舊約》中有這樣一個故事：雅格的四子猶大，生有三個兒子。大兒子早死後，沒有子嗣。於是大兒媳塔瑪（Tamar）被二兒子收繼，為的是生下屬於死去的大兒子的孩子，以便繼承財產——這是二兒子所不願意的。所以，他在與塔瑪同房的時候，總是遺精於地，不讓她懷孕。二兒子死後，因為三兒子還小，無法收繼。最終，塔瑪還是與公公猶大同房，才有了孩子。這個故事，也充分反映了父系氏族的早期婚姻，其著重點在於財產的繼承。為了得到繼承人，父子、兄弟之間並不在乎各種形式的共妻。在古希臘、印度和埃及，甚至有具體的法律條文來規定，對一個無子寡婦的收繼，公公、大伯及小叔之間的優先順序。和猶太人相同的是，這樣生下的孩子，名義上仍歸於寡婦先夫，以便於財產的繼承。

秦朝稅制對婚制的影響，深刻說明嚴格意義上的父權一夫一妻制，只有在經濟模式的推動下，才能穩固地實現。不久，秦國憑藉著新法的實施，迅速強大起來。到了西元前二二一年，秦始皇統一了中國，隨即制定了嚴格的法律，在全國範圍內推行父權制下的一夫一妻制。西元前二一〇年，始皇出遊至會稽，對當地母系氏族遺存嚴重的淫亂風俗十分厭惡，乃刻石立法。這大概是**中國第一**

個涉及對婚外性行為如何加以處罰的法律了。其懲罰的主要內容是：「有子而嫁，背死不貞」、「夫為寄豭（與別人妻了睡覺的人），（親夫）殺之無罪」、「妻為逃嫁（與人私奔），子不得母」。這三條，無一不深刻地說明了父權下專偶制的本質——讓男性得到一個在血統上靠得住的後代。為此，秦始皇還提出了具體實施的辦法：「防隔內外，禁止淫佚。」

由上可以看出，**在中國，父權制的一夫一妻制，在周是折衷於禮，至秦又輔之以律**。由母系向父系轉化的這個工作，周和秦做得實在是太成功了。相對於中原地區，西部和北部的遊牧民族雖然是「父親」這一概念的原產地，卻因自身殘存有或多或少的母系遺風，其女性的性自由反倒比農業社會的中原地區還要多些。

小結

根據竺可楨（註24）的研究，西元前一〇〇〇年左右，北半球曾經經歷了一次自東漸次向西的嚴寒，這正與周人自北向南侵入中原的時間相吻合。從那時候起直至清朝，農業社會的中原地區與北方及西方的遊牧民族兩者間的戰爭與交融，成為中國歷史上從未間斷過的主旋律。

註24　竺可楨：中國卓越的科學家和教育家，當代著名的地理學家和氣象學家，中國近代地理學的奠基人。他先後創建了中國大學中的第一個地學系和中央研究院氣象研究所。

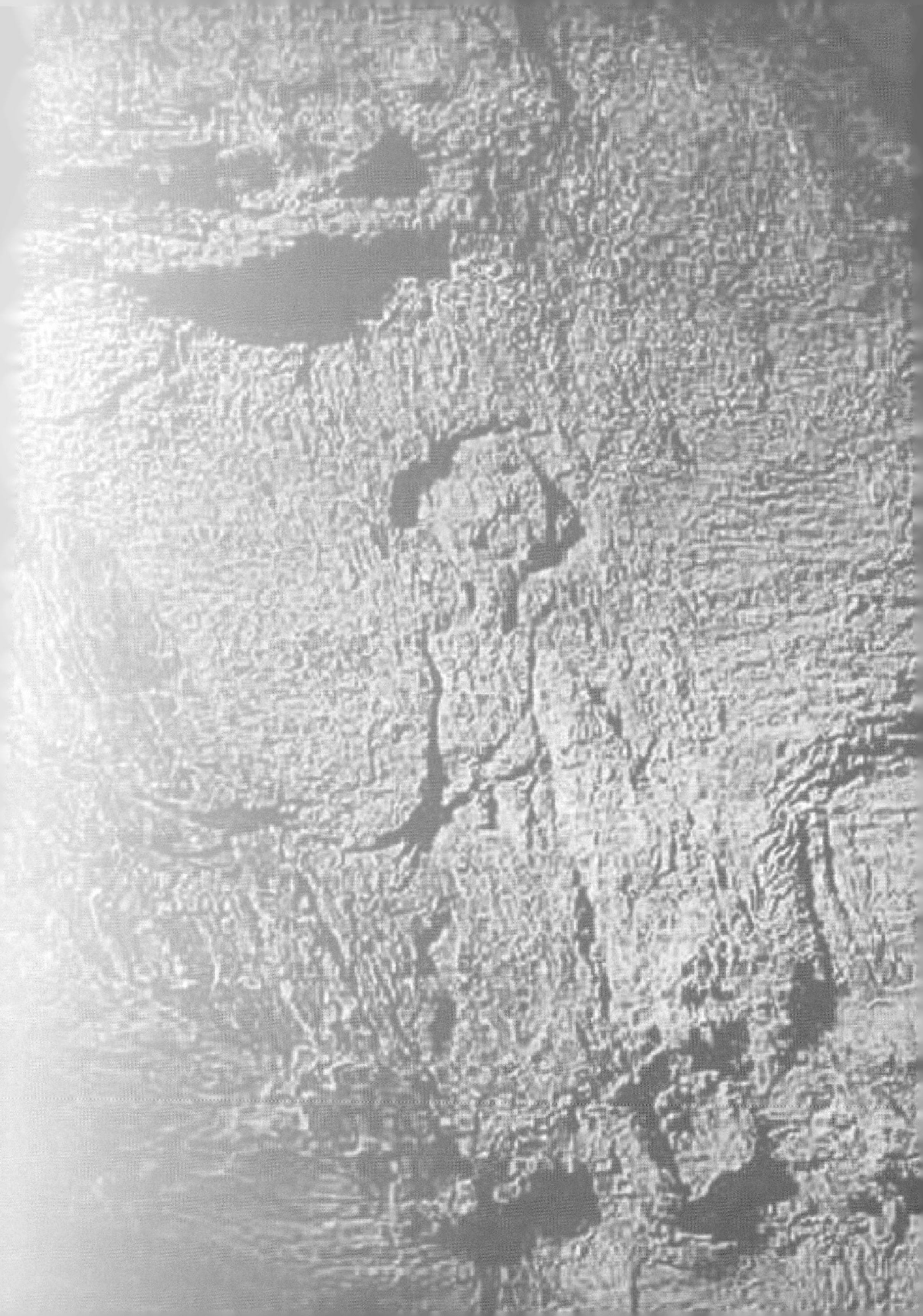

第五章

巫術與宗教——鬼神對我們性生活的看法

如果他們願意跟隨他，那是因為他在他們面前從來不會離得太遠。

——E·E·凱萊特（英國作家，著有《宗教的故事》）

河南具茨山發現的原始社會生殖崇拜岩畫

如果你在意鬼神對你的看法，你就有了宗教感；如果你在意別人對你的看法，你就有了道德感。**上層建築這個東西，反映了一個社會在某個時期，對世界和人生的認知及態度**。不用說，它指導著我們的生活、也指導著我們的性生活。

不過，上層建築——正如這個詞本身所指明的那樣——在它的下面是要墊個東西做為基礎的。如果我們把它想像成一個騎著單輪車的小丑，那麼，依照馬克思的意見，這輛單輪車便叫經濟基礎，意即人們對生產資料的佔有方式；可是如果依照佛洛依德的意見，這輛單輪車的名字應該叫利比多，意即性慾。

伯特蘭·羅素綜合了這兩個人的意見。他讓小丑跳下單輪車，踩上了高蹺。這一綜合無疑是正確的，人類的思想始終是踩著「食」和「性」這兩隻高蹺，左搖右晃地前進。道德如此，巫術和宗教也是如此。

巫術在今天的中國，已經完全被另一個詞所取代，這就是「迷信」。官方對待迷信和宗教兩者的態度截然不同，其原因何在呢？

首先，巫術是早於宗教的，宗教由巫術發展而來。在對原始部落的研究中，發現普遍存在巫術，而宗教卻不具備這種普遍性。

其次，雖然巫術和宗教都承認以鬼神的形式而存在的超自然力量，但兩者對於鬼神的態度，卻大相徑庭。比如說：一個人生了病。如果他請一個神漢為他治療，那麼這個神漢在唸完咒語之後，大概還會燒一張寫了字的黃紙，用水和了紙灰讓病人喝下去。然後，他會十分堅定地告訴病人，他的病會在多少天之內痊癒，並禁止病人嘗試任何其他的治療方法；可是如果這個病人請的是一個和尚為他做法事，那就不同了。因為這個和尚只是替他求神祇的保佑和幫助，至於最終這個病人能否蒙神眷顧，那得神自己拿主意，和尚是不必負責的。並且，病人還是可以、甚至必須要吃藥和看醫生的。

由此我們不難看出，**巫術或稱迷信，之所以造成危害並被官方所嚴懲，原因在於它以鬼神的主人自居。官方不管和尚，是因為他以鬼神的僕人自居。**

在氣質上，巫術和科學倒是十分相同的：兩者都堅信因果律，並藉此面對它周遭世界的時候，表露出主人的心態。

從主觀上說，巫術與科學兩者的區別在於我們的相信與否——如果我們相信一種說法，就稱它是科學；如果不相信，便斥之為巫術——這當然是十分靠不住的。比如我們相信，與身處經期的婦女性交，會損害她們的健康；我們還相信，當需要在一個病人肚皮上開刀的時候，術前把他的陰毛刮掉，會減少術後刀口感染的機率。包括醫生在內的專業人士，認為這些都是科學的。直到最近，有人用真正的科學方法對此加以審視之後，發現上述觀點恰恰是不折不扣的迷信。

從客觀上說，巫術與科學兩者的區別在於方法論。科學，是以推理和歸納為方法的；而巫術，卻是以模擬和接觸為原理的。

巫術

根據弗雷澤對巫術原理的分析，巫術可以被分為「順式巫術」和「接觸巫術」兩種。

順勢巫術，是指透過模仿，一個人就可以實現他的願望。比如逢年過節的時候，山東人都會把饅頭做成魚的形狀。這一是要討個「年年有餘」的口彩，二是因為魚的多子——以此來求得來年的人丁興旺、穀物豐收。在平常的時候，萬一有人不小心說了句不吉利的話，就得使勁地往地上吐一口唾沫，好讓這壞影響像這口唾沫一樣，離他而去。

清朝袁枚作《子不語全集》，所謂的「子不語」，典出《論語》的「子不語怪力亂神」，搜集了很多有趣的段子。比如《拘忌》一節中就說了這麼個人：「塞侍郎某，性多拘忌。每遇人談有死喪二字，必做噴嚏，以啐散之。路逢殯柩，則急往親友家解下衣帽撲散數次，以為將晦氣撒在人家，與己無關矣。」然而還有個李侍郎更過分：早上起來就一直背朝著門坐在家裡，客人來了也不回頭。直到正午才肯轉過身來出門。原因只是這一天「喜神方在東，故不肯背之而出。又是日辰巳有沖，故必正午方出耳」。

而接觸巫術，是指可以透過某件物品來對某人施加影響，只要是此人曾經觸碰過這件物品。筆者舉一個親身經歷來說明：我家要好的鄰居中，有一個小我一屆的男孩子。因為我聯考的成績很不錯，所以，第二年他參加聯考的時候，特意跑到我家來，向我母親要了我前一年聯考時穿的那件衣服。不過，不幸的是，他沒考上。第二年，他穿了自己的衣服又重考，終於考上了。為此，他媽媽向我抱怨說：「要是你那件衣服沒洗，我兒子就能早一年上大學了。」

在法蘭西斯·培根時代的英國，一個人受了傷之後要想好得快些，除了用金創膏塗傷口，還得在弄傷人的東西上塗一些才行。在今天的中國，如果有人要嫁女兒，在為新娘子準備新婚被褥的時候，做母親的一定要請一個婦女來幫忙。這個婦女，必須得是兒女雙全才行，如果她同時還體態豐滿、骨盆寬大，那就更理想了。

宗教

隨著生產力的逐漸提高，氏族或部落內便有了剩餘產品。這使得社會分化成為可能，氏族內供得起一個專業巫師了。當氏族中某個人宣稱，他具有控制天氣、驅除瘟疫、在戰爭中獲取神靈的保佑等等才能之後，他就不用再幹活了。更為重要的是，他還可以吃最好的食物、穿最好的衣服、住最好的房子、宣布任何一個他喜歡的女人為他的「塔鋪」。這一職務，無疑是令人極為愉快的。

但只有一點不好，那就是風險太大。當氣候大旱需要求雨的時候，巫師們失敗的機率實在是太高了。另外，如果發生了瘟疫、遭受了戰爭失敗，人們自然要求做出解釋。平日裡對巫師的稱頌，立即變成了對他驕奢淫逸的清算——這位平日裡以鬼神主人自居的巫師，頃刻間變成了為平息鬼神怒氣而獻上的人祭。

同樣的劇情一次次地上演，不禁引發了一些比較聰明的巫師們的思索。於是，他們開始聲稱：神靈是無法控制的。**凡人所能做的，只是取悅神靈，而非命令神靈**。

在把決定權上交給神祇之後，巫師們搖身一變而成為祭司。他們的職能，也由對鬼神發號施令而改為取悅神祇。他們的特權一點也沒減少，風險卻大大地降低了。

從此，人類靈魂的困惑，得到了慰藉；他們精神的重軛，有了寄存的地方。但這是需要付出代價的：在鬼神面前，人類從主人墮落成為奴僕。對於未知的領域，他們不再感到好奇。取而代之的，是深深的敬畏和恐懼。

男女生殖神圖騰　內有五個林迦（男性生殖神圖騰），直徑兩公尺的尤尼（女性生殖神圖騰）

女人當家的時候，鬼神鼓勵群交

原始時期，人們迫切需求的是人丁及穀物的繁殖。因此，**最普遍應用的巫術和最為熱切的宗教崇拜，便都圍繞著生殖這一主題展開。**

按照順勢巫術的原理，莊稼種植和生孩子之間當然是有關聯的。在幾乎所有的原始部落中，都是女人種田，男人則裝模作樣地去打獵，或乾脆在一旁遊手好閒。當被問及為什麼不幫助女人們去田裡勞作時，男人的回答千篇一律：女人會生孩子，只有她們才懂得種田。周朝人將其始祖姜嫄視為大地女神，她的兒子則以穀物「稷」來命名。由此我們不難理解古人如何看待生育與莊稼種植之間的關係。

隨著灌溉和耕作技術的普及，男人也不得不參與農業生產了。不過，沒有人會忘記女人在這方面的法力。每到播種前，全部落的男女都要舉行盛大的儀式，力圖把女人生育的法力「傳染」給田裡的莊稼。辦法，自然是所有人十分努力地跳舞，十分努力地群交。這一習俗流傳至今，就是盛行於西方各國的一年一度的狂歡節，只是現在只剩下跳舞，沒有了公開群交。古代敘利亞也有狂歡節——那時候叫子宮節——比現在的狂歡節熱鬧許多。過節的時候，女人裸體，男人尾隨以木棍觸碰她們的腿、吻她們的腿甚至陰部，男女混雜，狂舞不已。晚至十七世紀，一個老派的德國農夫在播種前夜，是一定要帶著妻子去自己的田地裡雲雨一番的——這件大事做了之後，他才敢對當年的收成抱有期許。據《小雅·甫田》的記載，我們的祖先在春播時，要舉行「禦田祖」儀式，以祈求雨水，盼望穀物豐收、人丁興旺。而這「禦田祖」的儀式，就是以「男女交合為祭」。在商朝，出於同樣目的的「桑林之舞」，規模已近萬人。至周朝，不僅有「萬舞」，還有「仲春之月，令會男女，奔者不禁」這樣的政府號召。

為什麼古代人到了春播季節，一定要盡力集體通淫一番之後，才肯到田裡工作呢？其實道理很簡單，一個集體在開展一項所有人都參與的活動之前，先組織起來，統一一下想法、鼓舞一下士氣，是十分必要的。

那麼，古代人為什麼一定要公開地、集體地淫亂呢？為什麼多對多的群交，就會比一對一的性關係具有更大的法力呢？從一則希臘神話中，我們或可一窺古代人思維之端倪。

有一次，宙斯、波塞冬和赫耳墨斯（Hermes）三位神祇漫遊凡間，在底比斯遇到了老邁的海爾瑞斯（Hare Reiss）。老人雖然一貧如洗，還是十分熱情地招待了三位神祇。做為感謝，神祇們決定滿足他的一個願望。老人提出要一個兒子，於是，三位神祇找來一張生牛皮，一起把各自的精液射在上面，包好後埋在地裡。九個月後，從地裡跳出一個男孩，這就是全希臘力量最大的俄里翁（Orion）。

由此，我們可以推知，古代人不懂得什麼減數分裂，只知道「人多力量大」。他們認為，由幾個父親通力合作產生的後代，一定會優於某個男人單幹的結果。

在古巴比倫，**氏族中最受人尊敬的，是最淫蕩而非生孩子最多的女子**。這其中的原因是意味深長的。淫蕩的女子，能為氏族吸引來更多的男人，從而壯大本氏族的力量。更可能的原因是——根據順勢巫術的原理——淫蕩比多產更具有讓農作物增產的法力。當時的社會普遍相信，幾個男人一起和一個女人性交，會生出比一個男人單幹更優秀的孩子；當時的社會還相信，一個女人性伴侶的數目愈多，她對於全氏族糧食增產的貢獻就愈大。這樣的巫術觀念對全社會的性行為將會產生怎樣的影響，是可想而知的。

宗教產生之後，大地本身就成為了一個多產的女神，在埃及，她叫伊西絲；在中國，叫女媧；而到了希臘，名字又變成了蓋亞。除了大地女神，人們還崇拜女陰，一切形狀像女陰的東西都成了偶像：中間有洞的圓形石頭、魚，後來還崇拜大肚子的青蛙。認為女陰有法力的觀念，在中國一直保留到了清朝。

俞蛟的《臨清紀略》裡記載了這樣一件事情：乾隆三十九年（西元一七七四年）間，山東發生了以王倫為首的暴動。官兵守城，王倫的軍隊攻城。王倫有個手下，穿一身黃綾馬褂，裝神弄鬼地坐在南城牆外僅數百步的地方，口中唸唸有詞。城牆上的官兵見了著實生氣，便「眾砲轟之」。可是，鉛丸到了離他一兩尺的時候，就掉到了地上。正當眾官兵手足無措之際，一個老弁弄了個妓女到城牆上來，解開她的衣服，讓那妓女的陰部直對著城外坐著的那個傢伙。只見那些已經掉到地上的鉛丸一下子又都蹦了起來，全打在那反賊的肚子上。反賊自是當場斃命，城內於是一片歡聲雷動。

在福建漳州以南五十多公里東山島的海邊，至今仍保存著一個無比巨大的石刻女陰，陰阜、陰毛、陰唇、陰道無一遺漏，唯妙唯肖。當地依然有許多婦女相信，如果把一些小石子擲進那巨大的石頭陰道裡，有些東西也就會更容易在自己的陰道裡活下來。

不難看出，母系社會的時候，人們的巫術和宗教觀念，都是鼓勵群交的。

男人得勢後，鬼神變得不喜歡性了

在母系氏族社會的晚期，「父親」這一概念也漸漸傳播開來。魏勒（註25）在他所著的《性崇拜》一書中指出：「那時人們便注意到，如果男子不和女子交配，女子就不會生孩子。於是人們斷定，男子對創造一個新的生命享有完全的榮譽……」西元前四五〇年的古希臘哲學家阿那克薩哥拉（Anaxagoras），**就將父親比作了種子，而將母親比作大地。**

這樣的一種全新的思想，自然把男人的陽具提升到一個前所未有的高度。人們開始了狂熱的男根崇拜。即使是在今天，當人們決定修一個碑來紀念某一重大事件或者某個大人物的時候，這紀念碑十之八九，會被建成一個巨大陽具的模樣。以前向女陰、青蛙或是魚表達敬意的人們，如今對著大大小小的柱狀物頂禮膜拜。在四川木里縣的大壩村，有一個雞兒洞，裡面供了一個三十公分高的石祖。當地普米族婦女為了祈求生育，經常到那個洞裡去燒香叩頭，向石祖膜拜。臨走的時候拉起裙邊，在石祖上坐一下或蹲一下，認為這樣和石祖接觸後，才能生兒育女。

漢字「祖」字的寫法，便揭示了男性生殖器崇拜的這一現象：「祖」字右邊的「且」字，就是男根的象形；而「祖」字左邊的「示」字，在古代就是指神祇。**可見這個「祖」字，就是以男根祭神的意思。**

在母系氏族社會中，同一氏族的人們追溯出一個共同的女性祖先，這是絕不會有錯的。而在父系氏族社會中，一個共同的男性祖先，卻只是一個不怎麼靠得住的推論。要想讓這個推論成立，自己的女人一定得貞潔才行。得勢的男人們之所以對祭祖有著異乎尋常的熱情，除了有點心虛之外，還有另一個重要的原因，就是男人們要透過這樣的儀式，來加強同一氏族之內各成員的團結和認同感──這是在戰爭中獲勝所不可或缺的因素。故而《左傳》有云：「國之大事，在戎與祀」。

早先母系社會中母女姐妹們，透過共用丈夫來增加彼此親密關係的群婚模式，現在從男人的角度來看，就危害甚大了──它不但會渙散整個氏族的士氣和團結，還會從根本上瓦解父系氏族這一組織。於是，在父系社會中，雖然男人們更加熱衷於生殖器崇拜，但他們對群交的態度，卻從母系時期的鼓勵，轉向了嚴厲禁止。

按照接觸巫術的原理，如果要想讓某人生病，就得燒掉他的頭髮、指甲或是衣服。**在男人們都有了自己特定的女人之後，施巫者害人的方法也就多了一樣：通姦。**既然一個人做完愛總會感到很疲乏，那麼，趁這個男人不在家的時候去和他的老婆做愛，那正在參加戰鬥或是打獵的丈夫也一定會渾身無力。在戰爭中，一個男人被另一個男人殺死，極有可能的原因，是那死鬼留在家裡的妻子不如他對手的妻子貞潔。於是丈夫們嚴禁妻子與外人有染，否則，他們打獵或捕魚的收穫便會受到影響，弄得不好，還會有性命之虞。

類似的例子，在弗雷澤的《金枝》中有上百個。比如，沙撈越（Sarawak）的原住民相信，當一個男人到林子裡採集樟腦的時候，如果守在家中的妻子與人通姦，那麼，這男人辛辛苦苦採到的樟腦就會蒸發掉。因為一點樟腦蒸發而被暴怒的丈夫活活打死的妻子，在沙撈越並不罕見。

薩摩亞島（Samoa）的原住民相信，他們的酋長身上有著可怕的神力，膽敢抽他的菸葉、穿他衣服或是吃他剩飯的人，都必死無疑。這樣一來，酋長的「塔鋪」們就是再好看，也沒人敢勾引了。

母系社會中的女人們認為縱慾群交會帶來好收成。而如今，父系社會的男人們則是看到了硬幣的反面：**亂倫或是通姦等違禁的性關係，必定會給莊稼帶來災難**。

從希臘神話中我們得知，當俄狄浦斯（Oidipous）犯下弒父娶母的罪行後，特拜所有的莊稼枯死了，瘟疫流行，女人和母牛也都不再生育。不光希臘人這麼想，世界各地的原始部落，也都普遍存在這樣的觀念，即莊稼歉收、旱澇災害或是戰爭失敗，都是起因於部族內有人在非法性交。弗雷澤在他的《魔鬼的律師》一書中，提到了很多這樣的例子。比如，連日陰雨，田裡的莊稼快要爛掉了，婆羅洲達雅克人的長老們便會聚在一起，審理通姦、重婚和亂倫等罪行。生活在東非的南迪人，未婚先孕的姑娘一輩子也不能邁進糧倉一步，不然，裡面的糧食就會全部霉變。在摩洛哥，如果兩性關係上有污點的人走進了菜園，那不用說，全國的蔬菜都會爛光。遲至一四四一年，法國阿維尼翁（Avignon）還特意立法規定：娼妓必須買下她們在市場上曾用手觸摸過的食物。一個性關係不純潔的人，簡直像坦克軍團一樣，所向披靡。

這麼看來，非法性交自然是件非常嚴重的事情了。犯奸者所侵犯的不再僅僅是某個婦女的身體或者某個合法丈夫的權益，而是整個部落生死攸關的根本利益！

這種對非法性交的憎恨和恐懼，必然帶來兩個後果：

第一，對男女間性禁忌的設定水準過高。**男女間不單實際發生的非法性行為被列入禁忌範圍之內，就連一切可能導致這種後果的行為，也一概列入禁忌之列**。諸如禁止言語中提到性行為和生殖器、禁止身體觸摸，甚至到異性間不能單獨見面。更有甚者，光是在腦子裡想一想都成了罪過。教士凱西安在他的著作《隱修生活規則》中寫道：「當狡猾的魔鬼潛入我們的心靈，就會勾起我們對女性的回憶。先是回憶起我們的母親、姐妹或某個善良的女性，此時，我們要盡快地驅除這種回憶，不然，如果讓思想在這上面逗留時間過長，就會不知不覺地想到其他的女人……一個人在受到淫逸夢境的玷污之後，還能靠近聖壇並享用上面的麵包和酒嗎？」

第二，對犯禁者的懲罰過重。早先，不論強姦還是通姦，都會受到極為嚴厲的懲處。例如蘇門達臘中部的巴塔人，對姦夫的判決是先殺死，然後吃掉。今天，我們已經不把通姦看作是一種罪行了。需要法律加以懲罰的，只是違背婦女意願的強姦。但是，從對強姦的懲罰中，我們還是可以看到早先那種觀念的影子：**非法性交不是對某一個人犯罪，而是對全社會所有人犯罪**。

社會學家福柯曾經這樣講道：「……從原則上看，在用拳頭打擊某人的臉部和用陰莖插入某人的陰部之間，並無任何區別。」話雖如此，可是對於兩者的懲罰，卻有著天壤之別。我們無法將這種差別僅僅歸因於經濟因素：對於強姦犯的量刑，並不因被告是否在原告陰道內射精，或者是否導致原告受孕而有任何差別。**人們對強姦處以如此重刑，諸多動機中也暗藏著對這種行為的莫名恐懼**。

認為非法性交會帶來災難的巫術觀念，讓男人在嫉妒之外，有了限制女性性自由的新理由。男人們在不斷向自己的生殖器表達敬意的同時，卻以種種堂而皇之的理由對早先習慣了性自由的女性們加以苛刻的限制。這一切，無疑加速了兩性間不平等地位的產生。

到了父系形態的宗教產生之後，高高在上的天神無一例外地成了男性，比如猶太教的上帝、伊斯蘭教的真主、佛教的釋迦牟尼。這種神祇由女性向男性的轉化過程，理安．艾斯勒在其《聖杯與劍》一書中有詳細而風趣的論述——先前風光無限象徵豐收和生育的女神，如今成了壞脾氣的宙斯的妻子、女兒或情婦。

男人的宗教繼續著對性的禁忌態度，**上帝的十誡中，有兩條是關於禁止非法性交的，分別是第**

六條：不可姦淫；第九條：不可貪戀別人的妻子。佛教徒們的興趣在於無休無止地輪迴。性不但毫無意義，而且一旦在別人的妻子那兒得到性快樂，還會影響到自己來世的命運，比如，會投胎變成一頭豬，或是一個人盡可夫的妓女。

正如李銀河（註26）在她的《中國人的性愛與婚姻》一書中所說的那樣：「中國是一個恥感的社會，而西方則是一個罪感的社會。」**道德和宗教這兩個東西，西方人選了宗教，中國人則選了道德**。假設有一個男人向一位少婦求歡，如果這是位春心蕩漾的中國少婦，她會一邊掙扎著一邊說：「讓別人看見怎麼辦?!」而如果這位少婦是個西方人，她會一邊掙扎著一邊說：「噢，不！上帝會懲罰我們的！」

這就是中西方的差別所在。在中國人的心中，最怕的是被別人恥笑，神鬼之類的倒無關緊要。中國人宗教精神的缺乏，要從歷史上去找原因：自唐以後，朝廷開科舉。從此以後，中國的知識份子們便分成了兩類——已經中舉的，和明年有希望中舉的。這麼一來，中國知識份子便只能在對先秦諸子和晉朝「竹林七賢」的緬懷中，依稀遙望先輩們獨立人格的影子。至於他們自己，只有兩種選擇：得意的時候便做儒家、做統治階級的寵婦——修身齊家治國平天下；失意的時候便做道家、做統治階級的棄婦——獨坐幽篁裡，彈琴復長嘯——躲得不遠，嗓門卻不小。

不過，中國的知識份子——不論得意失意、不論儒家道家——都會豔福不淺。前者當官發財，三妻四妾偎翠依紅，自不待言；後者則苦練採陰補陽的養生之法，鑽研《素女經》，掌握「一夕御九女」的本領，自有延年益壽、得道成仙的妙用。因此，在儒道釋三教中，讀書人只肯在前兩者上用心思；而外來的佛教，則主要被文化程度不高的階層所信仰。在質樸的思維中，他們將自己與神想像成類似於一個合約的甲方、乙方：做為甲方的信徒向做為乙方的神靈「許願」；乙方有義務幫助甲方實現某一願望。視願望的重要性不同，甲方同意向乙方支付報酬——從初一、十五的豬頭三牲，到「重修廟宇、再塑金身」不等。如果乙方履行了自己的義務，則甲方也要實現早先的承諾，也就是「還願」；如果乙方沒有履行自己的義務，那合約自動失效。

由此看來，宗教並沒有讓中國人對性產生罪惡或是不潔的感覺。

註25 魏勒：美國作家。
註26 李銀河：中國第一位研究性的女社會學家，著名作家王小波之妻。

小結

在《魔鬼辭典》一書中，關於「宗教」這一條目，安·比爾斯這樣定義道：「這是希望和恐懼的女兒，它向無知者解說不可知事物的性質。」這是個令人備感悲哀和沮喪的定義。如果，所有人對超出自己理解範圍之外的事物，都抱有一種蔑視和否定態度的話，這個世界無疑會變得膚淺而市儈。

不論是有神論者還是無神論者，所有的人都對「永恆」這兩個字充滿敬意和嚮往，但說到它的具體內容，卻是有多少人就有多少種見解。或許，我們可以把安．比爾斯關於宗教的定義改一改：「這是經濟因素和性衝動的女兒。它跑到歷史那兒散了一會兒的步，回來後就變得面目全非。於是，它微笑了，向喜歡追根究柢的人們保持著不可知的神祕……」

人們已經習慣於把一夫一妻制當成一種天經地義的東西來看待，並一本正經地在各種版本的神諭中為這一制度找出依據。豈不知，這不過是先打槍、後畫靶子的伎倆，用於自欺和欺人。我們先是有了這古怪的婚制，之後，才有了這些古怪的神明。

第六章

古怪的基督教

婚姻首先就心靈而言是惡，因為沒有任何事物能像肉體的交媾那樣危害道德。

——湯瑪斯·阿奎那（St. Thomas Aquinas）（中世紀經院哲學的哲學家和神學家，知名著作是《神學大全》（Summa Theologica））

《黃金時代》老盧卡斯．克拉納赫，此圖表現反對宗教禁慾主義的精神

值得注意的是，早期父系文明下的宗教所反對的，只是通姦、強姦、亂倫等不合規矩的性交，而對於性本身卻並無惡感。夫妻間的性因為是產生合法後代的唯一途徑，還受到宗教的讚許甚至鼓勵。印度教有旨在提高夫婦雙方性技巧的《愛經》自不待言，《聖經》中也記載：上帝創造了亞當，又用他的一根肋骨造出了夏娃，然後，神這樣祝福人類中的第一對夫妻：「要養育子女，滋生繁多」。根據上帝的這一旨意，舊約時期的猶太人對剛剛做了丈夫的男人是十分體貼的，《申命記》中就有這樣的話：「新娶妻之人，不可以出征，也不可託他辦理什麼公事。可以在家清閒一年，使他所娶的妻快活。」注意：

最後一句話並不是「使他所娶的妻生孩子」，而是「使他所娶的妻快活」，可見猶太教對夫妻間性愛所持的嘉許態度。

可是，到了基督教時期，事情變得複雜而莫名其妙起來。**不單非法性交遭到譴責，合法的性也概莫能免**——「如果你並不是為了生育後代而上了你妻子的床，那你應該懺悔」——十一世紀的教皇格列高利七世（Gregory VII）如是說。

對基督教徒來說，婚姻之所以變成了不好的事情，乃是因為福音書的最終目的是貞潔和童貞。十三世紀的方濟各會會長博那文圖拉（Bo Bernard Ventura）乾脆就把婚姻幾乎等同於淫亂：「婚姻並不能使對妻子的愛合法化，它僅僅證明這種愛是無罪的。**愛情本身是下賤的東西：它妨礙了對上帝的愛——唯一合法的愛**。」再沒有什麼教義能像基督教這樣，對現代人在婚姻、愛情和性上的觀念產生如此大的影響；可是，也再沒有什麼教義像基督教這麼古怪了。

首先，基督教把夫妻之間的關係等同於基督與教會的關係，並引用《馬太福音》裡基督的話——神配合的人不可分開——做為依據，堅決禁止離婚，即使沒有孩子的婚姻也必須維持終生；其次，婚姻中的性之所以還能被容忍，那只是因為生育，**夫妻間的性愛如果不是以生育為目的，那簡直和通姦毫無分別**。所以，基督教從反對一切性交的立場出發，「自然而然地」得出反對一切避孕措施的結論。最後，既然出於生育的目的，夫妻之間的性在所難免，那麼在實施過程中就有必要採取細緻的方法，以避免妻子一方性快感的產生。**性快感，必是撒旦附體無疑**。虔誠教徒常用的方法是：行房的時候讓自己的妻子穿上一身粗羊毛織成的長衣長褲，紮得她渾身難受，然後只在陰部開個小口，從而在最大程度上避免了性快感發生的可能。順便說一句，教會認為：性交是一件肅穆而莊嚴的事情。故而在行房的過程中，對妻子任何部位的撫摸，都是下流而毫無必要的。

就這樣，基督教把婚姻和性、性和愛情割裂開來。那麼，基督教這些稀奇古怪的又有違人情的觀點，是如何產生的呢？

我們知道，基督教是脫胎於古老的猶太教的，只是在上帝與其特選子民猶太人之間訂立的《舊約》的基礎之上，又增加了《新約》——救世主基督以自己的生命為代價，為芸芸眾生在上帝面前爭取到一個救贖的機會。從此，不單單是猶太人，羅馬人、希臘人、敘利亞人、埃及人……**不管什麼人，只要信基督，就有機會進入永恆的天國**。基督教也藉此擺脫了猶太教的狹隘，發展成為人類歷史上影響最為廣泛的宗教。

可想而知，基督教在創建的初期，關於婚姻和性方面的教義是和猶太教義十分相近的。早期基督徒不單可以離婚，很多地方甚至並不禁止基督徒擁有一個以上的妻子，專業的神職人員也並不是非單身不可。對於男婚女嫁這件事情，早期的基督教神學家們也看不出有什麼理由非得他們到場不可。對於夫妻之間的性，不但不持否定和譴責的態度，還將其視為減少非法的性的管道而加以鼓勵。

生活在四～五世紀的聖奧古斯丁在其《論情慾》中這樣寫道：

「我們知道，許多我們的兄弟一致贊同節制肉體的慾望，但不節制夫妻之愛。前者愈是壓抑，後者愈是強烈。」

所以說，基督教的古怪念頭並不是憑空冒出來的，而是在「與時俱進」中一步步發展出來的。它的古怪表現在以下三個方面：

(1)性、包括婚姻內的性都是不潔的和罪惡的；(2)專業神職人員必須保持單身；(3)不許離婚。

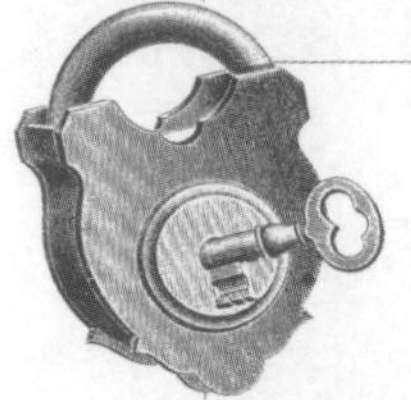

從羅馬開始談起

基督教對後世產生的深遠影響，也正是由於它的這三個古怪的觀念。顯然，要想找出這些觀念產生的源頭，就有必要對當時的羅馬帝國以及中世紀的社會和經濟狀況做一番探究。

耶穌被彼拉多釘死在十字架上，據考證是在西元三三年的四月三日。那之後，他的門徒們開始在整個羅馬帝國境內傳播他的教義。雖然耶穌的大弟子彼得第一個前往羅馬傳教，但做為一個不識字的漁夫以及一個正統猶太人，他固有的狹隘，使得他不可能有太大的作為。將古老猶太教發展成為一個世界性新宗教的任務，註定落到了受過良好教育的、生來具有羅馬公民權的法利賽人——聖保羅的身上。

西元一世紀，羅馬帝國這個龐然大物，已經開始在各個方面顯現出衰敗的跡象。奴隸制，這個人類有史以來最輝煌的帝國的基石，也正是它最終不免覆滅的根本原因。保羅面對的這個帝國，西瀕大西洋，南至阿拉伯和非洲的沙漠，東抵幼發拉底河，北邊則是萊茵河和多瑙河以及河岸大片無法逾越的森林。雖然有通向羅馬的「條條大路」，但以當時的交通條件，這個東西跨度三千英里、南北跨度兩千英里的疆域，也委實是太大了。放眼四望，邊界之外要嘛是難以逾越的地理障礙，要嘛是不值得大動兵戈的不毛之地。征服的腳步停了下來，於是，不再有新的奴隸來源，也不再有新的財富。沒有了新鮮血液不斷輸入這個饕餮的體內，整個帝國也因而陷入停滯和衰退。

而此時羅馬的貴族階層，卻開始迷戀於東方君主那樣的奢華。是啊，做為征服者，像被征服的小亞細亞國王那樣生活，這個要求聽起來也並不過分！於是，大量的金錢開始順著它們來時的同一條路線，重又流向義大利本土之外，用於購買胡椒、香料、漂亮的女奴、珍奇異寶、手藝高超的廚子，以及醃製的鱈魚。令羅馬人頗為自豪的廣大疆域，如今卻變成物流過程中昂貴的費用，從而加速了這個帝國自耗的過程。

在社會總的財富不斷被消耗的同時，**貧富不均的情況卻日益嚴重起來**。在取得幾次布匿戰爭的勝利之後，被征服的大片土地按戰功的大小分給參戰的貴族和平民。自然，貴族得到的要比平民多得多。平民除了分到一小塊份地之外，還可以再租一些沒被分配的「公地」來耕種。但問題是，羅馬公民是有義務當兵的，等到平民們服完兵役回到家中，發現「公地」已經被留在家中的貴族們租用，甚至買了下來，他們使用大批奴隸進行莊園式的生產。奴隸們不單無須服兵役，用他們還不用付工錢。不用說，以自耕農方式進行生產的平民階級自然無法與之競爭，不得不紛紛把份地賣給貴族。

平民們沒有了土地，又沒有人肯雇用他們：貴族們手上有著大批又聽話、又不需要付工錢的奴隸，有什麼理由雇用有羅馬公民權的人來種田呢？糟糕的是，西元一世紀的時候正值太平盛世，國家無仗可打。於是，平民們只好湧入城市。昔日高傲的羅馬公民們，如今淪為城市赤貧，靠著帝國政府的救濟，過著沒有尊嚴的生活。在羅馬這個城市裡，只要你有公民權，又肯排隊，就可以每天領取一個三磅重的大麵包，供自己和家中的妻兒糊口。一旦他們回憶起共和時期平民的光榮，皇帝們就立即安排各式各樣的免費角鬥表演，以平息他們心頭的怒氣——不用說，這些活動又得政府花錢。

就這樣，**平民們愈來愈窮，貴族們卻累積了大量的財富**。

羅馬的政治體制由共和改為帝制，是在西元前二七年。那一年，元老院授予屋大維「奧古斯都」的封號。奧古斯都上臺所做的第一件事情，就是宣布由他自己來任命元老院的成員。愛德華·吉本（Edward Gibbon）（註27）在其《羅馬帝國衰亡史》中這樣寫道：「一旦立法機構由行政官來任命，自由立憲的原則便從此不可挽回地消失了。」元老院成了邀寵獻媚的擺設。後來在卡拉卡拉皇帝統治下，他甚至委派很多外籍奴隸來擔任元老，以此來羞辱貴族。就這樣，恰於基督教在羅馬帝國內開始傳播的同時，貴族們失去了他們在元老院中的位置和立法權，以及做為國家治理者的榮譽感和責任感。這樣一來，貴族們剩下的東西就不多了——大把大把的金錢，以及奢侈淫蕩的慾望。

但值得注意的是，貴族階層的道德淪喪，是同時展現在男女兩個性別上的，這是羅馬帝國不同於古代其他帝國之處。說到這兒，就不得不回過頭來談一談古羅馬的婚姻制度。

羅慕路斯（Romulus）（註28）建立羅馬城，是在西元前七五三年。早期羅馬人的風化民俗，難免受到原住民伊特魯斯坎人（Etruscans）的影響。從現在的考古遺跡來看，伊特魯斯坎人十之八九處於母系氏族社會。**「沒有人聽說過合法婚姻，也沒有人見過自己的婚生子女」**——在緬懷過去的時候，西塞羅這樣說道。羅馬城初建之時，城內女子奇缺。於是，羅馬人便只得到城外去四處搶妻子。在他們的四鄰中，薩賓人（Sabine）無疑是受害最重的。一個原因，是他們的居住地阿米特爾努姆（Amiternum）離得很近——在羅馬城東北不到九十公里的地方。而另一個原因，或許是薩賓女子比較對羅馬男人的胃口，從詹博洛尼亞（Giambologna）的大理石雕像《薩賓人之劫》來看，薩賓女子個個都頎長健碩。而如果我們相信古羅馬人的詩歌的話，那麼薩賓人的膚色較羅馬人還白皙很多。

大概實在是搶得太多，薩賓老丈人和小舅子們終於不幹了，和羅馬女婿們幹了一仗，因為有薩賓女人抱著孩子來調停，這仗也就不了了之了。戰爭的結果是：薩賓人被授予羅馬公民權。於是，父系的羅馬女婿和母系的丈人、小舅子們同居一城，婚俗也就可想而知。

從搶婚，再聯想到原住民母系社會遺存的影響、羅馬人的族內婚，以及前文提到過的古羅馬人婚禮中新郎的朋友們對新娘的共用，我們可以準確無誤地勾勒出一幅早期父系氏族社會的畫面。可以想見，在羅馬剛剛建立的一段時期內，並沒有法律意義上的婚姻，正如奧托．基弗在其《古羅馬風化史》中所說：「（那時候）羅馬法庭不承認不同家庭間的通婚具有約束性。」

直到西元前四四五年頒布十二銅表法（Law of the Twelve Tables），羅馬才有了合法婚姻這回事。但是，合法婚姻的概念僅限於貴族階級，且十二銅表法嚴格禁止貴族與平民間的通婚。**貴族間的婚姻被稱為「麥餅聯禮婚姻」**，名字的起因是在婚禮中需要用珍貴的裂殼小麥做成麥餅，以向神獻祭。這種莊嚴的婚禮當然得由阿波羅神廟的祭司來主持。因而，它不能夠被解除，妻子的嫁妝歸丈夫所有。

既然羅馬註定要走向四處征伐的道路，那麼，提供大量兵源的平民階層就必然要求得到相應的權力。十二銅表法的頒布，正是**平民階層要求更多保障和權力的結果**，只不過，這個法律的內容遠未能讓平民們感到滿意罷了。

在對貴族們婚姻方面的特權表示反對的同時，平民們按照習俗建立自己的婚姻關係。因為新郎需要向女方家象徵性地付一些費用或是胡椒、香料之類的貴重物品，因此平民的婚姻也被稱為「買賣婚姻」。這種買賣婚姻的奇特之處在於，它規定了妻子一年之內如果有三個晚上不與丈夫同床，她的嫁妝就可以「不落夫家」，歸自己所有。這顯然太容易做到了——女人來一次月經也不只三天。於是，在平民階層，妻子們普遍擁有屬於自己的財產。當然，如果妻子本人願意，她可以把她的錢借給丈夫做生意。一旦丈夫惹自己生氣了，她就可以找來娘家人或是雇用專業的討債人，向自己的丈夫討債。

這種婚內財產的歸屬模式，正是羅馬的妻子們地位平等的根本原因所在。大加圖曾經不無辛酸地說過這樣的話：「我們統治著各個民族，各個民族統治著他們的妻子，而我們的妻子，則統治著我們。」雖然話中未免有些許調侃的意味，卻仍可由此看出羅馬婦女地位之高。

終於，在平民們的不斷努力下，「買賣婚姻」也被賦予了法律地位，而十二銅表法中關於貴族與平民間禁止通婚的規定，不久也被保民官克努利烏斯廢除了。屋大維在任期間，也就是使徒保羅開始傳教前不到一百年的時候，因為羅馬貴族耽於淫樂而普遍不願意娶妻生子，這位高貴的統治者甚至把單身的貴族們召集在一起，懇求他們與平民階層的女人們通婚。

隨著被征服的疆域日漸擴大，新的問題也隨之出現：大批羅馬公民與沒有公民權的異族女子同居在一起。於是，法律只好又一次做出讓步：維持一年以上的同居關係，視同於婚姻關係——只要那女子不是奴隸。

就這樣，羅馬的婚姻法透過不斷降低自己的嚴肅性，形成了貴族階層和平民階層之間的調和。而對貴族階層而言，不論男女，都從這種調和中找到了自己想要的東西。

對貴族男子而言，他們從此可以隨意離婚了。他們這樣做的理由，和現代花心丈夫們離婚的理由大不相同。對黃臉婆的厭倦，是可以從家裡漂亮的女奴和家外精通藝術而又談吐風趣的藝妓那裡得到慰藉的。**他們更換妻子的動機，更多的還是出於對財產、政治利益或是社會地位等方面的考慮。**屋大維離過三次婚，第一次，是為了娶安東尼的繼女克勞迪亞以向安東尼示好；第二次，是為了娶斯克里波尼亞，目的卻變成了以此來拉攏她的哥哥幫助他一起反對安東尼；而第三次，是為了娶一個正懷著六個月身孕的別人的妻子——利維婭。這一次據說是出於愛情。不過，一個心愛的妻子，卻並沒有讓屋大維中止與眾多貴婦的通姦行為。對此，他的朋友們為他開脫說，屋大維這麼做倒並不是出於淫慾，而只是一種策略——要想知道自己的政敵在想些什麼，找不出比和他老婆上床更好的辦法了。對於自己心愛的女兒朱利婭的婚姻，屋大維也只是從是否能夠加強他的統治這一角度來加以考慮。她先後共嫁了三個男人，都是政治權力的中心人物。在這些婚姻中，她個人的情感因素從未被考慮，這導致她日後對婚姻和貞操喪失了起碼的尊重。

羅馬歷史中有名的人物大都結過多次婚：蘇拉和龐培都是五次，奧維德三次。羅馬人對於婚姻的隨意態度以及他們頻繁締結新婚姻的動機，見於這樣一個極端的例子：

西元前一世紀，執政官Q．霍爾騰休斯——一個六十多歲、子女已經成長人的鰥夫，打算與顯赫的加圖家族結親，以增加自己在元老院中的影響力。於是，他便去找加圖，向他的女兒求婚。

「她已經嫁人了，而且很幸福。」加圖回答道。

「那麼，」Q．霍爾騰休斯略微沉吟了一下，「就把您的妻子嫁給我吧！」

「非常願意，只要她的父親同意。」做丈夫的對這個主意顯得很滿意。

於是，加圖的妻子便與執政官Q．霍爾騰休斯結了婚，儘管她與加圖已經生了三個孩子。在婚禮上，加圖充當了新娘父親的角色，親手把他的第二任妻子瑪爾齊亞交到新郎手中。

故事還沒完。若干年後，受人尊敬的執政官Q．霍爾騰休斯去世了。他與瑪爾齊亞的婚姻沒有孩子，於是，瑪爾齊亞帶著翻倍的財產，又一次嫁給了加圖，成為她自己的繼任，即加圖的第三任妻子。

對於新的婚姻法則，羅馬的貴婦們也是舉雙手贊成的。既然按照「買賣婚姻」的規則，一年內只需有三個晚上不與丈夫同床，便可以把自己豐厚的嫁妝掌握在自己的手上，那還有什麼必要去舉行作繭自縛的「麥餅聯禮婚」呢？這樣一來，就再也沒有什麼因素能夠阻止妻子們去做她們喜歡做的事情了。出身同樣高貴，娘家和丈夫家　樣的有權有勢，自己還有錢——有時候，比自己的丈夫還要有錢。在這種情況下，夫妻雙方又怎麼能不平等呢？

對妻子來說，夫妻雙方的平等有兩條途徑：

一，不許丈夫在外拈花惹草，同時自己也保持貞潔；二，如果丈夫在外面亂來，那麼妻子也有權做同樣的事情。

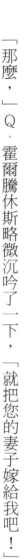

第一條途徑顯然是羅馬的丈夫們無法做到的，同時，也並不是習慣了早先性自由習俗的妻子們的心裡所願。於是，羅馬的男人和女人們，便同時掉入了無藥可救的淫蕩之中。

普通的貴族婦女也就不提了，就連皇族婦女，也並不倖免於駭人聽聞的淫亂。上文提到過的屋大維的女兒朱利婭，自從和第三任丈夫分居後，便厭倦了與眾多情人的通姦，轉而像今天那些熱衷於一夜情的女人們一樣，天天晚上跑到廣場的瑪息阿（Marsyas）雕像下，與素不相識的男人們鬼混。小阿格麗品娜——朱利婭的外孫女兒，不單有數不清的情夫，還和自己的親生兒子尼祿亂倫。貴為第一夫人而又有一大堆情夫的皇后，在此更可以列出長長的一串名單：皇帝塞維魯（Septimius Severus）的妻子尤利亞（Julia Domna）、圖密善（Titus Flavius Domitianus）的妻子圖密提婭（Tumitiya）、尼祿（Nero Claudius Drusus Germanicus）的妻子波皮厄（PoppaeaSalina）……。君士坦丁大帝（Constantinus I Magnus）的第二任妻子福斯塔（Forsta）被關在蒸氣浴池中用高溫活活悶死了，原因是她在與一個養馬的奴隸行苟且之事的時候，被當場發現。不過，也有運氣好的皇后：全帝國人人都知道福斯丁娜皇后有多少個情夫，只有皇帝瑪律庫斯本人除外。在皇后活著的時候，她的好幾個姦夫都被她的丈夫委以高位或肥缺。而在她死後，痛哭流涕的皇帝懇請元老院看在他的妻子「如此忠貞、如此溫柔、在待人接物方面出奇純樸」的份上，正式尊她為女神。令人欣慰的是，心存仁善的元老院在啼笑皆非之餘，滿足了皇帝的願望。

至於普通貴婦的風化，僅從一件事情上則可窺見端倪：屋大維在他統治的時期，為了整飭社會風氣，發動了一場「道德改革」運動，以期杜絕日益普遍的通姦。皇帝規定：如果因妻子與他人通姦造成婚姻破裂，女方不得索回自己的嫁妝。在一個離婚如家常便飯的時代，這一招的確夠狠毒的。不過，貴婦們卻也自有應對的辦法：不許通姦？那我就賣淫去！於是，許多羅馬貴婦去市政當局繳管理費、申請辦理妓女執照。把屋大維氣得要死，立即規定妓女出門必須穿男式衣服托加袍（註29），一是以示羞辱和懲戒，二是讓貴婦們穿著寬大的衣服顯不出三圍，讓她們拉不到生意。然而**古代義大利婦女在淫亂方面充滿了驚人的智慧**。既然不讓她們秀身材，那她們就在木製鞋底上刻字，詳細介紹自己胸大膚白、服務周到等特點，以及具體地址、接客時間和各種優惠酬賓活動，弄得羅馬的浪蕩子們天天像野狗似的趴在泥濘的人行道上又嗅又聞，實在不成個體統。屋大維毫無辦法，於是改革運動不了了之。

……

如果說貴婦們當妓女只是為了淫慾，平民婦女出賣貞操則更多地是為了金錢。她們要嘛做批發生意——當某個富人的情婦，要嘛乾脆去做零售生意——當妓女。不論做的是哪一種生意，她們的「經紀人」往往就是自己的丈夫。賀拉斯在他的第六首羅馬頌詩中這樣寫道：

於是當丈夫陶醉於美酒的時候，她便去尋找姦夫，在昏暗的房間裡輕率地將身子給了男人。

不僅如此，若有貨郎上門來，或者來了個肯花錢的西班牙水手，她當著丈夫的面，起身笑臉相迎。

奧維德也不免悲嘆道：

……

然而要我們的女人清清白白，簡直比抽乾翻騰的大海，摘取天上的星星還要難。

……

當人間遭受洪水災害，丟卡利翁登上阿拉臘山之後，請問哪個丈夫的床上還有清白女子！

嗯！聖保羅所要面對的羅馬，差不多就是這個樣子。別忘了，這個城市中還有數目超過自由民二十倍的奴隸！

為了吸引人口佔絕大多數的窮人入教，保羅先是從經濟層面入手：

⑴將教會募得的有限財物，絕大部分用於對赤貧階層的施捨；⑵運用心理學上的「補償機制」，力圖讓窮人們鄙視金錢，相信今世的受窮受苦，有利於來世搶先在天堂裡佔一個位置。讓窮人看不起錢，其實是很容易做到的——在要求一個人拋棄他本來並不擁有的東西的時候，他總會顯得格外大方。「富人們進天堂，比駱駝穿過針眼還難」，每當聽到這句佈道詞，窮教友們總會發出由衷的

微笑。這種觀念不僅讓窮人們感到欣慰，同時也有利於教會從富人那兒得到更多的捐贈。

而在婚姻和性的方面，聖保羅面臨的問題則要複雜和棘手得多。以下讓我們將前文提及基督教三個怪念頭的產生過程，分別加以闡述。

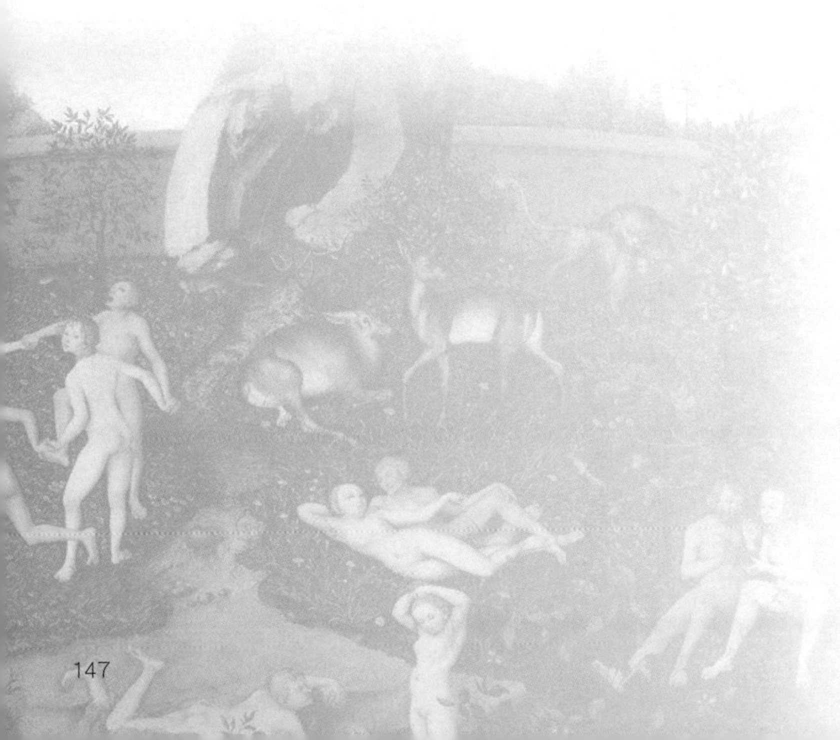

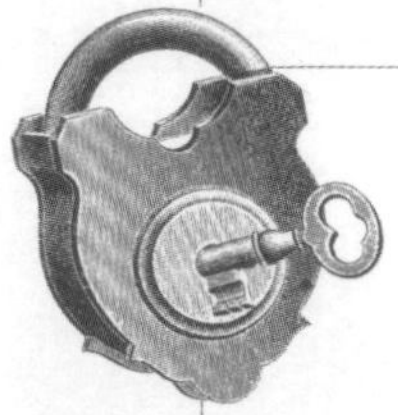

基督教的第一個怪念頭：
所有的性交都是一種罪惡

羅馬人對婚姻關係的過分輕視，讓絕大數人感到痛苦。貴族婦女們的婚姻往往因為她們的父親或是丈夫多變的政治利益而變得不穩定。拿上文中加圖的第二任妻子瑪爾齊婭來說，她的丈夫僅僅是為了要與執政官改善關係，她就不得不和自己的三個孩子分離了。所以，儘管享受著婚外通姦的便利，貴婦們也嚮往著一個穩定的婚姻關係。

至於奴隸的家庭權益，就更沒人過問了：一次新的奴隸交易，往往會拆散一個奴隸的家庭。而過分鬆散的婚姻關係，也直接對平民家庭的經濟層面產生很壞的影響。打個比方說，一對雙方都是百萬富翁的夫妻，如果做過詳細的婚前財產公證，那麼離婚對雙方來說就不是什麼大不了的事情。可是對月收入不到兩萬塊的一對工薪階層夫妻來說，情況就不是這樣了。這微薄的收入又要供孩子上學，又要供住房貸款，如果這對夫妻動不動就離婚的話，對妻子和孩子的經濟利益，勢必會產生災難性的後果。很多平民妻子一大早剛起床，就看見丈夫在床頭上放著給自己的一個「清晨禮物」，這就是當時夫妻分手的全部程序。那意思是說：拿著這點東西滾蛋吧！她立即陷入衣食無著、流離失所的境地。

因而，早期教會的工作重點，便放在極力維護婚姻的穩定性和反對通姦上。

早先，哥林多教會做禮拜的時候，和今天的景象迥然不同。**富人們來到教堂，與其說是向上帝表達敬意，不如說是向眾人炫耀他們帶來的眾多美貌妻妾**。富人們在前排忙於擺闊鬥富比排場的時候，身後的妻妾們則趁機向專為她們才來教堂的年輕人拋著媚眼。長老面向這一群男男女女們佈道，恬不為怪，因為他自己也有妻子、有姘婦——大多時候還不只一個。哥林多的人們愛上帝，因為他的教堂為他們提供了一個很好的消遣方式和社交場所。困擾教會長老和教徒們的不是多妻，而是哥林多的一個惡劣風俗：人們普遍與他們的繼母發生不正當的性關係。於是，他們寫信給聖保羅，詢問這種關係是否會影響到自己的得救。保羅的答覆是肯定的：**教會譴責一切非法性交，包括通姦、強姦和亂倫**。

譴責之餘，聖保羅還給身受情慾煎熬的教徒們指了條出路：「與其慾火攻心，不如嫁娶為妙。」這句話，為基督教的婚姻觀定下了基調。在聖保羅看來，婚姻的好處只是在於減少通姦。結婚，不過是兩害當中取其輕罷了。伯特蘭・羅素對聖保羅的婚姻觀有一個尖刻的比喻：「我們所以要烤麵包，完全是為了防止人們去偷蛋糕。」

基督教對婚姻中的性的這種態度，是和古代的巫術觀念大相徑庭的，也是與當時在羅馬盛行的多神教教義相抵觸的。不管怎麼說，其他的神對夫妻間的性是持贊同和鼓勵態度的，即便基督教的前身猶太教也是如此——其目的都是在於生育。可是，在聖保羅關於婚姻的眾多闡釋中，他壓根兒就沒提到孩子。那是因為，保羅認為耶穌的第二次降臨正在醞釀之中，世界末日很快就要到來了。

在貧困和痛苦如此普遍的一世紀羅馬，對現狀感到絕望的奴隸們和平民們非常願意相信聖保羅的這個想法。既然如此，誰還會在乎孩子這回事情呢？於是，有史以來第一次出現了這樣一種宗教：**它僅僅把婚姻看作是一盆洗臉水，用處只是讓性這張面孔看起來不至於太骯髒**。

如果事情到此為止，那基督教的教義也還算不上太過古怪。但問題是，早期基督教曾多次受到羅馬當局非常殘酷的迫害。在極端的迫害下，自有極端的主張出現。

羅馬當局之所以迫害基督教，原因除了它不像其他宗教有一個實在的偶像之外，更在於它對於其他偶像所採取的敵視態度。羅馬城內建有萬神殿，不論征服了什麼民族，都會將他們的神祇請到這萬神殿中來，讓這些東神西鬼們在一起和平共處。可是基督教十誡中的第一條卻是：不可拜其他的神。這種狹隘的排他性，與羅馬歷來對各征服民族的宗教所持的寬容精神是格格不入的。

大規模迫害基督徒始於尼祿，他這麼做的目的，卻是為了給羅馬公民們對經濟現狀的不滿提供一個發洩口。目的決定了手段必然是極為殘忍的：彼得和大批教徒被釘上了十字架，其他的人要嘛吊在路邊的樹上，點著了當路燈用，要嘛被扔進角鬥場餵了猛獸。

教會立即宣布：殉教者全都一路順風地進了大堂，得享永恆的幸福和榮耀。**活著的人卻落入更為悲慘的境地之中。**在無以復加的痛苦中，他們對先行進入天堂的人們豔羨不已，他們的信仰更加堅定了，主張也更為極端了。迫害發生過後，很多「沒趕上這一波」的教徒們跑到當局坦白自己基督徒的身分，要求將自己處死，還得用最殘酷的、別人都沒用過的方法才算稱心，許多人甚至為自己的死法積極向當局出謀劃策。更有些人，趁角鬥表演正在進行的時候，在眾目睽睽之下，縱身躍到獅子、老虎面前，高喊一聲「教會萬歲」之類的口號，就英勇就義了。不難理解羅馬當局和公眾對這種人的厭惡和反感。到後來，教會自己也對這種主動殉教的矯情做作不好意思起來，轉而採取了禁止的態度。

不過，羅馬人天性中對於宗教是持寬容態度的，各式各樣稀奇古怪的信仰，他們什麼沒見過呢？因此，對基督教的迫害不過是一陣風而已。雖然後來又有過幾次迫害，但在規模和持續時間上，都不如第一次。到了君士坦丁大帝即位的時候——據古本的估計——教徒已經達到六百萬之眾，也就是當時人口的二十分之一。而後來的歷史學家認為，這一數字還是被大大低估了。在軍隊、政府重要部門和貴族當中，都不乏虔誠的信徒，以致於這位君主在位期間總是在傳統的多神教和基督教之間充當調和者，並終於在西元三一三年發布了《米蘭敕令》（Edict of Milan），**給予基督教會合法地位、接受動產和不動產饋贈的權力、教會內獨立的司法權，還免除了神職人員全部的勞役和稅收。**

這麼一來，空懷一腔熱血的極端份子們便喪失了表達他們宗教狂熱的管道。既然無法憑藉壯烈的犧牲去擠到排隊進入天堂的隊列前頭，那就只有靠和自己過不去了。於是，他們跑到遠離人群的不毛之地，**挖空心思想出種種折磨自己的辦法來。**

修士們當中，有一輩子不再說一句話的、有自宮的、有每天只肯吃三分飽的。一個叫西門的傢伙在一根高達四十英尺的柱子頂端一直待到死，一日三餐由小教士爬梯子送上去。墮落的羅馬人是習慣於每天去公共澡堂舒舒服服地泡一個熱水澡的——洗澡本身不收錢，這是帝國政府的福利。浴客只要花上一兩個小錢，自有酥胸半裸的浴女來給你做按摩。如果肯再花一兩個小錢，就會得到「進一步的放鬆」。於是，修士們普遍拒絕洗澡，埃及的聖瑪利拒絕洗澡長達四十七年，聖亞伯拉罕長達五十年，蝨子和臭蟲被譽為「上帝的珍珠」，是無論如何也捨不得捏死的。在一個修道院中，一百三十名修女從來沒洗過腳，洗澡就更不用說了。

這些在城外修道院裡持之以恆的苦行，對城裡那些天天摟著老婆睡在熱炕上的羅馬公民們，產生了巨大的心靈震撼。只要一想起那些止用盡一切辦法折磨著自己的修士和修女，夫妻間纏綿繾綣的愉悅頃刻間便化作惴惴不安的內疚。夫妻二人同時悲痛地意識到：在排隊等候進入天堂的隊伍中，又有人插隊排到他們的前面去。

W．H．萊基在他的《歐洲道德史》中這樣寫道：「那些禁慾主義者在人們頭腦中留下了深刻而持久的印記，人們開始相信貞潔是一件至關重要的事情。這些禁慾主義者的工作雖然極其偉大，但卻遭到了嚴重的損害，因為他們對婚姻產生了惡劣的影響。」

就這樣，**等候進入天堂的隊伍便排成了這樣的順序：獨身者、已婚者、通姦者**。婚外的性當然是不行的，夫妻間的性也得加以種種限制：只有以生育為目的的時候，才可以與自己的妻子行房，所以一切避孕方法都是對上帝的背叛。此外，週二、週五、週六和週日不得行房；節日、假日不得行房；白天以及妻子光著身子的時候也不得行房，每天僅限於一次，並在過程中杜絕一切撫摸和親吻；最後，只能採用一種性交體位，即男上女下位——俗稱傳教士體位。如果女人騎到男人身上，那這個女的——按塞內加（Lucius Annaeus Seneca）（註30）的說法——顯然就是個怪物，是自然秩序的破壞者。

註27 愛德華．吉本是近代英國傑出的歷史學家，影響深遠的史學名著《羅馬帝國衰亡史》一書的作者，十八世紀歐洲啟蒙時代史學的卓越代表。

註28 羅慕路斯與雷穆斯是羅馬神話中羅馬市的奠基人。在羅馬神話中他們是一對雙生子。他們的母親是女祭司雷亞·西維亞，他們的父親是戰神瑪爾斯。按照普魯塔克和蒂托·李維等的傳統羅馬歷史記載羅穆路斯是羅馬王政時代的首位國王。

註29 托加袍：古代羅馬市民穿的寬鬆、有褶皺的大袍，初期各階層男女都穿，後來成為國服，即國王和高級官員穿的袍服。

註30 塞內加：古羅馬時代著名斯多亞學派哲學家。曾任尼祿皇帝的導師及顧問，六二年因躲避政治鬥爭而引退，但仍於六五年被尼祿逼迫自殺。

基督教的第二個怪念頭：教士須守獨身

西元三九二年，狄奧多西皇帝正式宣布基督教為羅馬帝國的國教。三年後，狄奧多西去世，其長子任東羅馬帝國皇帝、次子任西羅馬帝國的皇帝，從此帝國分為兩半，其各自的教會也在教義上漸漸發生了一些歧義，終於在一〇五四年釀成大分裂——東部的稱東正教，西部的稱天主教。除了在有關三位一體的精微教義、胸口畫十字的方向、做聖餅的麵粉需不需要發酵等等問題上雙方有所分歧之外，對於教士能不能結婚，雙方也各執一詞：東正教並不禁止教士結婚，只是把他們結婚的次數限定在一次。那麼，且將東正教按下不說，來看一看天主教為何要教士守獨身。

早期教會並無教士必須守獨身的禁令。因為教會中的長老和執事之類，都是從普通教徒中選出來的，所以他們大多有妻子。但是，自從《米蘭敕令》發布之後，便漸漸形成了一條不成文的規矩：主教不得有正式的婚姻。

兩個原因促成了對主教婚姻的限制：一是古羅馬人思維上習慣了阿波羅、雅典娜諸神廟中應該有一些獨身的祭司；二是大家覺得主教突然得到了這麼多的特權，那他就應該在某個方面表現出犧牲或是與眾不同來，方能服眾。這種心態，可以舉一個中國的例子來加以說明。

幾乎比君士坦丁大帝的統治晚不了多少，西域的鳩摩羅什（註31）到中原傳教，不久便有了很大的名氣。有一次他在講道的時候，突然愁眉苦臉地說：昨天晚上夢見兩個小孩子爬在他的肩膀上，而且這兩個孩子長得還很像自己。眾居士聽罷心領神會，立即「佈施」給他許多女人。此後，他自是日夜忙於淫樂。此風一開，他手下的眾沙彌不免群起效尤。一時間寺院內烏煙瘴氣，對大師的聲譽造成很不好的影響。有一天，鳩摩羅什將寺中眾僧召集在一起開會。他一語不發，當著眾人的面打破了一個瓷碗，一點點地將碎片悉數吃盡。吃完抹抹嘴，看了看面面相覷的眾弟子，表情肅穆地說道：「既然有些事情，我能夠做到而你們做不到；那麼，也就應該有些事情，我可以做而你們不可以做。」

不過，這種對主教婚姻的限制只是大家心照不宣的默契，並不見於任何正式的文字。而且，這種限制也僅僅適用於主教，對主教以下的教士、執事之類，則完全沒有發揮作用。更進一層，對主教加以限制的不過是正式婚姻而已，他還是可以有性行為的，比如姘居或是偷雞摸狗之類。

特權必然會帶來腐敗。《米蘭敕令》剛一發布，主教們一點時間都沒浪費，就全身心地投入到腐敗中。因為，主教們從君士坦丁大帝手上得到的不僅僅是種種特權，更有不加掩飾的袒護。當有人在君士坦丁大帝面前提及君士坦丁堡的大主教公開與兩個年輕女子長期保持不正當關係的時候，君士坦丁大帝的回答是：「如果我看見了哪個主教正在與人通姦，那我將脫下我的御袍，給他蓋上。」

就在君士坦丁大帝打算脫下自己的御袍蓋在主教們的光身子上的同時，更多狂熱的宗教極端份子們跑到人跡罕至的地方苦修。在近東或北非乾燥而溫暖的氣候條件下，這是極容易的事情：一棵枝葉婆娑的大樹或是一個冬暖夏涼的石洞，就會讓這些存心自找苦吃的人感到很知足。但是，歐洲野外潮濕而寒冷的氣候，卻是足以致人於死地的。無奈之下，歐洲地區的苦行僧們不得不三五十人結成一夥，在野外蓋個房子，過著共耕共食、共同修行的集體生活。這便是修道院的由來。

西羅馬帝國在西元四七六年滅亡之後，歐洲的新主人可沒有羅馬的貴族們那麼有教養。日爾曼人、法蘭克人、汪達爾人，還有哥特人，無一例外都是些過慣了遊牧生活的蠻族。在懵懂中邁進中世紀的門檻之後，修道院裡的修士們驚奇地發現：自己不單成了全歐洲最有學問的人，還是全歐洲最在行的莊稼把式（註32）。更令他們驚奇的是，雖然羅馬帝國倒臺了，但做為羅馬國教的基督教，卻依然得到了蠻族皇帝們的認可和尊重。順便再說一句：修士們做的鞋和釀的葡萄酒，也是全歐洲最好的。

中世紀的歐洲是封建制的：貴族們從國王那兒得到大大小小的領地，然後把它租給一戶一戶的雇農們耕種。和這些單獨工作的、還不怎麼在行的雇農們相比，修道院裡的修士們卻是一個共產主義集體。他們不僅可以合作去做一些諸如灌溉之類的大工程，還可以有一定的分工以提高勞動生產率，他們釀的酒和做的鞋銷路也都出奇地好，還不用繳稅。另外，當他們需要與那些目不識丁的鄰居們簽個合約或是協議的時候，佔便宜的也肯定是識字的修士這一方。這麼一來，弱小而愚蠢的農民們如何競爭得過他們呢？於是，**以集體苦修為目的而建立起來的修道院，如今搖身一變，一個個都成了歐洲業績最好的「公司」**。

住在城裡的教皇和主教們敏銳地觀察到了這種形勢的變化。於是，每當有新王國需要獲取教會的承認或是有新國王繼位需要教皇加冕的時候，教會一定會竭力與世俗王權進行激烈的談判，以換取更多的治外法權、更多的土地「饋贈」，用於建立更多、更大和有更多特權的修道院。如果請西元六世紀的教皇聖格列高利一世（Gregory I）（註33）為教會選一個吉祥物的話，或許他會選一隻豪豬：城外那些聚集著大量苦行修士的修道院，宛如一根根芒刺，扎在城中耽於淫樂的教皇和主教們的良心上，讓他們不得安寧。可是到了十一世紀，情況大大不同了。如果再請這時候的教皇聖格列高利七世（Gregory VII）（註34）為教會選一個吉祥物的話，那他多半會選定一頭母豬：早先那些像芒刺一樣扎人的修道院，如今已經變成一個個可愛的乳頭，源源不斷地流出乳汁，供他開懷暢飲。

於是，聖格列高利七世頒下敕令：嚴禁所有神職人員結婚。只有這樣，修道院這種共產主義的集體模式才能夠長久保持下來。如果允許已經富裕起來的修士們組建自己的家庭，那不用說，這些為教皇提供豐厚利潤的「公司」，過不了多久就會分崩離析。

因此，教會要求專業神職人員守獨身，其目的並不是為了讓教士們顯得比俗人更聖潔些，而是有著深刻的經濟動機。由此我們不難理解，為什麼教會認為教士結婚是大逆不道的重罪。相比之下，養一個固定的情婦就要好很多。而因為受到「偶然的」誘惑而發生的通姦行為，那根本就不算什麼——這和世俗的觀點正好相反！

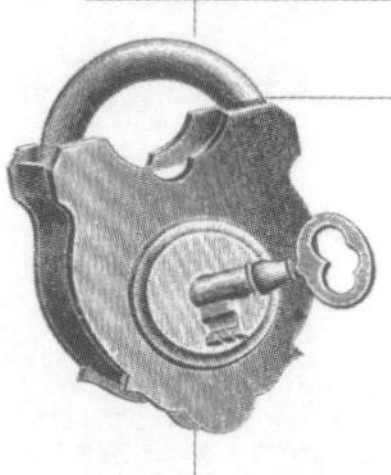

基督教的第三個古怪念頭：禁止離婚

在剝奪教會內部人員結婚權力的同時，教會也剝奪了世俗人士離婚的權力。這是寶劍鋒刃的兩面。前者，為了加強教會內部的控制；後者，則在與世俗王室爭權奪利的時候，為自己增加一個重要的籌碼。

早期教會並不把婚禮當作聖事。這並不奇怪，因為在聖保羅眼裡，婚姻不過是個減壓閥，用以減少通姦而已。早期教會贊同婚姻，甚至要求人們把與奴隸同居也要視為婚姻，這當然得到了廣大下層群眾的普遍擁護。可是，早期教會反對通姦和多妻的主張，也曾一度造成了結婚和離婚更加頻繁的現象。維羅納的聖芝諾曾這樣說道：「具有諷刺意味的是，我們勝過他們（多神教徒）的地方就在於女基督徒因為自己的聖潔而能更多次地出嫁，而且是嫁給多神教徒，關於這一點不能不懷著極大的悲痛來提及。」於是，教會便把以滿足性慾為目的、過於隨意和頻繁的離婚，視為有先有後的多妻，而加以種種限制。

但對離婚也僅僅是限制，而並非完全的禁絕。有些情況下還是可以、甚至必須離婚的。比如：

夫妻一方有通姦行為的、因犯罪被流放的、有一方患瘋癲病的……等等。

在君士坦丁大帝統治的四世紀，為了進一步使離婚變得不容易，各地教會開始規定，**離婚時必須教士到場，否則離異無效**。而離婚後的再婚——根據《巴西爾法典》——也只是「做為避免淫蕩的通姦的藥劑」才被允許。這麼一來，第二次婚禮倒更像是個懺悔儀式了。要想讓這婚姻生效，新娘流下「一個淫蕩女子的眼淚」，「做為一個行為不軌者的衷心懺悔」，是必不可少的。

此外，婚後還要接受一至兩年的宗教懲罰，比如齋戒和長時間的祈禱。可是，第一次結婚的時候教士卻不一定到場。對於參加教徒的婚禮，早期教士們的態度十分消極，因為在他們眼裡，婚姻不過是給姦淫披上了一層合法外衣罷了。**結婚，畢竟是一件有礙得救的壞事**。教士們從《福音書》裡為自己的這種消極態度找到了藉口：在整本《福音書》裡，耶穌本人只參加過一次婚禮。在那次婚禮上，耶穌應他母親瑪利亞的請求行使了神跡——將水變成了酒——解了那個叫加納的新郎的燃眉之急。在做了那麼大的一件事情之後，耶穌並沒有在婚禮上致詞，為那對新人祝福，或是發表關於婚姻的演講，可見我主耶穌對於婚禮是個什麼態度。

到了中世紀，情況有了變化。為了從各蠻族皇帝和國王那兒得到更多的土地、特權或稅收優惠政策等等，羅馬教會先是利用自己是老坐地戶這一優勢、以及蠻族皇帝們沒有什麼歷史文化知識這一點，在西元八世紀偽造了一份名為「君士坦丁贈與」的文件。內容大意是：當年君士坦丁大帝將帝國首都從羅馬遷往君士坦丁堡的時候，把羅馬以及西方所有的省、縣和義大利城市讓給塞爾維斯特教皇和他的後繼者，永久做為羅馬教會的管轄區。這份偽造的文件這樣宣稱：「因為在天上皇帝已經設置了主教權位和基督教首腦的地方，世俗的皇帝已不配再去掌權了。」令人驚奇的是，直到十五世紀前，全歐洲對這個漏洞百出的謊言一直深信不疑。就這樣，在與世俗王權的爭權奪利中，教會在聲勢上佔得了先機。

緊接著，教會發現，婚姻這個題材也大有可炒作之處。終於，在特蘭托公會議的第二十四次會議上形成決議：將婚姻列為天主教的七件聖事之一。另外，西元九世紀，教皇尼古拉一世正式頒布了離婚禁令。頗有諷刺意味的是，宣布婚姻是聖事和五百年前早期教士不願意參加婚禮，居然是同一個理由：這一回，耶穌在加納的婚禮中將水變酒的奇蹟，成了基督與婚姻同在的依據和象徵。

禁止離婚對控制世俗王權，有著非常重要的作用。首先，歐洲各王國之間締結政治聯盟，相互通婚是非常重要的手段。如果增加這種結盟的難度，使幾個王國處於一種均勢的平衡之中，對於保持教會的利益至關重要。東羅馬帝國就是現成的一個教訓：在一個大一統的帝國內，東正教的大牧首始終不過是皇帝的附屬和臣下。因為結婚、離婚，教皇和世俗國王公開較量的最精彩例子，見於教皇英諾森三世（Innocent Ⅲ）和法王菲力浦・奧古斯都。法國因為要和英國開戰，需要得到丹麥的支持，於是法王就拋棄結髮妻子，轉而娶了丹麥國王的妹妹。沒過多久，丹麥的援助變得可有可無了，於是，他又和第二位王后離婚，娶了一個巴威的貴婦。教皇英諾森三世宣布菲力浦．奧古斯都的第二次離婚和第三次婚姻為非法——第一次離婚和第二次結婚倒是壓根兒不提，可見有討好丹麥王室的因素在裡面。法王不服，於是，教皇讓全法國所有的教堂舉行罷工——星期天沒人佈道了、婚禮葬禮沒人主持了、新生的孩子也洗不成禮了。終於，菲力浦．奧古斯都認錯了事。

其次，將婚姻抬高為聖事，使得教會在相當程度上可以將婚姻當作控制各王室的一個工具。西元九世紀初，神聖羅馬帝國建立，帝國內大大小小的國王彼此通婚。到了第三代，這個王國的王子和那個王國的公主便多少沾上一點親戚關係了。這為教會加強對婚姻的控制提供了很好的口實。它堅持婚姻是聖事，必須得到教會的認可並由教士主持方可生效，既可以阻止可能會給教會帶來不利後果的聯姻，又可以透過允許一起不那麼合乎規矩的婚姻，從兩個王國狠撈一筆好處。

不過，婚姻這一為教皇帶來巨大利益的股票，也並不總是一路飆紅的。十一世紀的時候，因為反對薩利安王朝亨利四世的離婚，弄得這位德國國王對教會很有意見，終於在教皇格列高利七世在位期間，與教會徹底翻了臉。最終亨利四世把格列高利七世趕出羅馬，以致於這位教皇沒過多久就客死義大利南部的薩萊諾（Salerno）。不過，教會因為堅持禁止離婚的規定而輸得最慘的一次，倒還是在教皇克萊門特七世任內——因為不許英王亨利八世離婚以便娶他的情婦安妮．波琳，導致全英格蘭脫離了天主教，改信由英王本人親自擔任教會最高領袖的「國教」。在英國國教中，離婚不再受限制了，於是，亨利八世一口氣結了六次婚。此外，除了他這個教會最高領袖之外，其他神職人員也可以娶妻生子。

就這樣，天主教教會在中世紀歐洲人的腦子裡植入了一個怪胎。首先，它教導信徒們，婚內的性和通姦沒有太大的區別；其次，對那些對妻子早已產生性厭倦的丈夫們來說，教會徹底剝奪了他們換一個妻子的可能。這麼一來，就只剩一條路可走了——那就是，通姦！想當初，教會的種種規矩，都是為了減少通姦而設立。一念及此，不免令人唏噓不已。

註31 鳩摩羅什：東晉時後秦高僧，著名的佛經翻譯家。與真諦、玄奘並稱為中國佛教三大翻譯家。

註32 莊稼把式：精於莊稼技術的人。

註33 聖格列高利一世：他是羅馬教宗的人。他是羅馬天主教所封的四大「經教博士」之一，創制了公眾禮拜儀式和格里高利讚美聖詠（Gregorian Chant）。

註34 聖格列高利七世：克呂尼改革派教皇，歷代教皇中最傑出的人物之一。為了實現天主教會統治世界的野心，他與神聖羅馬帝國皇帝亨利四世進行了畢生的鬥爭。

既然通姦是天主教邏輯的必然產物……

既然通姦是天主教教義邏輯的一個必然產物，教會對於教士的通姦，自然只能百般寬容。在封建制度下的歐洲，貴族們的封號和領地是無法分割的，所以貴族們只好將他們的次子和女兒送進修道院，這樣的做法，自己破費不多，沒有繼承權的子女們也能繼續過著不勞而獲的好日子——當時已經佔有大片土地的修道院早就雇用農民種田，修士們不用親自勞動了。這些出身豪門而身不由己的新修士和新修女，很快便帶壞了修道院的風氣。當貴族們外出旅行的時候，女修道院是他們最愛打尖歇腳的去處，那兒有全歐洲最好的酒、最舒適的房間，還有最富激情的女人。所以，女修道院很早就有了「貴族妓院」的美譽——只不過，這裡的妓女是免費的。對此，修士們的心裡難免酸溜溜的。一二六一年，孟狄卡會的會長亨利做出如下聲明：「一個修女受到肉慾和人類弱點的誘惑，違背了絕色的誓言，她如果是和僧侶破戒而不是委身於俗人，那罪孽較小，能得到較為寬大的處理。」當然，修士們的興趣也並不僅限於修女——教區內的所有女性，他們都有興趣。

天主教徒是無法與上帝直接溝通的，他們的心願必須透過神父的轉告才能讓上帝聽見，他們的每一個罪行或僅僅是一個罪惡的念頭，都必須向神父做懺悔，才有希望得到救贖。**「不欺暗室」的古訓，被神父們丟到了九霄雲外**——在黑暗的懺悔室裡，神父們要求女教徒們詳細坦白每一句話、每一個動作、每一個念頭和每一種感受，駕輕就熟地將她們撩撥得春心蕩漾。剩下的事情就好辦了：到女教徒家中進一步拜訪，或是請女教徒到自己家做更詳盡的禱告，神父們便有十足的把握將女教徒吃乾抹淨。有時候，在教堂的懺悔室裡就能將事情解決。在今天巴黎十八區的性博物館裡，仍然到處可見調侃天主教教士的小擺件：打開貴婦們撐開的裙襬，裙中是跪著為她們傾情服務的神父們。

前文提到的那個有兩百多個情婦的教皇約翰二十三世，還不是教皇中最淫蕩的。教皇亞歷山大六世，在錫耶那任主教的時候，熱衷於和其他主教一起，邀請本城的貴婦名媛舉辦舞會，而她們的丈夫、父親和親戚則不得入內。在佈雷西亞（Brescia），一個神父開導他的女教徒，她們向丈夫盡的義務，也得向他繳什一稅（註35）。帕多瓦的一個神父把向他做懺悔的女人們幾乎全糟蹋了，後來，他被責令把這些女人的名字全部說出來。為此，審訊官專門請了一個人做祕書，以便把這個長長的名單整理成文字。沒過多久，那位不幸的祕書就在名單中發現了自己老婆的名字。

教會上層對這一切倒也並不是不管不問。法國教會的著名導師熱爾松就這樣勸誡道：「盡量做得秘密些，別在節日裡，別在神聖的地方，也別和未嫁的姑娘發生關係。」

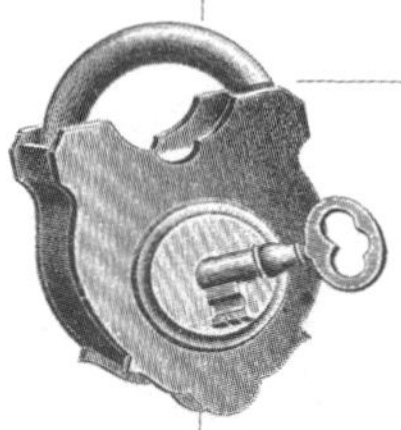

贖罪券和宗教改革

不久，做為上帝在人間的代理人的教會，便從眾多「人性中在所難免的弱點」中，看到了巨大的商機。於是，從十二世紀以來，教皇們都會細心地羅列出種種罪行，並為每一項標明價格。**只要出錢購買相應金額的「贖罪券」，那所犯的罪孽也就一筆勾銷了，銀貨兩訖，公平交易。**

把自己的母親或姐妹殺掉：五格羅希（註36）（如果她們不是教徒）或六格羅希（如果她們是教徒）；和自己的母親或姐妹性交：五格羅希；墮胎：五格羅希；強姦：五格羅希。

在教堂與女人私通：六格羅希。

教士長期與人姘居：七格羅希／年。

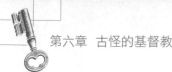

這些價目表很詳細，也很公道。比如它規定，強姦一個從教堂回家的婦女，要比強姦一個去教堂路上的婦女罰得重些，因為前者剛從教堂出來，相較之下更純潔。不過實際情況好像是反過來。

自從規定教士每年繳七個格羅希就可以長期與人姘居之後，少數不肯破色戒的教士反倒讓教皇討厭起來——因為，他沒辦法收這一塊稅款了。終於，聰明的思道四世（Sixtus IV）教皇在任內一舉解決了這個問題。「教皇不想放過任何一個罪人。」他規定，從此，所有神父一律繳納「養姘婦稅」。**既然總要繳錢，養姘婦就像自助餐，能吃多少吃多少了。**

除了售賣贖罪券之外，羅馬教廷更主要的收入來源於全歐洲各教區上繳的什一稅。可是到了十六世紀前後，民族國家開始出現，君權觀念崛起。法國、西班牙、丹麥等國早已經建立起穩固而強大的君權。在這些國家，國王既需要藉助天主教的力量來加強自己在意識形態領域的統治，又不願意看著國內各教區的大主教們把豐厚的什一稅交給教皇這麼一個外國人。用伏爾泰的話說，國王們對教皇的態度就成了「必須吻他的腳，有時則須捆住他的手。」而英國的亨利八世，更是因為離婚的事情和羅馬教廷徹底撕破了臉。

為了彌補財政上的虧空，教皇不得不加大贖罪券的發行力度，並對那些君權尚很薄弱的地區，加重了稅收。十六世紀，德國在經濟上是歐洲最發達的地區。但政治上，德意志皇帝還是由七個帝選侯選舉產生，君權十分不穩固。德國自然成了受教庭壓榨最為嚴重的地區。大量的金錢從德國流向了義大利，德國因而獲得了「歐洲奶牛」的稱號。

在談到宗教改革何以發生在德國的時候，尼采在他的《悲劇的誕生》中這樣寫道：「正當全歐洲的教會均陷於極度腐敗墮落的時候，德國教會可說是受感染最微少的。就是因為這緣故，所以德國乃成了宗教改革的發源地，此亦表示即使是腐敗才剛開始也令人無法忍受。」這些話不過是尼采想往德國人臉上貼金罷了。真正的原因是，在當時的歐洲，除了瑞士這個彈丸小國之外，就只有德國這麼一個面瓜（註37）是教皇還能夠欺負的國家了。

一五一七年十月三十一日，馬丁．路德將他的《九十五條》張貼於威登堡教堂的大門外，就此拉開了宗教改革的大幕。

馬丁．路德的新教，其核心內容就是取消了天主教做為上帝在人間的代理人，**天主教教士做為神與俗人之間媒介的特權**，用路德自己的話說，就是「信徒皆祭司，人人都可以親近上帝，不用中間代理人。」他主張「因信稱義」。意思是說，只有你信仰上帝，上帝就與你同在。另外，路德還主張信徒們自己讀《聖經》，因為那是「唯一的權威」。

雖然馬丁．路德發布《九十五條綱領》的初衷只不過是反對一個叫阿伯勒的大主教售賣贖罪券，並沒有與羅馬教廷對抗的意思，他甚至不知道這位大主教售賣贖罪券，是經過教皇御准的。可是，這把火一點著，馬丁．路德頃刻間被各種勢力包圍了——君權主義者、人文主義者、對教會不滿的人、不想繳「彼得便士」的人以及想和自己老婆離婚的人，都從路德身上看到了他們自己想要的東西。於是，路德不由自主地被一步步推向與天主教會決裂的不歸路。

一五二五年，在威登堡的宗教改革運動中，人民拆毀修道院，強令修士還俗。當時，女修道院解散後，修女們由於沒有謀生能力，唯一的出路便是出嫁。由於有一個叫凱蒂的修女沒人要，路德在四十歲的年紀，在各方的壓力之下和她結了婚。雖然據說他的這位妻子喜歡說長道短，喋喋不休，常令路德感到困擾，但他還是很愛她的。不但和她生了五個孩子，還在死後把財產全部交付給了妻子。

於是，**《聖經》中沒有的內容統統被廢止了。天主教規定的七件聖事，只剩下三件，即受洗、領聖體和告解**。過了不久，告解這一項也被抹掉了。婚姻如今又變成了俗務，普通人不但有了離婚的自由，連教士都可以結婚了。早期的新教徒試圖走得更遠些。卡爾施塔德寫信給路德說：「不必羞恥。我們將有兩個妻子、三個妻子，我們能養活多少妻子，就娶多少……」路德本人也主張，在丈夫沒有生育能力的情況下，妻子可以與丈夫的親戚或是朋友同居；而在妻子過分節慾的情況下，丈夫也可以和女僕或別的女人睡覺。這些主張，即使是放在今天，也是聳人聽聞的。

終於，繞了一個大圈子之後，基督教的教義又一次與它古老的起源猶太教吻合了起來。新教在給予神職人員結婚權力和俗世人員離婚自由的同時，對通姦的態度較天主教嚴厲了許多——不用說，這符合邏輯。

現在一說起新教，很多人就提到路德。其實，路德的影響遠不及加爾文。

天主教會像個老太太，耳根子軟不說，又有貪財的毛病。如果哪個教徒犯了姦淫罪，哭天抹淚地承認錯誤，保證「下回不敢了」，末了再給老太太些好處，這事情也就過去了——下回再犯，再哭、再花錢就是了。

而路德在教徒們看來像個國小老師——前往天堂的通行證就像小紅花——表現好就發，表現不好還能再收回來。

真正對歐洲人產生深遠影響的是加爾文，其見解與大主教和路德有很大的不同。**加爾文的立論根本，在於「預定論」**。也就是說，任何人從一出生起，進天堂還是下地獄的命運早就由上帝「預先」決定了。加爾文是這麼想的：「如果一個人進不進天堂可以透過個人努力來改變，那上帝不成了由人來操縱的傀儡了嗎？」所以加爾文認為：教徒無法透過個人努力得到救贖。教士也幫不了他，甚至上帝本人也幫不了他。

照說，這種教義應該導致極端的放蕩才對——既然命運早就註定了，何不及時行樂？可是加爾文的教義妙就妙在這兒——命運雖然是定了，而且完全無法更改，可是它到底是進天堂還是下地獄，卻無法事先知道。這使得每個人都處於深深的焦慮之中而無力自拔。焦灼的心靈只有一個辦法能夠得到慰藉——表現得像個天使。這大概就是歐洲版的「狠鬥私字一閃念」（註38）吧！

馬克思·韋伯的名著《新教倫理與資本主義精神》成書於一九〇四年，他在書中的觀點是「新教倫理與資本主義精神有著相當大的親和性」。從他的傳記中我們得知，他瞭解佛洛依德的「力比多」學說是在一九〇七年。如果韋伯是先看了佛洛依德的書，然後再寫這本《新教倫理與資本主義精神》，他會不會得出這樣的結論：以前天主教徒用於通姦的熱情，現在都被新教徒用到賺錢上？

不管怎麼說，加爾文的教義對早期資本主義的發展有著極為重大的幫助。就資本主義而言，一個極明顯的特徵就是經營權和所有權分開——投資人未必就是打理生意的人——這需要整個社會都要有相當的誠信才行得通。在建國初期的美國西部，誰拔左輪槍的速度最快誰就是法律。大宗的生意就是向東部提供牛肉。當時沒有冰箱，也沒有罐頭廠，所以只能以接力的方式，一站一站地把大群活牛從西部趕往東部。這就需要大量陌生人之間的合作。兩個從未見過面的牛仔交接一群價值上萬美元的牛群，只憑口頭一句話就可以了——只需得知雙方都是新教徒即可。

另外，加爾文的「預定論」，也使得工人們懷著宗教的熱忱去工作，並安於忍受低工資——**既然一切都是命中註定，自當安分守己，討神的歡心**。這種甘於忍受清貧和不公待遇的消極心態，對於早期資本主義社會完全原始資本的累積，是非常重要的。

註35 什一稅：源起於舊約時代，由歐洲基督教會向居民徵收的一種主要用於神職人員薪俸，和教堂日常經費以及賑濟的宗教捐稅，這種捐稅要求信徒要按照教會當局的規定或法律的要求，捐納本人收入的十分之一供宗教事業之用。由徵收什一稅而建立的制度亦稱什一稅制。

註36 格羅希：波蘭錢幣。

註37 面瓜：帶有鄙視的說法，易被欺負。

註38 狠鬥私字一閃念：大陸地區在文革時的詞語。當私心雜念剛剛閃現時，要立刻抓住不放，狠狠批鬥，把它消弭在萌芽之中。否則，私心雜念就可能會在頭腦中膨脹，慢慢腐蝕我們的靈魂。

小結

邏輯這個東西就像中國象棋，只適合做純智力的消遣。如果真的懷揣幾隻「砲」和「卒」奔赴戰場與敵廝殺，結果一定非常糟糕。故大衛．休謨（David Hume）（註39）有言：「一條在思辨中可能看來對社會最有利的規則，在實踐中卻可能發現是完全有害的和毀滅性的。」

不幸的是，基督教對於性和婚姻的觀點，就是以純粹的邏輯為起點來展開的——先是聖保羅認為末日審判將盡，故而忽略了孩子的重要性。繼而，根據心理學中的補償機制，大家也都願意認同這樣一個「公理」：活得不開心的人，更容易得到來世的報償——上天堂。據此，教士們為排隊等候天堂通行證的人們做出如下排序：獨身者、結婚者和通姦者。

然而教士們發誓獨身後，卻成了想去北極卻朝南走的人。**他們走過南極、走過北極，歷經千辛萬苦，終於來到他們當初親手排列的隊伍的最後，成了最熱切的通姦者。**有一個笑話是這樣的：晚會上的燈突然熄滅後，某人高喊：「女士們的丈夫請不要驚慌，主教大人不在這兒。」主教大人幹什麼去了呢？大概是為一對新人主持婚禮去了吧?!

註39　大衛．休謨（David Hume，1711～1776）：蘇格蘭哲學家，休謨的主要著作有：《人性論》（1739～1740）、《人類理解研究》（1748）、《道德原則研究》（1752）和《宗教的自然史》（1757）等。與約翰．洛克（John Locke）及喬治．貝克萊（George Berkeley）並稱三大英國經驗主義者。

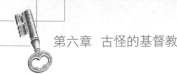

第七章

道德——別人對你性生活的看法

最大多數人的最大幸福是道德和法的奠立。

——J·邊沁（Jeremy Bentham）（英國功利主義哲學創立者）

《美少年阿多尼斯之死》塞巴斯蒂亞諾・德爾・皮翁博豐腴美麗的女神們以柔美的肉體面對死去ㄇ的美少年阿多尼斯，刻劃出極富生命力的形象

在人體的七大系統中，泌尿生殖系統無疑是最有道德的。如果道德這東西能夠秤輕重、量大小，大概泌尿生殖系統中的道德，會佔到全身道德總量的百分之九十五，甚至更多。

道德的定義

「道德」這兩個字，是每個人的熱門辭彙。它既是一件最犀利的武器——用以譴責生意場上比自己賺錢多的對手，又是一劑立竿見影的止痛藥——每當想起拐跑自己老婆的那個朋友，便用它來撫慰創痛的傷口。

但究其根本，「道德」這個詞是什麼意思呢？亞里斯多德認為，「德性」是一種適度的品格。這很容易讓我們聯想起《論語》裡的「過猶不及」和「文質彬彬，然後君子」。但是這個定義實在讓人難以滿意。

休謨認為，既然理性的作用是判別真偽，是用來判斷事實以及事物之間的關係，然而任何事實本身卻無關乎善惡，所以道德就只能是一種情感或主觀感受了。所以他斷言說：「德性的本性，而且其實德性的定義就是，它是心靈的一種令每一個考慮或靜觀它的人，感到愉快或稱許的品格。」

據此，休謨得出了道德起源的四個原則：「對他人有用、對自己有用、令他人愉快、令自己愉快。」這其中，針對自己的兩項是先天的，被稱為自然德性——某行為能對我有用、讓我有愉快感，那它對我來說，就是道德的；而針對他人的兩項則是後天的，是需要人為設計的，源於全社會的約定，為的是每個人都盡力讓別人感到愉快，而不是互相添噁心。顯然，這種後天建構的道德成分，必須在社會全體成員均表示同意並願意遵守的情況下，才能發生效力。

那麼大家都願意共同遵守的「約定」，又是個什麼東西呢？休謨的回答是：同情、同胞感和人道感。這個回答和《論語》中的相關闡述倒是不謀而合。《論語》有言：「君子務本，本立而道生。」錢穆先生的注解是：「本者，仁也。道者，即人道，其本在心。」故他一言以蔽之：「內修於己為德，外措施於人群為道。」用孔子自己的話總結，即為「仁者愛人。」

「仁者愛人」這四個字，從達爾文（Charles Robert Darwin）的角度來看，可以理解為群居性動物為了種群利益而進化出的「利他傾向」。在談到道德的起源時，達爾文歸納出四條原因：**認同感、群居的本能、人言可畏和習慣**。

(1)安全感

達爾文所說的群居本能，無非是群居性動物彼此合作、共同警戒防備，以加強群體的安全感。叔本華雖然不討厭與女人性交，卻討厭生孩子，認為這是個體為了種群的利益「不得不做出的犧牲」——只有透過一代一代地生孩子，肉身凡胎的個人才能藉助物種的延續，以達到「不朽」。

這樣的視角同樣可以用來觀察群居性動物的「利他」行為。動物學家們曾經報導過很多「捨己救人」的英雄事蹟，事主從黑猩猩、狒狒到斑馬等等，不一而足。

(2)認同感

在達爾文眼裡，「認同感」這個詞只有一個意思，意即個體被群體所接納。**在人類原始採集狩獵時期，被群體拋棄的個體不會有任何生存的機會**。這是道德——做為大多數人的意見——對個人具有約束力的前提和保證。今天，小孩子們對於不合作的小同伴最重的懲罰依然是：我們不和你玩了。

但在馬斯洛（Abraham H. Maslow）[註41]眼裡，「認同感」還有著另一層更加重要的涵義，就是心理學上的所謂「移情」。比如，一群大猩猩中如果只有一隻大猩猩知道一個籃子裡有蛇，而另一個籃子裡有香蕉，牠就會把其他的大猩猩引到有蛇的那個籃子旁，藉助這條蛇把其他的大猩猩嚇跑，然後打開另一個籃子獨享香蕉。透過這種由己及人的推理，一個人可以預先判定其他人在某種境遇下的反應，這是所有欺詐行為的心理學基礎。

不過，「移情」也不只是讓人學會了騙香蕉吃。它不單使人能預知別人的反應，還能使人感受到其他人的喜怒哀樂，從而使情感具有了傳染性——亦即「同情」。於是，便有了惻隱之心、有了「己所不欲，勿施於人」，這是道德感中最基本、也是最深邃的成分。**這種移情能力，是本能的一種，而不是後天教化的結果**。小孩子三歲之後便具備了這種能力。

(3)語言出現之後，道德成了一個害人的東西

本來，人類一定程度的利他傾向和惻隱之心，都是出於群居性動物的本能，並在個體和群體的利益之間，發揮到很精確的調節作用。但是語言的產生，打破了這一微妙的平衡。

語言的產生，使得道德變成一個明晰的概念，可以重複不斷地向別人灌輸。既然道德代表了大多數人的意見，那麼，最起勁地拿道德這個話題說個沒完沒了的傢伙，自然而然地就會成為集體利益的代言人，並以此身分得到類似於現代社會中議員的種種特權。

而當每個人都可以用語言表述道德之後，道德又出現了另一種妙用。想想這樣一個場景：有一百個人排隊領取十張蔥油餅。排在中間的那些有希望、沒把握的人，自然是在焦慮不安中保持著沉默。排在前面已經領到餅的和排在最後毫無希望的，才是這個隊伍中喋喋不休的人——這兩種人都異口同聲地表達了對蔥油餅的「不屑」。前者的動機是為了保住自己的既得利益，以防嫉妒的人們衝上來一哄而搶；後者的動機則是出於一種心理補償，即所謂「吃不到葡萄說葡萄酸」。

於是，本屬於大多數人意見的道德，如今卻被少數人別有用心地反覆言說，被灌輸的對象自然

是那些一聲不吭的大多數。綜觀人類歷史，情況也確實如此：特權階級和最貧困的下層總是熱衷於談論道德這個話題，然而，他們自身的操守，卻是整個社會中最差的。更糟的是，這兩種人還把道德的品格給弄壞了。前者，讓道德充滿了偽善；後者，又讓道德多了一份損人不利己的殘忍。

把蔥油餅換成女人，也是一樣。排在最前面的，是已經佔據高位並擁有足夠女人的老年人，而排在最後面的，無疑就是獨身的宗教人士。我們的性道德就是由這兩種人來界定的。他們對於男歡女愛所持的嫉妒心態，自是不言而喻。相較之下，道德的殘忍比道德的偽善為害更大。一是因為它更具欺騙性，二是它出於損人不利己的立場——做起惡來無所顧忌。

就這樣，進入文明社會之後，道德觀念再也不是大多數人的共同約定了。它其實是**特權階級對全社會資源的掠奪，並對這一掠奪加以解釋**。以「利他」和「移情」這兩個生物本能為基礎建構起來的道德，被這兩種人用語言反覆表述之後，往往成了既不利於每個個體，也不利於整個群體的一種觀念。少數特權階級用不斷說話的方式——這是他們諸多特權中最重要的一種特權——給其他人戴上了一付精神枷鎖，以便獨佔利益。

註40 馬斯洛：美國著名社會心理學家，提出了融合精神分析心理學和行為主義心理學的人本主義心理學。

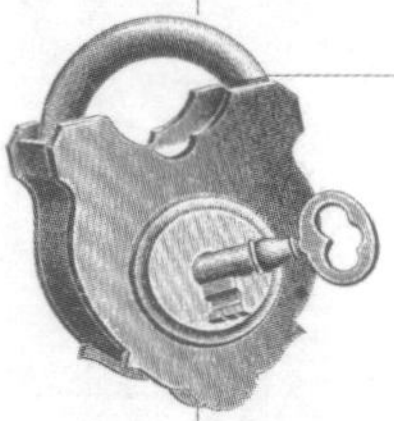

被建構的道德

單向度的語言——只有道德的聲音才得以表達，違反道德的聲音則被壓制——一定會產生「道德過度」的結果。本來鞠個躬就足以讓上司滿意了，下級們爭相邀寵的結果，使得下跪成為慣例，即是這個道理。然而過分而毫無必要的壓抑，一定會造成反彈。綜觀人類歷史，道德水準就像個彈簧秤，總是在基準點處上下震盪——用羅素的話說——先是普遍的長期痛苦，繼之以普遍的短暫放縱。

另外，除了由惻隱之心先天產生的「己所不欲，勿施於人」之外，道德觀念中的其他成分都是後天建構的。而熱心於道德建構的人——如前所述，除了偽善的特權階層之外，就只有處於社會最底層的俗人蠢漢了。這些人頭腦中蹦出來的想法，實在是沒有什麼道理可言。

比如，一個蒐集女人內褲和絲襪的戀物癖，往往比一個強姦犯更加遭人唾棄。這其中，講得出什麼原因呢？又比如，人多勢眾的異性戀有什麼理由鄙視同性戀呢？畢竟，人家同性戀可沒說過異性戀的傢伙們一句壞話。在諸如此類的道德觀中，我們能夠找到多少理性因素呢？因此休謨說，**道**

德現象是「事實的問題，而不是抽象科學的問題」。

正因為這種非理性，使得某個行為在這裡是道德的、在那裡卻是不道德的，在這個時期是道德的、在那個時期是不道德的，就成了常態。

一個男人在喪偶或離婚之後，如果續弦了自己的小姨子，那一定會遭到很多人的側目。其實，在傳統中國社會，婚姻是兩個家族之間的聯姻。如果嫁出去的姐姐死的早，讓妹妹去接姐姐的班，是再天經地義不過的事情。在周朝，貴族婚姻實行媵妾制，嫁出一個女兒的時候，讓新娘子的一大堆庶出姐妹和堂姐妹一同陪嫁過去，甚至是禮制所強行規定的事情。正是因為有過這樣一段姐妹共夫的歷史，在實行一夫一妻制之後，姐夫和小姨子之間，便有了一層心態上的曖昧。到了十八世紀的英國，沒有嫁妝的女子是嫁不出去的。如果一家姐妹中只有一個嫁了出去，剩在家中的姐妹能夠交往的成年男性，便僅侷限於自己的姐夫。因而英國的法律禁止喪妻的男子續娶小姨子——為的是少出人命。現在，我們既不是生活在十八世紀的英國，又早已經滌蕩乾淨了姐妹共夫的心理遺跡。可是，這東拼西湊出來的道德觀卻仍然發揮著作用——對於續娶小姨子的人，我們還是忍不住心裡有看法。

二十世紀八〇年代初期的中國，沒有什麼東西比迪斯可（Disco）音樂更讓四十歲左右的中年人反感和厭惡了。時間剛剛過去二十年，年輕人早已對迪斯可失去了興致，反倒是當年表示反感至極的那些人，現在熱衷於一邊聽著迪斯可一邊跳健身操。

一九三二年，美國著名女社會活動家斯坦頓夫人被判入獄兩週，罪名是「在公共場合赤身裸體，有傷風化」。而實際情況是，斯坦頓夫人穿著長衣長裙在公共游泳池游泳，只是忘了穿襪子，不幸露出了腳踝。二十世紀七〇年代末，法國和澳大利亞的海灘上卻時髦起「天浴」來——一絲不掛的男男女女成立了俱樂部以便包下專用的海灘，為的是「防止不道德的人偷看」。短短不到五十年的光景裡，關於穿衣服和脫衣服的這一場道德劇，正、反面人物正好顛倒了過來。脫的人變成了正面人物——游泳的人衣服愈穿愈少，到最後一絲不掛。他們的道德境界也同步地攀升，由傷風敗俗向上直至「天人合一的光輝頂點」；看的人倒成了反面人物——他們看到的雖然愈來愈多，道德境界卻每況愈下，由對腳踝發出嚴厲指責的衛道之士墮落成窺淫者，還經常未遂。

三十年前的中國，如果哪個姑娘有婚前性行為被別人知道了，那簡直完了，她遭受的待遇比中世紀的痲瘋病人好不了多少。到了今天，要談戀愛，就不可能沒有婚前性行為。「打擊非處女辦公廳」的示威，象徵著道德標準的大拐彎。十五歲的處女嘛，還算是個人。要是一個姑娘大學畢業了還是處女，那就難免被人說三道四。

我有個朋友生了個女兒，立即許願：「要是我女兒二十歲了還是個處女，我就掐死她！」是啊，買半斤餅乾還得先嚐嚐呢！嫁人這麼大的事情，更應該更謹慎了。英國大儒卡萊爾（Thomas

Carlyle）（註41），一輩子沒有和妻子行過房，他的妻子因而被當時清教氣息濃重的英國人讚為品行高潔的楷模。可是這事情如果擱在今天，眾人一定會齊聲痛罵卡萊爾：你這不是害人嗎？明明知道自己不行，幹嘛不學學人家吉本（註42），打一輩子光棍不就好了嗎？

不過這些還並不是最主要的。道德觀念雖然為大多數人所接受，卻不意味著它代表了大多數人的利益——這才是道德最大的非理性所在。

一九九七年，英國一個四十歲的保母德蕾莎·麥克勞克林，成了社會輿論的眾矢之的。她透過為四對無法生育的夫婦做代孕母親，賺了一筆大錢。可是，其中的絕大部分按照非法所得被沒收了。她本人只剩下區區一萬五千英鎊。要知道，她為她的顧客們懷了六次孕，生了五個孩子。此外，她還成了社會的公敵，受到公眾的一致譴責。對此，生物學家羅賓·貝克（Robin Baker）向公眾提了這樣一個問題：假如這四個男人背著妻子與德蕾莎·麥克勞克林通姦，等她懷了孕就跑掉了。這樣的情節，英國人民是不是更加容易接受呢？

再拿網路來說：如果一個女人被網友揍了一頓，大家便都說網路不是東西；可是如果她是被丈夫虐待了，卻沒有人說婚姻不是東西。諸如此類的道德觀念，有什麼道理可言呢？

註41　卡萊爾是蘇格蘭的散文家和歷史學家，英國十九世紀著名史學家、文壇怪傑。

註42　吉本為東漢末年太醫令，曾參與董承等人刺殺曹操的計畫，並企圖在為曹操治病時毒死曹操，但被曹操識破而遭處刑。之後其子吉邈和吉穆都參與了由耿紀和韋晃等人所發動的反叛曹操的行動，但都失敗被殺。

現行的性道德

在母系氏族社會，在性方面最不道德的一定是一位美麗卻又性冷感的女人——她拒絕用自己頗具性魅力的身體，來為氏族的興旺和農作物的豐收做貢獻。而到了父系氏族社會，道德卻成了「禁慾」的同義詞，成了對性資源的蔑視。

只不過，**男人們卻無法安於一輩子只和一個女人發生性關係**。既然自己是遊戲規則的制定者，於是，在嚴厲要求自己的妻子守貞操的同時，男人們卻為自己規定了很多特權。在東方，男人可以娶多個妻子和妾；在法國，男人則享有通姦的樂趣，只是不能把姘婦帶到家裡去——這是成文法原型《拿破崙法典》對通姦的男人們做出的唯一的、小小的限制。拿破崙當然管不了英國人——晚至十八世紀，很多英國人為了省錢而把情人養在家裡，在同一張桌子上吃飯。晚飯後，妻子和情人往往會一起出去散一小會兒的步。另外，不論是在東方還是在西方，男人們還都是可以嫖妓的。

德謨斯泰尼（註43）道出了男人們的心聲：「我們擁有情婦，是為了享受快感；我們納妾，是為了讓她們每天來照料我們；我們娶妻，是為了有一個合法的後代和一個忠誠的家庭衛士。」

註43 德謨斯泰尼：希臘政治家。

現行性道德的第一個推論──

主動戴綠帽子的丈夫

前文提到，羅馬帝國初期，陷入貧困的平民階層婦女普遍存在賣淫現象，而拉皮條的，往往就是她們的丈夫。在「五毒書記」(註44)張二江的一百零八個女人當中，至少有兩個是被自己的丈夫送到書記床上去的──為的是能讓自己升官。這兩個主動搶過一頂綠帽子戴在自己頭上的丈夫，自然不會是飢寒交迫之輩，他們圖的是自己的政治利益。

在法國，蒙特斯龐夫人、拉法利耶夫人、方當詩夫人、昂古列姆公爵夫人……路易十四眾多的情婦們有的為丈夫賺到一個肥缺，有的為丈夫賺到一筆數目不菲的年金。花著這麼來的一大筆錢，國王情婦的丈夫們多少感到有點不好意思。對此，莫里哀寬慰那些忸怩的丈夫們說：「同朱庇特分享並不丟人。」

德皇腓特烈．威廉二世（Friedrich Wilhelm II）的宮廷與法王路易十四的宮廷相比，則因容克貴族（註45）還沒學會法國貴族優雅的調情而顯得更加熱烈和直接。德意志科學院院長夏多瓦這樣寫道：「整個波茨坦活脫脫是一個大妓院。所有的人家都只想攀上國王，攀上宮廷。人人都爭先恐後地獻上自己的妻女。最熱心的是高級貴族。」

如果說貴族將老婆送到國王床上只是「並不丟人」的話，那麼對平民來說，要是自己的妻子能躺到一個伯爵的床上，那簡直就是光宗耀祖！一個古玩商有什麼理由不把自己漂亮伶俐的妻子派往伯爵府，去推銷一把精巧的鼻煙壺呢？看哪，街坊鄰居們，我那可愛的妻子是多麼的能幹呀！一把普通的鼻煙壺她居然賣了四十個金路易！更絕的是，和我那可愛的妻子一起回家的，除了這四十個金路易之外，竟然還有那把鼻煙壺！不用說，她還能把那把鼻煙壺再賣給伯爵大人一次、兩次、甚至三次。哦，上帝！為什麼不能是四次呢？那可就是兩百個金路易啊！

既然可以透過讓老婆和別人睡覺來飛黃騰達或是發跡致富，那麼如果孩子也能賣錢的話……就讓妻子為別的男人生育吧！至於孩子的親生父親是誰，那倒是無關緊要的末節了。

非洲馬賽依人過著逐水草而居的遊牧生活。如果你有許多頭牛，那你就是個馬賽依財主。你得不時地拿出幾頭牛做為聘禮，來為自己娶更多的老婆，以便增添人手照料更多的牛群。此外，更多的老婆會為你生下更多的女兒。不用說，嫁女兒的時候，你當然會收到彩禮——也就是牛。這麼一來，你的牛就更多了。所以，你又得再娶幾個老婆。就這樣，你的老婆和你的牛愈來愈多，你也就愈來愈富有了。整個事情的邏輯就是這樣：老婆是你用牛換來的，她為你照料著牛群，還為你生女兒；女兒是你老婆生的，所以嫁女兒所得到的彩禮也是你的。在整個過程中，你老婆和哪個男人睡覺有什麼關係呢？所以，做為一個擁有眾多妻子的馬賽依財主，你理應鼓勵你的妻子們去和別的男人們睡覺，並因此而感激她們。

三十年戰爭之後，德國人口從一千六百多萬銳減至不到四百萬。勞動力極為短缺。為此，紐倫堡區議會通過如下決議：「有鑑於大量男性居民死於戰爭、疾病和饑饉，神聖羅馬帝國的利益要求恢復人口……因此，在今後十年內，每一男子得娶兩名妻子。」對一個農民家庭而言，幾個半大的孩子是維持家庭生計所必不可少的。不然，農忙的時候就不得不花錢雇短工。而在那個時候，雇工的價錢是很貴的。如果一個農民娶了妻子，卻生不出孩子，那可怎麼辦呢？博胡姆地方法為此做出如下規定：「一個丈夫，如果他的妻子很健康，他滿足不了她做女人的權力，那得把她帶到鄰居那裡去。如果鄰居也幫不了她的忙，那丈夫得小心地把她抱起來，別把她弄痛，再把她放下，別把她弄痛，讓她在那裡待五個鐘頭，另外叫幾個人來幫忙。如果還幫不了忙，那得小心地把她抱起來再把她放下，別把她弄痛，給她一件新衣裳和一袋錢讓她吃飯用，把她打發到市集上去。如果還幫不了她的忙，那只好讓一千個魔鬼來幫她吧！」心情焦躁的丈夫在執行上述法律的時候，自然對其中「抱起來再放下，別把她弄痛」這些繁瑣的細節頗不耐煩。一般情況下，丈夫會請每一個熟人到家裡去和自己老婆睡覺。事後，用一杯淡啤酒做為酬謝，反正，客人付出和得到的，都是一些冒著白沫的東西嘛！

很多時候，並不是每個男人都能娶到妻子的。當光棍們對你的老婆感興趣的時候，為什麼不能拿她換點錢呢？遲至十七世紀，英國手頭緊的丈夫會在妻子腦袋後面插一根草棍，然後把她帶到市集上去拍賣。銀貨兩訖之後，出價最高的傢伙當場帶走妻子。做丈夫的卻還有一點小事情要辦：向市場管理部門繳一筆小小的稅款。

中國人顯然比英國人更會做生意：由賣改為租。宋朝的時候，浙江人喜歡把妻子、妾甚至女兒出租給附近寺廟裡的和尚，謂之「貼夫」；而嶺南地區的丈夫則更喜歡把老婆租給沒有孩子的光棍，等老婆為別人生下孩子之後，租賃合約才算告一段落。以致朱熹在其《勸女道還俗榜》中萬分沉痛地總結道：漳州一帶「不昏之男無不盜人之妻，不嫁之女無不肆為淫行。」

在古希臘時期，如果某個雅典公民欠了債還不起，一般的做法就是把自己的孩子賣到國外為奴。恩格斯痛心疾首地指出：「父親出賣子女——這就是父權制和一夫一妻制的第一個果實！」然而，一夫一妻這個制度本來就是以經濟利益為基礎的。今天，每一對夫妻都聲稱是為了愛情才結的婚，但是員警可不糊塗：任何一個已婚者非正常死亡，警方自動將其配偶列為第一嫌疑人。

註44 五毒書記：張二江的「五毒」，是「吹、賣（官）、嫖、賭、貪」。
註45 容克貴族：原指無騎士稱號的貴族子弟，後泛指普魯士貴族和大地主。

現行性道德的第二個推論——

有條件的妻子一定會紅杏出牆

說到底，通姦這個工作，總是要一男一女相互合作才能完成。有偷腥的丈夫，自然就有紅杏出牆的妻子。對一個妻子來說，要想有情人，就得有結交陌生男子的機會。**如果這個妻子經濟方面還能獨立的話，那大概就沒有什麼東西能阻止她去偷情了。**一說到通姦，我們總是認為歐洲人的妻子比較淫蕩，而中國人的妻子卻很貞潔。是中國的女人道德水準先天就比歐洲女人高？還是她們大腦中天生就被設定了這樣的程式：在被一個男人「挨過身子」之後，立即就會產生對其他男人的厭惡？

讓我們來看一看封建時期歐洲妻子和中國妻子的處境，不難得出答案。

家庭模式：

(1)歐洲的小家庭模式

西羅馬帝國於西元四七六年滅亡之後，歐洲進入封建時期。「封建」二字顧名思義，即國王將王國內的土地分成大大小小的采邑和領地，分封給一個個貴族。在自己的領地中，貴族即是最高的首腦。他可以制定法律、收地租，並隨自己高興規定領地內的農民做各式各樣的事情——從夏天夜裡讓農民們輪流用鞭子抽打護城河水來嚇唬青蛙，以便能讓老爺睡個好覺，到強迫每個農民在新婚之夜把新娘子送到老爺床上以便自己行使「初夜權」……等等。所有這些權力都是可以世襲的。而且，除非犯有叛國等重罪，貴族的領地和爵位，國王也不得隨意褫奪。**貴族對於國王的義務，則僅限於養一支軍隊，以供國王驅使**。

在這種情況下，一切都有利於核心小家庭——一夫一妻、加上幾個未成年孩子——的建立。這和我們中國人幾代同堂甚至聚族而居的模式大相徑庭。可想而知，對一個想紅杏出牆的妻子來說，當然是獨門獨戶單過要方便些。一個大家庭中的妻子，即使瞞得過丈夫，也瞞不過心懷惡意的婆婆和小姑。

有兩方面因素促成了歐洲一夫一妻小家庭的形成：

首先從經濟方面，歐洲封建貴族領地上的農民並沒有人身自由，因而被稱為隸農。他們從貴族手上租賃份地的過程，與其說是老爺讓隸民擁有土地，不如說是老爺讓土地擁有隸農。因為，隸農既無權搬遷，又無權改行。**他們被這份租約釘死在份地上，只要人活著，就得交租和服勞役**。一直到十三世紀之前，貴族的領地上都是隸農少而土地多，領地內有大量的可開墾荒地。在這種情況下，如果一個隸農的兒子成家娶了媳婦之後仍和自己的父母住在一起，那對領主來說就是一種損失——他領地上雖然多了一個壯勞力，可是他的地租卻並沒有得到相應增長。於是很多領主規定領地內的隸農們實行長子繼承制。這就讓隸農的次子們陷入無地的狀態，從而不得不接受領主開出的條件，去開墾荒地。為了讓荒地得到開墾，領主甚至願意為開荒者蓋一個小茅屋。就這樣，隸農的次子們只要一成年就搬出去組建新家庭。

而留在家中的長子因為要等到父親死後才能繼承到財產，所以他的婚嫁便取決於父親的意願——什麼時候願意出錢，或者什麼時候願意死。萬一不幸父親活得很長，又不肯放棄一家之主的地位，長子除了等待便別無他法可想。當父親允許長子娶妻的時候，也就意味著他決定進入「退休」狀態，將一家之主的位置讓給了長子。這就是為什麼歐洲的新媳婦一進門，婆婆就得交鑰匙——從此之後，家裡說了算的就是長子和大兒媳婦了。因此，即便在歐洲為數不多的兩代同堂的家庭中，既沒有跋扈的婆婆，更沒有受氣的兒媳婦。

貴族領主本身更有理由實施長子繼承制了，因為封號本身就無法分割。貴族的次子可以選擇進修道院當修士。如果是這樣，我們知道，他最喜愛的工作就會是一戶一戶地拜訪農舍。在那裡，他總會碰到單獨在家的農民妻子——農民是勤勞的，他總是在田裡幹活。**所以中世紀有了一句在全歐洲都流行的諺語：「教士不需要結婚，因為農民有老婆。」**

貴族的次子如果不願意進修道院，那他還可以選擇去當兵。憑藉著赫赫戰功和高貴的出身，他很容易為自己賺得一個爵士封號。但因為王國內已經無地可封，所以這些後來拿到爵位的貴族便成為宮廷貴族，靠每年從國王手上得到一筆年金過活。他在王宮附近建起自己的府宅，以給國王當差維生，幾乎每天都要進宮聽候差遣。他的國王和自己一樣，是早已皈依了天主教的，所以只能有一個妻子——這和三宮六院七十二御妻的東方君王完全不同。於是，飢渴的國王會要求宮廷貴族們讓他們的妻子每天進宮來覲見王后。這樣就有了所謂的社交圈，在這個圈子裡，大家奉行的當然是共用妻子的遊戲規則。不難想像，一個漂亮而富有魅力的妻子對丈夫的政治生涯是多麼的重要。如果妻子上的是國王的床，那好處自不必多說；即便妻子只是吸引到一些貴族同僚，那也很不錯——一個和你老婆睡過覺的同僚，怎麼還好意思與你針鋒相對呢？

為了給妻子展開社交活動提供必要的方便，丈夫就得有個好脾氣：做丈夫的想要與妻子同房的時候，必須要像我們看牙醫一樣，提前預約。梅列瓦爾伯爵有一次就忘了預約，當他推開妻子臥室的門之後，發現他妻子躺在床上，身邊還有一個年輕軍官。伯爵不禁溫言嗔怪他的妻子：「夫人，您太不小心了，萬一進來的是別人呢？」說罷，平靜地離開了房間，還帶上了門。夫妻二人因為此事而受到整個社交界的高度讚揚——丈夫，是因為他的冷靜和有教養；妻子，則是因為她充滿「優雅的激情」——在丈夫離開後，她堅持讓驚魂未定的情人把剛才被打斷的事情做完。

另一位阿康貝勳爵，當他得知妻子和情夫私奔後，立即把自己的馬車給他們派去。勳爵認為，讓勳爵夫人坐一輛租來的普通馬車去私奔，實在是有失身分。

這便是遊戲規則：丈夫對妻子的不忠要百般容忍，甚至縱容。**丈夫的恥辱並不在於戴綠帽子，而是在於吃醋**——這完全是沒有教養的表現，將受到整個社交界的恥笑和摒棄；而做為妻子，她的恥辱則在於勾引不到情夫。每天早上起床後的梳妝打扮，成了對外界開放的正式社交時間。如果沒有幾個貴族登門請求觀看，那在貴婦圈裡簡直就沒辦法混了。為了能讓自己「晨起懶梳頭」的嬌慵在社交圈內更具吸引力，一個貴婦絕不會拒絕愛慕者對她一襲晨袍下的胴體加以大膽的讚美和撫摸。需要說明的是：那時的歐洲女人是不穿內褲的，她的愛慕者所能撫摸的範圍，完全取決於「她的良知和榮譽所允許的限度」，如果良知和榮譽按照慣例被深藏在貴婦們的心中，那麼自腳踝摸到良知，可是夠長的一條路啊！

這就是貴族們的選擇：要嘛，做修士——去和農民的妻子通姦；要嘛，加入以國王為核心的社交圈——與其他的貴族們共用妻子。上層社會的這種行為，對整個社會的風化所起的影響，可想而知。

另一方面，宗教的因素也促進了歐洲一夫一妻小家庭模式的形成。歐洲中世紀的歷史，就是教權凌駕於君權之上的歷史。**天主教對於任何一個國家，都有著極大的影響力——這是中國歷史上從未曾有過的現象**。在歐洲小家庭的產生過程中，教會發揮著至關重要的作用。

早期教會從君士坦丁大帝頒布的《米蘭敕令》中，得到了這樣一條制外法權：如果一個奴隸跑到教堂中尋求保護，那麼他的主人便無權強行把他帶走。這樣一來，西羅馬帝國剛剛崩潰的時候，各修道院中就居住著大量的奴隸。教會從人人平等的角度出發，堅持認為如果一個奴隸與一個自由民結婚，那麼他的子女也就應該成為自由人。於是自由人的身分就像傳染病一樣，透過性交迅速傳播。這無疑加速了奴隸制崩潰，也有利於一夫一妻制小家庭的建立。更為重要的是，教會從一開始就堅持了婚姻的一個前提——雙方必須自願。這種觀念使人們傾向於認為婚姻是夫妻雙方的一個契約，而與其他人無關。

另外，教會對婚姻的理解，也使得西方婚姻的性質和內涵與中國大異其趣。在東方，一個男人娶妻並不是他個人的事情，而是整個家族的事情。其目的並不是性交，而是「上以承宗嗣、下以事雙親」。至今中國人還是習慣將一個新娘子稱為「誰誰家的新媳婦」，而不是某某人的新妻子。而天主教會只是把婚姻——正如上一章所提到的那樣——看作是為了減少通姦而不得不服下的苦藥。

所以在西方人的婚姻中，既沒有孩子的地位，更沒有父母的地位。

如果說中國人的婚姻觀是縱向的——其目的只在於敬事父母和生養孩子，那麼，西方人的婚姻觀則是橫向的——其核心只在於夫妻二人。這種觀念，無疑也促使了一夫一妻小家庭的產生。在中國，父親沒死就鬧著要分家，會被認為是不孝而遭到鄰居們的恥笑。而在西方則正相反，結了婚還和父母一起住，那是沒能耐養活老婆的窩囊廢。所以，在西方幾乎見不到三代同堂甚至兩代同堂的大家庭，是有其歷史和宗教上的原因的。

(2)中國的大家庭

與歐洲的小家庭相反，中國人卻喜歡組成幾代同堂的大家庭。尤其在宋明以後，大家庭進而發展為由有血緣關係的若干個核心家庭組成宗族。這又是為什麼呢？

從嚴格意義上說，中國歷史上只有周朝算得上是封建社會。而到了秦朝，即改為中央集權統治。秦之所以能滅六國而一統中原——前文已經提過——是得益於商鞅的變法。在那場變法中，核心內容就是打破氏族結構，建立一夫一妻制的核心小家庭——這大概是法家思想在中國歷史上所取得的最高成就了。

在意識形態上，法家的主張即是由國家與每一個成年男女制定一個契約。在這份契約中，國家保證每個臣民（不論男女）都會得到屬於自己的土地；而做為回報，臣民則向國家繳納稅賦和提供徭役。

由此可見，戰國時期最終被滅掉的六國，仍然是以父系氏族為主要社會結構，並沒有產生出一夫一妻制的小家庭。而一夫一妻小家庭的秦朝，在統一六國之後，只維持了十五年，便「及二世而終了」。

劉漢初興，自然要反思前朝的得失。結論是：像秦那樣全是法家的路子，肯定不行，秦之所以二世而亡，顯然失於「秦法過酷，失天下人心」。可是，走回周朝封建的老路，周朝天子們的窩囊活法當然也是漢朝皇帝們所不願意的。怎麼辦呢？只好來個「雙軌制」——老六國的地盤分割為九個王國和一百四十三個侯國，分別封給各位王子、外戚以及有戰功的武將；而秦始皇新開拓的疆域，則直接歸中央領導。也是封王的那些王子不爭氣，一個個都覬覦大寶，起而造反。因此到後來，又全都撤了藩。

晉得天下之後，晉武帝也得琢磨琢磨曹魏錯在什麼地方。得出的結論：曹魏宗室太弱，曹奐被司馬炎欺負的時候，沒有哥兒們弟兄來救他。於是，晉大封宗室，還硬性規定每個封侯國內應該有多少兵馬。日後，引發「八王之亂」，司馬弟兄們一通亂打，終使西晉滅亡。從此，中國再也沒人敢提「封建」二字。以後的歷朝各代，全是清一色的中央集權。

這就產生了一個問題：國家的權力在到達每個臣民的這個過程中，需要一個中繼站——皇帝親自與每一個農民簽訂土地承包合約是無法想像的。在歐洲，這個中繼站就是貴族階層；而在中國，則是龐大的官僚系統。可是在歐洲，最大的貴族領地內也不過幾千戶人家。每多產生出一個一夫一妻的小家庭，就意味著能多收一份賦稅。所以貴族願意並且能夠對領地做出精確的數位化管理。可是中國的情況卻正相反：**一個地方官員管理的地域，經常比歐洲整個一個王國還要大**。可是他卻只是皇帝手下的一個打工仔，個人的收入取決於他的官職所規定的俸祿，而與所轄區域的實際稅收無關。這就不難理解，為什麼各朝官員最喜歡做的都是兩件同樣的事情：對上謊報災情，要求得到減稅減賦的優惠政策；對下建立兩本帳，將新增人口和開拓荒地產生出的這部分稅收揣進自己的腰包。所以中國的文官和歐洲的貴族正相反：他們既不能、更不願意進行精確的數位化管理。

文官管理系統的低效率，迫使統治者在意識形態上樹立儒學思想的獨尊地位——這也正是黃仁宇的大歷史觀中的一個重要見解——中國的統治者，用意識形態手段，來彌補管理技術上的無能。當時的條件下，在如此大的一個地域內採用中央集權制，這也是唯一可行的辦法。儒家思想之所以受到中央集權統治者的青睞，無非是因為「君臣父子」這四個字——前兩個字，宣揚忠君思想；後兩個字，確立了父親的地位，從而鼓勵了幾代同堂的大家庭的建立。大家庭甚至宗族的建立，大大簡化了統治者管理的難度。對低效率而夾雜著私心的文官系統來說，這是必不可少的輔助手段。

於是，秦以後各朝甚至不惜動用法律的手段來確立一個大家庭中父親對兒子的絕對權威。子女必須「為父母諱、為父母隱」，如果一個兒子去向官府告發自己的父親犯了罪，被告的父親到底有沒有罪尚需進一步核實，而這個原告的兒子，「忤逆」之罪卻是確鑿無疑的。他告他父親什麼罪名，就將以什麼罪名對他本人進行處罰。在這種法律條文之下，父親的權威可想而知。

一種思想在一個社會中長期霸佔著獨尊的地位，必然會造成整個社會的僵化和停滯。中國的儒學和歐洲的天主教一樣，成為當時社會進步的一種制約因素，便不足為怪了。漢及魏晉之時，一個人要想做官，必須由鄉里長老向朝廷推薦，稱為「舉孝廉」。從名字上即可看出，一個人要想得到這種推薦，他就必須在孝道和人品方面有突出表現才行。按儒家的思想，如果一個人連「修身齊家」都做不好，又怎麼能「治國平天下」呢？

漢初之時，陳平雖然有「盜嫂」這樣的生活作風問題，卻仍然可以憑藉在幾家人之間把一塊豬肉分得比較公平而被推舉做了官。到了講究門閥的晉朝，寒士們得以擢升的機會大大減少，光會分豬肉可就不行了。要想當官，就必須在「孝」字上做出一番驚天動地的壯舉才行。這就使得孝順父母這一正常舉動變得愈來愈誇張、愈來愈做起秀來。王祥臥冰、郭巨埋兒之後，中國做兒女的算是倒了大楣：如果父母生了病，兒女要從自己大腿上片一塊肉下來做藥引子不說，還得嚐嚐父母的大便是什麼味道，才能算是孝。據說，如果病有治，大便就是鹹的；如果病沒治了，大便就會發甜。

本來，儒家的孝道並沒有這麼過分。孔子對於孝的要求，僅止於「養顏」，就是得讓他們開心。子女對於父母的態度，只是「無違」、只是「生，事之以禮；死，葬之以禮、祭之以禮。」這本沒什麼不正常的地方。但自從漢以「孝廉舉士」之後，孝道變成了一個人升官發財的途徑，這才使得對父母的孝順變得過分和做作起來。這大大強化了大家庭中父母的地位。在一個家庭中，兒子都沒什麼地位，又何論他的妻子呢？

說到「舉孝廉」，就不由得讓人想起了科舉。從隋唐開始，朝廷選士的方法由舉薦而改為考試。對一個普通家庭來說，讀書考取功名成了迅速提升社會地位的唯一途徑。可是，讓家中唯一的青壯勞力不幹活，而是十年寒窗地苦讀書，就算中了秀才，還得去省城考鄉試、進京考殿試──對一個一夫一妻小家庭來說，這是無論如何也承擔不起的重負。就是一個幾代同堂的大家庭，也會對這一大筆冒險的投資感到為難。於是，從宋朝開始，有血緣關係的若干個大家庭開始聚集成宗族，共同進行這項冒險投資。

在一個宗族中，最高的精神領袖就是幾個大家長的共同祖先──當然，他早就死了，變成了宗祠裡的一個牌位。為了統一思想，便需要假託祖宗的名義建立大家必須共同遵守的家法，這便是「國有國法，家有家規」。從此，家長的權威便制度化了。在一個宗族中，所有財物都要上交宗族長，再由他分配到各個小家庭中，每一個小家庭都不能有私房錢。《禮記．內側》中所謂「子婦無私貨、無私蓄、無私器、不敢私假、不敢私與」，反映的正是這種情況。

每個男人都不得「私蓄妻子」，意思是不能對自己的老婆、孩子有偏心。宋朝的一份家譜中記了這麼一件事情：有一個年輕媳婦受到了表揚，原因是她在街上買了點零食回來，也先交到了宗族長那兒，然後再按比例領回自己的那一份。

更為重要的是，婦女們在聚族而居的大房子裡，總能找到幹不完的工作，她們再也沒有機會出門了。《清明上河圖》中畫了上千個人物，其中只有幾個中年以上的婦女，還都帶著小孩——看起來像是保母。所以纏足始於宋朝，是一點也不奇怪的。

程朱理學（註46）雖發軔於宋，卻在宋朝兩次遭禁。可見在宋朝皇帝的眼裡，與正宗的孔孟之道相比，理學不過是離經叛道的乖學僻說。在宋朝，婦女不但可以改嫁，改嫁的時候還能原封不動地帶走自己的嫁妝。更令人驚奇的是，宋朝出嫁的女兒還可以分到一些父母的遺產——雖然份額要比她的兄弟少一些。宋朝婦女財產繼承權得到提高的原因，要從宋朝的土地私有化政策以及統治者力圖減輕貧富不均現象的初衷上去找。

理學真正得勢，是在宋元之後的明朝。花和尚出身的朱元璋偏偏對朱熹的學說偏愛有加。這種偏愛與其說是熟讀諸子百家後得出的結論，倒不如說是出自兩個人都姓朱的巧合。朱元璋規定科舉的考試範圍只限於朱熹的《四書集注》，這是理學大盛的原因。自此，「餓死事小，失節事大」便婦孺皆知了。可是事實上，**對中國人為害甚大、甚久的理學之所以得勢，卻是源自朱元璋的一個怪念頭：他不喜歡現金。**

自漢朝開始，朝廷就同意甚至鼓勵將各種田賦和絹帛按當地的時價折合貨幣來繳稅。這使得稅收、管理和運輸都很便利。但是到了朱元璋，可能是他對受凍挨餓的日子仍心有餘悸，所以更喜歡實實在在的米、麵、布匹。於是，他規定一律以實物形式繳稅。而與此同時，這位明太祖又是個痛恨官僚的人，即便在最大的縣衙，他配置的有俸祿的官員也從不超過四名。這樣一來，收稅、管理和運輸就成了各級官員根本無法應付的差事。在這種情況下，扶持宗族制度就成為唯一可行的辦法了。於是，宗族至明朝達到了其發展的頂峰。對明朝的一個縣令而言，管理幾十個大宗族是唯一可行的辦法，而管理幾千個一夫一妻小家庭是想都不敢想的事情——在全縣範圍內，有「公務員」或是「事業單位人員」身分的，加上縣令本人才四個人。因此，朝廷必須要扶持宗族制度。這扶持的辦法，就是禮遇老人和給節婦烈女樹貞節牌坊。

就這樣，中國婦女們喪失了與陌生男人交往的機會，她們與婆婆和未成年的小姑朝夕相處，家中的其他男子又都是自己丈夫的親戚——萬一和他們鬧出醜聞來，將會對宗族制度產生毀滅性打擊。在這種居住條件卜，要想紅杏出牆，其難度可想而知。

以上，我們說明了封建時期歐洲和中國家庭模式上的差異，造成妻子們接觸陌生男人機會的多寡。李銀河在其《中國人的性愛與婚姻》一書中，曾經提到B．邦克在荷蘭所做的一項調查。調查顯示：不論男女，通姦的主要原因一是對追求新鮮刺激的需要，二是機遇——要想通姦，就得有與其他異性接觸的機會，還要有獨處的時間和空間。

除了機遇之外，另一個因素也必須加以考慮：經濟。如果妻子能夠經濟獨立，她通姦的膽子自然就要大得多。

婦女的財產，表現在對自己嫁妝的支配權以及對丈夫遺產的繼承權上。對一個已婚婦女來說，通姦最大的風險就是婚姻破裂。而歐洲妻子和中國妻子離婚的難度是不同的。前者因為天主教的緣故，離婚是一件很困難的事情。所以，通姦帶來的離婚風險很小；而後者的婚姻並沒有什麼保障。即使丈夫很愛她，但只要婆婆不喜歡，她也多半會被趕出婆家。

在中國，關於休妻有「七出三不去」的法律規定，**「七出」分別為無子、淫佚、不事舅姑、口舌、偷竊、妒忌和惡疾；「三不去」的具體內容是：有所取無所歸、與更三年喪以及前貧賤後富貴。**也就是說，曾經得過人家嫁妝而現在妻子娘家已經沒有人可以投靠的、已經替公婆守過三年孝的、娶妻的時候很窮而升官發財之後想起鬧離婚的，這三種情況都不得休妻——這大概就是中國婦女婚姻僅有的保護措施了。並且，「淫佚」之罪是不在「三不去」的保護之內的。

如果簡單地認為，出嫁時從娘家帶的嫁妝多，婚後地位就高，那就大錯特錯了。時至今日，印度妻子被夫家活活打死的情況還時有發生，原因就是沒給夠嫁妝。可是如果按嫁妝佔其父親財產比例來計算的話，印度新娘已經是這個世界上嫁妝最豐厚的新娘了。

可見嫁妝的多少並非關鍵，關鍵之處還在於婚後這筆嫁妝歸誰支配。這就讓我們想到了羅馬的貴婦，她們透過一年內三個晚上不和丈夫同床的辦法，保住了對自己嫁妝的支配權，她們婚後的地位和性自由，與印度妻子相比真是不可同日而語。

在不同國家和同一個國家的不同時期，嫁妝的多少相差很大。情況紛繁複雜，令人摸不著頭緒。美國人類學家傑克．古蒂提出了一個名為「生計經濟地位」的觀點，認為如果女方的勞動價值不大，女方家為確保女子出嫁後在新家庭中的地位，就必須提供豐厚的嫁妝；反之，男方就要以大量聘禮的形式，為從女方家庭得到一個青壯勞力而支付補償。但這看來只是一個不具普遍性的觀點。一方面，遊牧民族的情況就與傑克．古蒂的論點不吻合。在那裡，男子從事主要的生產活動，女子操持家務，但相較於男方的聘禮，女方的嫁妝卻很少；而另一方面，在印度農村，女子是田間勞作的主要勞動力。可是她們還是得賠上大筆的嫁妝才嫁得出去。

所以，誰支配嫁妝，實比嫁妝多少要重要得多。在這方面，歐洲與中國的情況仍然有很大的差別。

(1)有錢的歐洲妻子

在歐洲，從羅馬時期開始，妻子便有了對嫁妝的支配權。羅馬帝國滅亡之後，妻子們的經濟獨立狀態又進一步得到改善。這緣於兩個因素，一是日爾曼民族和羅馬民族同樣認為，一個女兒即便出嫁之後，也仍然有繼承娘家遺產的權力。日爾曼人認為妻子從娘家繼承來的財產屬於她的個人財產，丈夫無權處分；二是教會法——為了避免丈夫死後妻子陷入生活困難，天主教會規定，男女結合前必須劃出一筆撫養寡婦的財產，這筆財產在婚姻存續期間不得剋減，否則，任何婚姻契約均不得締結。

透過這個規定不難看出，在中國，丈夫將聘禮付給了妻子的父親；而在歐洲，則是付給了妻子本人。天主教會的這個規定與伊斯蘭教的教規有異曲同工之妙：先知穆罕默德規定，男子娶妻時應盡量少付給女家聘禮，省下錢財用於在新婚的次日早晨做為禮物送給新娘——那通常是一大筆錢，萬一日後被丈夫休掉，足夠她拿它當本錢來做生意養活自己。天主教與伊斯蘭教的不同之處僅在於：天主教徒不許離婚，所以妻子在丈夫死後拿到錢；穆斯林允許休妻，所以妻子剛一結婚就可以拿到錢。這應該就像公積金和工資補貼的區別一樣吧！

除了對嫁妝的支配權外，歐洲妻子還有繼承權。她不僅是丈夫遺產的第一繼承人，而且即便出嫁以後，她也有權力繼承她父母的遺產，只是比她的兄弟分到的要少些。不過，有一條對她特別有利的規定就是：**母親的嫁妝只能由女兒來繼承，其他人無權染指。**

(2)沒錢的中國妻子

中國的情況則和歐洲正相反。女兒出嫁之後，就「生為夫家人，死為夫家鬼」了，娘家透過出嫁時付出的嫁妝，徹底剝奪了她繼承娘家財產的權力。應該說，中國的父母對女兒是慷慨的，大多數時候，嫁女兒付出的嫁妝比娶兒媳婦付出的聘禮要多出不少。漢文帝就曾苦惱於民間風俗對嫁妝要求過高而導致大量溺殺女嬰，因而多次下詔要求婚事從儉。關於宋朝的情況，我們可以從范仲淹立的家法中管窺一斑：范家嫁女支錢三十七貫還鄉、改嫁支錢二十貫；而娶婦則支錢二十貫，再娶不支。

但是中國妻子也和印度妻子所面臨的境遇一樣：付出的這麼多嫁妝，卻不歸自己支配。各家的婆婆在收到大筆嫁妝之後，虐待起兒媳婦來絲毫未見手軟。婆婆們的理由是：俺家嫁閨女的時候，也得給這麼多。

可是翻開歷史，我們發現，中國妻子並不是從一開始就喪失對自己嫁妝的支配權的。漢及魏晉，中國都處於人少地多的情況，女子也能從國家領到份地，面積大概是一個男丁的三分之二。而且，根據男耕女織的思想，國家分別對男女徵收賦調——也就是說——男人繳納地租，女人繳納麻棉絲帛之類。到了隋煬帝的時候，中國開始進入人多地少的時期。當十七世紀歐洲發生同樣的事情時，無地的人要嘛留在農村給別人當雇工，要嘛被趕到城市中去淪為赤貧，為日後資本主義的產生埋下了種子。在中國，統治者的解決辦法則是把婦女趕回家——自隋朝起，婦女再也不用繳稅和承擔徭役了，相應的是，她們也不再得到土地了。

那麼，既然婦女經濟地位的陷落是始於隋朝，何以她們性自由的喪失並不是始於隋唐，卻始於宋元，而盛於明清呢？原因則在於隋唐的皇族與鮮卑有著千絲萬縷的聯繫，整個唐朝是個胡化十分嚴重的時期。從唐高宗李治立父親唐太宗的妃子武則天為后、到唐明皇李隆基立兒子李瑁的妻子楊玉環為貴妃，便可看出其早期父系氏族社會父子共妻的風俗遺跡。而我們知道，在這種父權制的早期形態中，必然又會殘存母系社會的一些觀念——女性的社會地位相對較高，性自由的遺風也頗為嚴重。所以唐朝才會有武則天當女皇並大蓄男妾、皇宮內嬪妃屢有穢行以及太平公主的淫蕩和權傾一時。

得益於這些少數民族的習俗影響，唐朝婦女雖然喪失了土地，卻在財產繼承權上得到了補償。與此同時，她們也保持了對嫁妝的支配權。

可想而知，中國妻子喪失對嫁妝的支配權，是與幾代同堂的大家庭和宗族的建立同步進行的。宗族制愈是強大，其中小家庭夫妻的經濟權益就愈是受到侵害。如果一個妻子在街上買點零食都要先交給宗族長，然後再按份額領回自己的一份，又遑論對自己嫁妝的支配呢？雖然相關的法律到清朝才出現，實際上到了明朝，中國的妻子們就已經完全喪失了對嫁妝的支配權。《大清律例》明文規定：改嫁婦女不得帶走嫁妝，聽憑夫家處置。

就這樣，一個中國女人不論生在多麼富有的家庭，或是嫁到多麼富有的家庭，她這一輩子都與財產無緣——父母憑一份嫁妝剝奪了她出嫁後繼承娘家遺產的權利；而嫁到婆家後，她卻失去了對自己嫁妝的支配權。她的任務，僅限於生下能夠繼承財產的男性後代。如果她沒有兒子就守了寡，夫家宗族會過繼一個男孩給她，讓這個與她無關的孩子繼承她亡夫的財產以及她自己的嫁妝；如果要改嫁，那除了羞辱，她什麼也別想帶走。而在帝國政府眼裡，女人根本就不能算人。國家既不給她權力，也不讓她承擔義務。而在法律方面，不論丈夫做了什麼，妻子都被禁止起訴他。

恩格斯將父權制下的一夫一妻制描述為「以通姦和賣淫做為必要補充的一夫一妻制」，這是非常深刻而準確的。區別只在於下層男士更多地選擇嫖娼，因為它乾脆俐落且花費不多；而衣食無虞的上層男士卻更喜歡通姦，因為它帶來了冒險的刺激。戴綠帽子的丈夫和紅杏出牆的妻子——這是一夫一妻這場冗長而沉悶的大戲中跑出來調節氣氛的小丑，深受全體觀眾們的喜愛。

與西方的長子繼承制不同，中國的財產繼承是在所有兒子間分配——嫡出、庶出，甚至私生子都有份。而在歐洲，土地只由長子繼承，次子們離家另謀生路。因為這種繼承制度的差異，當人口增加導致土地資源吃緊的時候，中國和歐洲產生出的結果大為不同。**在歐洲，無權繼承土地的次子們湧入城市，孕育了資本主義時代；而在中國，則是剝奪了女子對土地的擁有權，繼而剝奪了她們的財產權和繼承權**。更糟的是，在中國婦女徹底喪失了財產權的同時，國家出於簡化管理層次以及小家庭出於合作供養秀才的需要，促成了宗族的形成。這使得中國婦女喪失了結識陌生異性的機會和最後一點私人空間。於是，中國妻子們連偷偷摸摸地通姦都不能夠了。

毫無出路的悲慘境地必然引發道德上病態的狂熱——「斯德哥爾摩綜合症」。當中國婦女被一副枷鎖束縛得一點也動不了的時候，她就會將這副枷鎖拉得更緊——畢竟，這是她能做的唯一還稱得上主動的事情。正如赫伯特．馬爾庫塞（Herbert Marcuse）（註47）所說的那樣：「最初的暴力征服很快就變成了『甘受奴役』，變成了通力合作，以繁衍一個使受奴役變得愈來愈有價值、愈來愈有意義的社會。這種同一生活方式方法的繁衍規模愈大、品質愈高，就愈是明顯地、必然地表明，所有能夠消除主奴關係並使壓抑不再出現的其他可能的生活方式都已消失殆盡。」

就這樣，妻子們所做的，比丈夫們所要求的還要多——除了不事二夫、不淫佚之外，她們還主動做其他的事情。比如，落水被一個男人救起之後，要將那條被陌生男人拉過的胳膊砍掉；又比如，訂了娃娃親沒多久，男方就死掉了，她也會主動跑到婆家去「守望門寡」……等等。時至今日，我們還是能看到這種病態道德觀的流毒。一個因為丈夫有新歡而被拋棄的離婚女人，往往比未婚做姑娘的時候還要自閉和「貞節」，可是她的這份貞操，又是為誰而守呢？

既然一夫一妻制是男人出於經濟目的建立起來的制度，而他們用於壓迫女性最有力的也是經濟手段。**那麼經濟條件最好的和經濟條件最差的人，就是最不在乎性道德的人。**關於前者，我們已經知道得夠多了；而關於後者，可以從十九世紀資本主義初期的英國為例——那是人類有史以來最像地獄的地方。狹小的廠房內塞入盡可能多的男女工人，彼此間除了傳染死亡率高達百分之七十二的結核病之外，還毫無羞恥地濫交。縫紉女工每週工作七天，每天十八個小時。下班回到不足十五平方公尺的家中之後，立即倒在大床上，像石頭掉進水裡一樣沉睡過去。大床上，還擠著父母和兄弟。屋角放著一張單人床，那是出租給單身的房客賺幾個便士貼補家用的。

有一位不到二十歲的縫紉女工，在「未曾感覺到與人性交過」的情況下懷了孕。一位議員想知道孩子的父親是誰。是她的父親、兄弟，還是那個房客？睡眼惺忪的女工回答道：「這有什麼區別嗎？先生！」

從卡萊爾的文章中我們得知，在這個十九世紀全球最富裕和最強大的國家裡，有一對聰明的夫妻將自己的三個孩子一個一個地毒死，目的在於從慈善機關領取每個孩子三英鎊八先令的埋葬費；而另一對夫妻則比較愚蠢——他們將自己的三個孩子煮湯吃掉了。

試想，在這種情況下，誰還在乎什麼性道德呢？

註46 程朱理學：由北宋程顥、程頤創立，經過楊時，羅從彥，三傳李侗，到南宋朱熹完成。

註47 赫伯特．馬爾庫塞：法蘭克福學派左翼主要代表，被譽為「新左派哲學家」。著有《愛慾與文明——對佛洛依德思想的哲學探究》、《單向度的人》、《理性與革命》、《批判哲學研究》等。《愛慾與文明》是其主要著作之一，聲稱用佛洛依德的精神分析理論來「補充」馬克思主義。

小結

明清兩朝的男人們在把女人徹底調教好之後，反倒失落了起來：娶回家的大、小老婆們一個比一個溫良貞淑，毫無閨房之趣；而外面的妓女雖是風情萬種，卻是用錢買來的。這樣一來，男人們獵奇和征服的慾望，又到哪裡去尋求滿足呢？於是，他們不得已打起自己的主意，玩起同性戀來——這是明清晚期男風勁吹的根本原因。就這樣，當男人取得對女人的「絕對勝利」之後，他自己也會變成輸家。

這不由得讓人想起李敖關於人和狗之間區別的一個妙論：「兩隻狗，只有在看到一根實實在在的骨頭之後，才會打架；而兩個人，會在腦子裡想像出一根骨頭，然後打架。」看來李敖對人的能力還是有所低估。因為，即便一個人獨處的時候，他也會在腦子裡想出一個怪念頭來，然後分別扮演正方和反方，自己和自己打架。人們往往將這個怪念頭取名為「道德」。**說實話，在「道德」這兩個字的名義之下，人類的蠢行和惡行實在是太多了。**

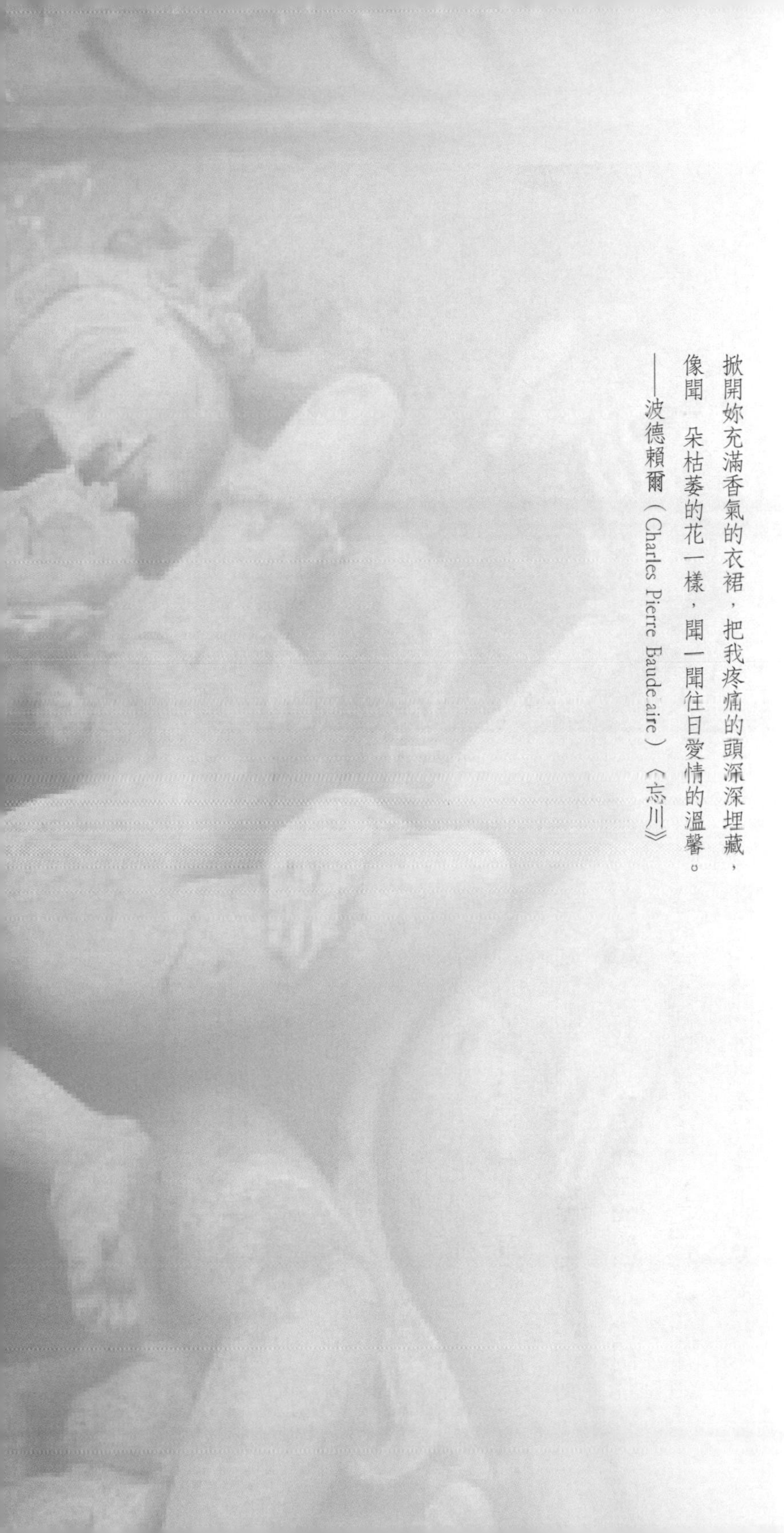

第八章 三位一體的婚姻、愛情和性

掀開妳充滿香氣的衣裙，把我疼痛的頭深深埋藏，
像聞一朵枯萎的花一樣，聞一聞往日愛情的溫馨。
——波德賴爾（Charles Pierre Baudelaire）《忘川》

印度卡傑拉霍古廟石雕　合歡圖

我們已經習慣了這樣的一種觀念，即：性生活、愛情和婚姻應該「三位一體」。也就是說，如果你愛一個女人，那你就應該娶她，然後，一輩子只和她一個人做愛。

在人類四百三十萬年的歷史中，一夫一妻制的時間只有六千年。而將愛情視為婚姻基礎的這個念頭，從產生到現在不到兩百年！看來，令人驚愕的倒不是這個荒謬的念頭何以會產生，而是它怎麼能在如此短的時間內被奉為圭臬（註48）。

愛情、婚姻、性——

讓我們來看看這三個不相干的東西是怎麼湊合在一起的。

婚姻與性

生物有兩種繁殖方式：有性繁殖和無性繁殖。佔據優勢地位的自然是無性繁殖——牠們絕大多數是微生物，靠著把自己一分為二、二分為四地繁殖。而那些有性繁殖的生物——就算是魚，一次能產出幾十萬枚卵，也比不過無性繁殖的生物。更為重要的是，在無性繁殖中，任何有利的變異都能被直接而迅速地複製；而在有性繁殖中，這種效果就要大打折扣。於是，在搶奪生存空間的鬥爭中，微生物們處於攻勢，高等生物們處於守勢。牠們防禦的武器就是性交——透過同類間交換遺傳物質以使後代獲取多樣性，免得在一次流感或SARS中全部死光。這就是性的本質，**它給這個世界帶來多樣性**。

再來看看婚姻：這東西只存在了六千年。它之所以產生，是因為有了剩餘財富，以及男人們想把這些財富傳給自己親骨肉的小心眼。可見現行的婚姻制度，其核心是孩子和財產。不是性，更不是什麼愛情。

可是現在，以產生多樣性為出發點的性，卻被限制在一夫一妻這樣一個制度之下。這個制度的理想是：一個男人一輩子只和一個女人睡覺；而一個女人也一輩子只和一個男人睡覺。

所謂「食、色，性也」，那就拿吃來打個比方：

甲：你最愛吃什麼？

乙：麥當勞的巨無霸。

甲：很好，挺有品味的，那你這輩子只許吃這個！

這就是一夫一妻制與男女雙方性本能之間的根本分歧。從生物本能上看，男女雙方的性取向都是一對多的——這本來就是性的出發點所決定的。美國的一個研究顯示：不論一個男人起先多麼喜歡一個女人，和她連續做愛十五次之後，他的「性」趣就會開始減弱。前些年出現了一個新詞，叫「頂客」（double incomes no kid），意思是兩口子都工作但不要孩子——這真是有史以來最荒誕的男女關係。不要孩子，又有什麼理由結婚呢？一夫一妻這個婚姻制度，出發點就是孩子嘛！相較之下，倒是近年來由「頂客」衍生出的一個新詞「頂思」（double incomes no sex）——意思是兩口子都工作但不同房——顯得更「正常」些。

做為一個丈夫，雖然在十五次之後他的「性」趣就開始減弱了，但在整個婚姻期間——通常，這意味著四十五年左右的時間——如果他只和他的妻子做愛，並在六十五歲之前絕不當「頂思」，那他的婚姻，就是美滿、和諧、幸福的婚姻。說實話，難度夠大的！

有沒有符合上述定義的美滿婚姻呢？有！但不多。不論你進行什麼樣的統計學調查，只要樣本夠大，就總會出現極端情況。有幸成為個別特例的幸福夫妻，其實沒有理由沾沾自喜，要想成為這樣的特例，必須付出心理幼稚和個性發育遲滯的代價。正如美國一位心理學家所說：「任何非要生活得那麼親密的男人或女人就是有病！那是某種不健康因素造成的。」

套用佛洛依德的學說，看來美滿婚姻是這樣形成的：夫妻二人恰好都有一點自戀，還都有程度和類型正好相同的神經官能症，他們彼此透過移情，把情結恰巧都投射到對方身上，並形成「固化」。於是，他們兩人終生美滿、和諧和幸福了——整個過程，看起來像自由體操結束時那一串令人眼花撩亂的高難度筋斗。如此高難度的事情，凡夫俗子們也只有當觀眾的份了。

既然婚姻的實質就是夫妻二人撫育共同的後代，那麼對眾多「頂思」們來說，在已經有了共同的孩子和彼此的性厭倦這兩樣東西之後，又有什麼必要繼續保持對婚外異性的性禁忌呢？卡爾．詹戈說過一句不無道理的話：「夫妻雙方的不忠，是美滿婚姻的先決條件。」注意：他說的是「雙方」，而不是「單方」。**夫妻雙方一樣不快活，是一種平等；可是，夫妻雙方一樣快活，不也是一種平等嗎？**

這個說法一定會遭到女人的反對。女人們總是堅稱：男人們要比她們好色得多。言外之意，即她們對通姦沒有男人那麼熱衷，從中獲取的快樂也較男人要少。

可是，既然每一次通姦都得需要一個偷腥的丈夫和一個紅杏出牆的妻子，那麼，如果說男人比女人更好色，紅杏出牆的妻子必然要比偷腥的丈夫的總人數要多才行。在通姦這件事情上，男女是一定要打個平手的，因為，總得是一男一女通姦吧？國小三年級的學生也會算下面這道題：

⑴每一次風流韻事都涉及一男一女；⑵設定現在有一個由一千對已婚夫妻組成的封閉社區；⑶在這一千個丈夫中，有百分之二十受不了婚內的性厭倦，偷腥去了。因為男人比女人好色（妳們女人自己說的），假如男人比女人好色三倍，那麼，得有六百名妻子出牆才行。

每當聽到有人論及女人不愛通姦，總讓人想起李銀河在其《中國人的性愛與婚姻》一書中所舉的一個例子。一位接受其調查的北京離婚女性對婚內和婚外的性做了比較：「我們（指她與前夫）在離婚後還偶爾有性關係——做為情人。他離婚後和一個女孩同居，每次都是偷偷摸摸到我這兒來。在婚內，每十次性生活我大約只有一次快感；在婚外，十次裡九次有快感……」。

瞧，同一個男人！

除了女人之外，另有一些人也認為男人比女人更熱愛通姦。他們稱自己為「進化心理學家」。

其主張是：

⑴男人比女人更濫交，在性方面更無保留；⑵女人生來就比男人更喜歡一種穩定的關係。

他們論證說：與多個男人性交和只與一個男人性交相比，一個女人所能生出的孩子數是一樣的。所以，她讓一個男人確認她的孩子只可能是他的，而不可能是別的男人的，會讓她和孩子得到這個男人全心全意的照料。

說一個女人最大生育數比男人的要少，所以她在對性配偶的選擇上要比男人挑剔，這是對的。可是要說只和一個男人保持性關係，與和多個男人保持性關係所生孩子數一樣，這就有點誇大其詞了。

一個男人，即使碰巧在女人排卵當天與她性交，讓她受孕的機率也只有不到百分之二十。即使受孕，受精卵在子宮內膜上順利著床的機率也不到百分之七十。據薩拉．赫迪對黑猩猩的統計，我們人類這位最近的親戚平均需要一百三十次性交才能懷孕一次。看來，懷孕這件事情沒有我們想像得那麼容易——把寶全押在一個男人身上並不明智。萬一在一個月只有一次的排卵期中，那個男人出去打獵了呢？又或許，他正在別的女人床上呢？在一個繁殖季節中，如果一隻草原雌犬能有三個性伴侶，牠的受孕率將達到百分之百；可是如果牠是一隻「貞潔」的母狗，那牠的受孕率就只有百分之十二。

可見進化心理學家的這個說法是靠不住的。再說，有什麼根據說讓一個男人百分之百確認孩子是他的，對一對母子是最划算的呢？在漫長的狩獵採集時期，一個女人的策略恰好是把水攪渾，讓盡可能多的男人認為他可能是她的孩子的父親——這就是我們前文提到的「多父」理論。也就是說，恰恰是女人為了孩子的利益，才更熱衷於濫交。讓很多男人對自己的孩子「有好感」，好過要某一個男人百分百負全責。因為，男人的責任感終究不是那麼靠得住。

另一個女人——只要她稍微白淨一點、胸圍大一號、再年輕個三、四歲，就足以讓男人的責任感蕩然無存。所以，採取「多父」策略的雌性幾乎包括了所有的靈長類，以及存在至今的人類母系社會。女人的貞潔，完全是源於後天的文化建構，而與生物本能相違。前文提到的巴拉圭北部的埃克印第安人，每個孩子通常至少會有三個父親：第一個是他出生時與他母親有婚姻關係的男人；第二個是他母親懷孕前後與她睡過覺的男人——這種父親通常不只一個；第三個父親，則是他母親自己確信使她受孕的男人。在對待孩子的態度上，這三個父親並沒有什麼差別——都相當不錯。

放眼封建時期的歐洲，我們也並沒有發現經濟完全獨立的貴婦其天性中有多少「從一而終」的傾向。事實上，在彼此共用丈夫和妻子的貴族社交圈裡，提出分手的往往是情婦一方。只是她們往往比較精明，將「始亂終棄」的帽子做為分手的禮物，送給了男方。「我花了兩個星期，把各種招數都使出來了，冷淡、耍脾氣、大發雷霆、吵個沒完沒了，可是怎麼也擺脫不了那個黏住我不放的情人」，德．瑪莒侯爵夫人在給她朋友的信中寫道，「於是，我決定帶他去旅行——只有我們倆，到那時，我要給他大量的溫存和愛情……我願意打賭，賭什麼都行。他會比我更慌著結束他現在那樣嚮往的旅行。我們回來之後，他會受不了我，就像我現在受不了他一樣……」此外，喜歡以當妓女為消遣的不僅是羅馬貴婦，十五世紀德國富商的妻子和亨利八世在位期間的英國宮廷貴婦，也都熱衷於此——在酒窖裡、在高等妓院的大廳中，總是那些矇著厚厚面紗的女人們最起勁，還不要錢。

然而，為了證明「男人比女人更愛濫交」的結論，進化心理學家們還做了個試驗：找幾個靚女帥哥，跑到大學校園裡去分別勾引男女大學生。結果：願意發生性關係的男生是百分之七十五；而願意發生性關係的女生則是零。於是進化心理學家們得出結論：男人比女人更喜歡濫交。

可是，這樣的試驗結果靠得住嗎？在一個同時有十個女朋友被譽為風流倜儻，而同時有兩個男朋友就會被斥為「母狗」的社會裡，在一個男人普遍富於攻擊性、女人嚴重缺乏安全感的社會裡，這樣的試驗又有什麼意義呢？

一九九一年，當時女子網壇排名第二的莫尼卡．塞萊斯（Monica Seles）抱怨說，既然巴黎網球公開賽男女比賽的觀眾人數和贊助商的支持都差不多，為什麼女子的獎金總額還不到男子的三分之二呢？就這個問題，記者請當時排名第一的格拉芙（Stefanie Maria Graf）和排名第三的費爾南德茲（Lisa Fernandez）發表她們的看法。

格拉芙的回答：「我們賺得足夠了，我們不需要更多。」

費爾南德茲的回答：「我對我們所擁有的很滿意，我不認為我們應該貪心。」

塞萊斯並不缺錢，她的職業總獎金數達到一千一百多萬美元。她想要的，只是男女平等這麼一種感覺。但是，率先站出來反對她的，居然是她的兩個同行。無疑，格拉芙和費爾南德茲是討人喜歡的，她們符合這個男權社會的主流價值觀。這個社會更喜歡庫爾尼科娃（Anna Kournikova）——雖然排名已跌至一百名外，可是人長得性感。球場上獲勝的次數不多，卻經常透過「不經意」的走光讓男人們看到他們想看到的東西。這才是乖女人！所以，這個社會讓她賺很多錢——比嚷嚷著要男女平等的塞萊斯還要多的錢。

假設你被關在一間牢房裡長達六千年之久。如今牢門突然打開了，你是歡呼雀躍呢？還是惴惴不安？你有跨出這牢房的勇氣嗎？你做好走出去的心理準備了嗎？今天，像格拉芙和費爾南德茲那樣有錢的女人少之又少，絕大多數女人在經濟上仍然需要依靠男人。既然格拉芙和費爾南德茲都仍然用男人灌輸給她們的思維模式來思考，我們離真正的男女平等，還有多遠的路要走呢？

六千年的時間裡，男人給了女人兩樣東西：一副枷鎖和對喪失這副枷鎖的恐懼。當枷鎖被打開之後，恐懼卻陰魂不散。女人在恐懼中囁嚅著：「我要一個丈夫，我要結婚。」就這樣，她光榮地成為一名已婚婦女，透過從屬於某個男人，得到了這個男權社會的認可和接納。

對於進化心理學家們得出的關於「女人天生貞潔、天性喜愛家庭生活」的信誓旦旦的所謂結論，西蒙娜・德・波伏娃（Simone de Beauvoir）（註49）早有預見地事先就做好了回答：「女人不是天生的，女人是被造就的！」

註48　圭臬：標準、準則和法度，可以據此做出決定或判斷的根據。

註49　西蒙娜・德・波伏娃：也譯為西蒙・波娃，是法國存在主義作家，女權運動的創始人之一，存在主義大師沙特的伴侶。

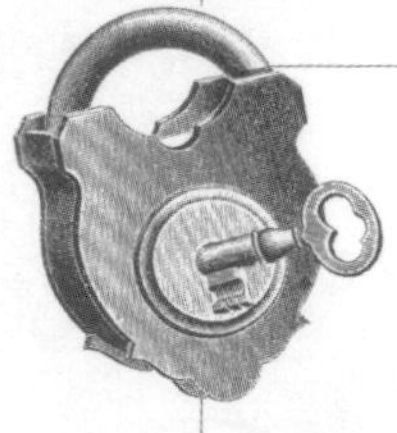

婚姻與愛情

李銀河在其《中國人的性愛與婚姻》一書中，引用了前蘇聯拉里科夫的一個研究報告，那報告的名字叫《僅僅靠愛情？》——看起來更像一本小說的名字。

拉里科夫發現：在接受調查的一萬五千個人當中，因為愛情而結婚的百分之百不幸福；因為利益而結婚的，百分之七十不幸福；而那些很低調的人——因為別人都結婚，自己才結婚的，反倒是結果最好——覺得幸福的比例是百分之四十五——快到一半了。

這結果讓人想起了那句老話：婚姻是愛情的墳墓。

在一萬五千個人中，因為愛情而結婚的百分之百不幸福！可是同時，我們又都相信這麼一句話：「沒有愛情的婚姻是不道德的。」這可讓人如何是好呢？難道出路真的只剩下一條——在不道德中找尋幸福？這不就是通姦嗎?!如此說來，現代人的婚姻觀居然與中世紀天主教的婚姻觀有異曲同工之妙，都為結婚的人只留下通姦這唯一的一條生路。

事情上，現代人比中世紀的天主教徒更加走投無路。因為，一個天主教徒至少還有權忍著不去通姦而「道德地」生活。可是現代人，在家憋著也是不道德，出門去通姦也是不道德。實在是無法想像了。

又或許，在通姦之外，我們還有另一種選擇——放棄將愛情視為婚姻基礎這樣一個怪念頭？可是，這怪念頭又是從什麼時候開始的呢？

布蘭登（Nathariel Brandon）在其所著的《浪漫愛情心理學》中講了這麼一件事情。

二十世紀三〇年代，英國人類學家奧德利．理查跑到北羅得西亞（註50），與那裡的原住民班巴人共同生活了一段時間。有一次，他給這些班巴人講了一個老套的英格蘭傳說：一個王子爬過玻璃山、穿過大狹谷，又與一條惡龍進行殊死搏鬥，歷經千辛萬苦，克服重重困難，終於救出了自己心愛的姑娘，並和她結了婚，從此過著幸福的生活……

聽完故事，班巴人面面相覷。最後，長老代表大夥問了這樣一個問題：「他為什麼不另找一位別的姑娘？」

在古老的氏族部落，既沒有婚姻，更沒有愛情。那時候的情況和現在正相反：**匱乏的是食物，而不是性機會**。每一個女子都盡量滿足身邊每一個男人的性需求——這既符合她的天性，又符合她所屬部落的利益。可想而知的是，那種為我們所熟悉的、排他性的男女關係，在當時既沒有發生的理由，又沒有生長的土壤。即使偶爾發生了，也一定會遭到氏族其他成員的一致譴責。

所謂愛情——如果有這東西的話，是一定要建立在男女平等基礎之上的。如果你的妻子是買來的，你又怎麼能稱得上愛她呢？在女性喪失了經濟獨立的地位之後，如果她們幸運地討得丈夫的歡心，她們得到的絕不是愛，而只是寵愛——像一隻寵物一樣地——得到愛。

想當初，中國的一對夫妻剛行完房後的場景，一定是十分有意思的。妻子感激不盡——因為丈夫又一次讓她「承恩了雨露」；而丈夫自然是洋洋自得——他又一次透過採納陰氣的方法達到了強身健體的目的。他甚至驚喜地發現，原來儒家「仁義禮智信」這五種美德，居然全部濃縮在他的陽具之中：「夫玉莖意欲施與者，仁也；中有空者，義也；端有節者，禮也；意欲即起，不欲即止者，信也；臨事低仰者，智也。」瞧！就連陽痿都成了美德之一。男人的美德當然不僅限於陽痿，其他方面還有很多——比如說，好色。《飛燕外傳》的作者一本正經地說：「夫淫於色，非慧男子不至也。慧則通，通則流，流而不得其防，則百物變態，為溝為壑，無所不往焉……」如果說這樣的夫妻之間存在愛情，那不也太滑稽了嗎？

事實上，對妻子表現出太多的柔情蜜意，自然會有損於一個丈夫的男子漢氣概，這對於他建立一家之主的尊嚴是十分不利的。所以，男人們認為愛自己的妻子是一件卑鄙下流的事情——對一個有教養的男人來說，繾綣纏綿的愛情，只應該用在一個精通音律和詞賦的歌妓身上。那才算有品味。這種觀點，直到一百年前還管用。

而希臘人乾脆連與歌妓之間的感情也加以嘲笑：既然女人在身體和精神上都遠遜於男人，那麼「愛」這個偉大的字眼，就只應該存在於男人和男人之間。現在的人們把精神戀愛稱為「柏拉圖式的戀愛」，這是個天大的錯誤。如果柏拉圖（Plato）死而復活，他一定會面紅耳赤地為自己辯解道：「我指的可不是那個意思，我說的是男性同性戀，壓根兒沒有女人的事！」

希臘男人對女性毫無尊敬可言。他們所追求的那種恬然超脫的氣質，也不允許他們對妻子產生細膩的感情。與妻子性交只是為了生孩子——這是唯一的目的。當發現狗在生育方面比妻子更在行之後，他們便大力推行「後進位」——僅限於夫妻之間的房事。而與妓女行房，則可以花樣百出。《梭倫法典》（註51）規定，男性公民每月必須與妻子行房兩次——以盡一個公民對城邦所負有的不可推卸的義務和責任。而至於兩次以上，梭倫本人則認為毫無必要。當時，誰要是一個月和妻子行五次房被別人知道了，一定會被當作一個鄉巴佬而加以嘲笑——簡直是毫無品味，惡俗到家。不過，梭倫把夫妻房事訂為每月兩次也委實有些過低了。要是當初把兩次上調到七次的話，希臘和馬其頓誰輸誰贏還不好說呢！

而羅馬人，他們天生就是農民。任何細膩的東西都是與他們的大腦不相容的。他們只喜歡三樣東西：戰爭、角鬥場表演和粗鄙的情慾。後者，主要從女奴和別人的老婆那兒得到滿足。羅馬人尊敬自己的妻子，因為她是他的管家、他朋友的妹妹以及他孩子們的母親。他甚至給予妻子財產權。只是，他不愛她——因為，他沒學會這個。

到了中世紀，歐洲的夫妻之間就更不可能有愛情了。因為照天主教的說法，大家都認為性是罪惡的，**婚姻只不過是通姦的替代品**。雖然從世俗觀點來看，通姦是比結婚更大的罪惡，但教士階層卻是要守獨身的——只有這樣，才能確保各修道院的錢財流進教皇的腰包。所以，在教皇眼中，教士與女人的關係愈是長久、愈是具有約束性，對他利益的損害也就愈大。於是，相較而言，教士嫖妓的罪惡最輕，其次通姦，再其次是包養情人，最為罪大惡極的，就是結婚。這個順序，和世俗觀念恰恰相反。

為了調和這個矛盾，教會便只有一條路可走——不遺餘力地貶低世俗階層夫妻間的感情。於是，教會在規定婚姻為聖事的同時，卻不許男人愛他的妻子，因為這與婚姻出於生育的目的是相違背的。

「對妻子熾熱的愛是會破壞婚姻的」，神父希隆尼穆斯說，「沒有任何事情比愛自己的妻子如同愛情婦一樣更恥辱的了。」看！**愛自己的妻子，丟人；愛別人的妻子，不丟人——這就是天主教關於婚姻與愛情之間關係的看法**。而另一位神父皮特．隆巴德，則為教會的態度做了更精練的總結：「任何男人都不應該愛自己的妻子……男人對妻子的愛情過於熱烈，便是比通姦更深重的罪過。」可是，怎樣對待自己的妻子就算是「過於熱烈」了呢？

前文我們已經提到過，教會規定了夫妻間每天行房僅限於一次，而一年當中，卻有多達兩百七十三天的齋日或宗教節日——這期間是不能行房的。不然，生出的孩子就會是先天殘疾。終於等到了可以行房的日子，妻子還得全身裹得嚴嚴實實的——「只需露出必要的那個小孔即可」。另外，行房期間還要杜絕一切撫摸，並僅限於一種姿勢。所有這些外在的束縛倒還是無關緊要的，說不定，這反倒給夫妻間的性愛平添了一份「偷情般的刺激」。真正要命的是，教會反覆告誡夫妻二人：最細微程度的性快感的產生，都是魔鬼撒旦附體的徵兆。不單是實實在在的性快感，就連平日裡出現在腦子裡的慾念，也都是極其危險的罪惡——得趕緊去教堂找神父做懺悔，一五一十、詳詳細細地說清楚。可想而知，在這種情況之下，十之八九又會發生薄迦丘在《十日談》裡講的那個故事：教士從褲襠裡掏出他的「魔鬼」，將其送入女教徒的「地獄」裡去了。

嚴格意義上說，「愛情」這個字眼誕生於十二世紀的法國南部普羅旺斯宮廷，也就是「騎士之愛」。和絕大多數人的想法不同的是，那時的騎士大字不識一個，毫無風度可言。並且他們與貴婦之間的愛，是絕不摒棄于飛之樂的。之所以產生騎士之愛，完全是因為通姦太普遍、太容易，以致於倒了胃口。正如一項遊戲發展到一定規模之後就要制定遊戲規則，以增加遊戲的趣味性和觀賞性。於是，通姦也開始有了自己的規則。

騎士的遊戲規則：

⑴每一個騎士，要向所有人公開他愛慕的對象；⑵這個騎士要無條件滿足他「榮譽的託管人」所提出的任何要求。

騎士們因為不識字，制定的規則自然粗糙而顢頇，而做為他們的「榮譽託管人」，貴婦們的遊戲規則就要正規了許多。一一七四年，香檳伯爵夫人「在極為謹慎地徵求了許多位夫人的意見之後」，通過了一個正式的「愛情準則」。在具體的條款之前，它居然還有一個前言：

「根據本檔的要旨，我們宣布，兩個婚姻配偶之間不一定有愛情；因為情人必須相互無償地奉獻一切，絕不再有任何保留的動機……」。

接著，便是二十多條正式的條款，在此摘錄幾條：

⑴婚姻絕不是排除（與丈夫之外的人）有愛情的充分理由；⑶任何人都不能同時佔有兩個情婦；⒁愈是容易征服的情婦愈讓人看不起；愈是難以征服的情婦愈叫人渴望；⒆愛情一旦萎縮，死亡在即，很少死灰復燃；⒇真正的嫉妒總會提高愛情的價值；㉕在真正的情夫眼裡，只有他情敵中意的東西才有價值……

將上述條款中的情夫和情婦分別用丈夫和妻子加以代替的話，它居然完全適用於今天的婚姻觀。看來，我們今天的婚姻規則，竟然是對八百多年前通姦規則的抄襲?!

那時，一場風花雪月的情事通常都是極具戲劇效果的：一個貴婦需要極大的智慧，來為她的騎士設計出各種非常富於創意的任務。這個任務，既要能在社交圈引起轟動，又要有足夠的難度，還不能讓她的情郎有性命之虞。而她在社交圈裡的對手，則會命令她的騎士去做相反的事情。就這樣，這兩個騎士最後總免不了要在決鬥場上爭一個高下。他們各自在胸前別上一塊代表己方貴婦顏色的布條，一陣砍殺之後，失敗者落荒而逃。而勝利者，則可同時享受到兩位貴婦的芳澤——己方貴婦獻身於他，是出於義務；而對方貴婦的主動投懷送抱，則完全是出於「對勝利者的仰慕」。依照慣例，肉體的接觸意味著這場遊戲的結束，也同時意味著下一場遊戲的即將開始。

由此可見，被譽為「至高無上的愛」的 amour，必須滿足以下四個條件：

⑴雙方都是同一階層的人，意即貴族；⑵女方必須是別人的老婆——未嫁的姑娘不在考慮範圍之內，而與自己老婆產生 amour，則完全是個笑話；⑶肉體關係發生之前，一定要有一個長時間的「未遂」階段，以增加趣味性；⑷肉體關係發生之後，雙方關係要結束得乾淨俐落，絕不拖泥帶水。

這個遊戲實在是太有意思了，以致於它在每一個歐洲人的思想深處都打下了不可磨滅的印記。時至今日，在現代人的戀愛婚姻觀中，也感覺得到這種「騎士之愛」濃郁的氛圍。愛德華．博克斯在其《歐洲風化史》中這樣寫道：「在所有國家中，個人情愛在歷史上第一次重大的勝利確實不是以夫婦情愛的形式出現的……換句話說，**較高級的愛情形式在歷史上是從通姦開始的——整個階級有系統的、雙方情願的通姦。**」

正是被譽為「騎士之愛」的這種有具體規則的通姦，提高了人們在愛情方面的品味。而在此之前，男女之間的情愛總是顯得過於粗俗。因為沒有長長的調情期，男女像兩隻甲蟲一樣發生關係——直接、粗魯而單調；在「騎士之愛」的遊戲規則發明之後，人們將興趣從性交本身轉移到前戲上。身陷一場情事的男女變得愈來愈像進入發情期的孔雀、青蛙、鴛鴦或是小丑魚——在複雜而冗長的求愛過程當中，除了一份「做秀」的樂趣之外，還能感受到很多細膩而強烈的情緒——自我實現的驕傲、難以名狀的悵惘、被征服的強烈慾望、柔腸寸斷的未遂——五花八門，應有盡有。

到了中世紀末，貴族們紛紛破落了。如今，有錢的是那些新興資本家。可是在貴族眼裡，這些剛富有起來的暴發戶，不過是些「土包子」而已。一個資本家的女兒要想與一個窮貴族攀親，不拿出幾十萬的嫁妝就休想！勢力愈來愈大的資產階級自然不滿於這種現狀，他們要求與其經濟狀況相稱的政治權力。於是，以出身定特權的制度自然要求被廢止，這就是「自由、平等、博愛」這個口號的由來。需要說明的是，「博愛」這一條在剛被提出來的時候，主要目的還是在於資產階級請貴族老爺們賞臉娶他們的女兒。

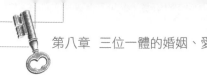

政治權力的重新洗牌，是一定要以道德觀、價值觀的重建為噱頭的。於是，資產階級便從對貴族階層的反動出發，開始建構自己的道德觀、價值觀和婚姻觀。在婚姻觀上，早先的門當戶對、締結婚姻時出於政治和經濟層面的動機、通姦，以及雇奶媽養孩子等等——只要是貴族們所奉行的，就統統不對！既然封建貴族們公開嫖妓，資產階級當權後就到處取締妓院、清除妓女。可是，在婚姻等同於批發性賣淫的前提下，性的零售業又怎麼取締得了呢？結果自然是禁而不絕。只是與中世紀相比，妓女更被大眾看不起了。另外，因為這個行業的風險增加了，她們的收費自然也相應提高。

既然妓女變貴了，那麼，能不能讓減少的嫖妓次數從妻子那兒得到補償呢？不能！維多利亞時期的道德觀是以其偽善而著稱的。那時的女人被教導得對性絲毫不感興趣——至少，表面上應該如此。一個「生活得特別幸福」的年輕妻子對牧師的一席話，頗能代表那個時代的精神風貌：「對那件事我倒並不是很反感。讓我生氣的只是，我沒辦法一邊補襪子，一邊應付丈夫。」

貴族的一切差不多都推翻了。可是，又用什麼來取代呢？

「騎士之愛」的念頭從腦子裡冒了出來。於是，以新時代的道德化身而自居的資產階級們大聲宣稱：締結婚姻的唯一動機，是出於雙方的愛情！

就這樣，這個貴族們本來專門用於通姦的規則，如今被資產階級當作了締結婚姻的基石。

除了錢什麼都沒有的資產階級，在建立起自己的優勢地位之後，其宣導的婚姻觀中有兩條是他們自己萬萬做不到的。第一條是不許通姦；第二條是締結婚姻時不考慮經濟因素。關於資產階級的通姦，《共產黨宣言》裡有一段精闢的論述：「我們的資產階級並不滿足於無產階級把自己的女人和女兒供他們使用，更不用說公開的嫖妓了。他們在互相引誘對方的妻子中找到了主要的樂趣。」如果說他們的妻子與中世紀的貴婦有所區別的話，那也只是動機和形式上的不同——後者，是公開地追求風流快活；前者，則是在偽善的面紗下偷偷摸摸地進行，目的是錢。

十八世紀後期至十九世紀初，巴黎到處都是「情人屋」——介紹你與別人妻子相識的專業機構。如果你在街上被某位婦女吸引，就去找一個情人屋，交一點「仲介費」之後，告訴老闆你的目標大概住在什麼地方、長什麼樣子，剩下的事情不出一個星期就能全部辦妥。

至於說資產階級締結婚姻時不考慮經濟因素，而只是出於「高尚的愛情」，完全只是個笑話。在剛開始出現徵婚廣告的時候，資產階級們一下子還沒學會含蓄，所以，那時候的東西最能說明問題：

「某女，二十歲，猶太人，淺黃色頭髮……嫁妝五萬馬克。唯請受過一流教育、收入可觀、出身上流家庭之首都男士應徵。」

「某軍官，貴族出身，三十餘歲，儀表堂堂，欲結識女士，以結良緣，要求財產至少三萬，信仰不限。」

「某工廠主，三十一歲，經濟狀況良好，誠實正派，容貌出眾，專注事業而無暇交際，欲透過廣告與容貌姣好之年輕女性結識。希望對方擁有財產十五至二十萬。請寄照片和財產資料至……仲介勿擾。」

「某知識份子，大學畢業，黑髮，為人熱情，欲結識家庭及財產均獨立之名門淑女、大家閨秀，寡婦或離異不限……」

就這樣，「愛情是婚姻的唯一目的和動機」的這一理念，被資產階級口是心非地提了出來。婚姻臉上非但沒有擦掉「財產」這塊污漬，又多了「愛情」這塊泥巴。對於上述主張，資產階級自己一天都沒有身體力行過。當初他們之所以提出這個主張，一是出於反對貴族特權的需要，二是他們在發跡前，對貴族們的「騎士之愛」心儀已久。

不過，這個師出古怪卻擲地有聲的口號，卻恰好與廣大無產階級勞動者們一拍即合——雖然他們的口袋是空空的，大腦裡可是充滿了熾熱的幻想。於是，他們一對接著一對地，為了「純潔的愛情」結婚去了。

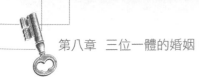

這種荒唐的局面就這樣形成了：婚姻的初衷是共同撫養孩子，並讓孩子得到他父親的遺產。出於這個目的，婚姻是應該長久而穩定的；而與此同時，現在的人又要求從這維繫一生的婚姻中，天天都要像通姦一樣快活。這委實是難以做到。於是，必然出現的情況就是——正如赫拉德．申克所

說——「從十八世紀末開始，愛情婚姻的思想愈來愈強烈地陷入了婚姻機制範疇的對立面，也愈來愈削弱了婚姻的機制範疇。」

戴尼斯・德・盧熱蒙（Dennis de Luremeng）用這樣一句話為婚姻和愛情之間的關係定了調：「愛情和婚姻就其本質來看是不可協調的。其本源和規定互相排斥。」

所以不難理解，為什麼會出現離婚率愈來愈高，「因為愛情而結婚的人百分之百不幸福」這些現象。**既然不幸的婚姻是如此普遍，人們就不應該只在個人層面上沒完沒了地檢討，而應對這個制度本身加以重新審視**。因為，如果你改變不了一件事實的話，那就只好改變對它的看法了。

「婚姻必須重新被理解成終生命運的共同體；要求婚姻幸福的錯誤認識應對現在的不穩定狀態負責；婚姻機制從本質上說並不意味著幸福的狀態，而是意味著一種悲哀的狀態。」這是一九二五年一個德國伯爵的看法。無疑，這位伯爵有些懷舊的情緒並一定受到過叔本華的影響。可是即使放在今天來看，他的看法是不是也很有幾分道理呢？

註50 北羅得西亞：尚比亞的舊稱。一九六四年十月尚比亞獨立後這一名稱已廢棄。

註51 《梭倫法典》：梭倫改革是雅典城邦乃至整個古希臘歷史上最重要的社會政治改革之一，它為雅典城邦的振興與富強開闢了道路，奠定了城邦民主政治的基礎。梭倫的政治改革，涉及面相當之廣，被編成一部《梭倫法典》，刻在城市中心的木柱之上。

愛情和性

既然婚姻與愛情是天敵、婚姻與性也相處得非常不融洽，那麼，愛情和性這兩者，總該「相處甚歡」吧？可是偏不！**天主教文明留給現代人最大的「饋贈」，正是「性」與「愛」之間絕無調和可能的矛盾**。雖然我們中國人發明了「性愛」這麼一個極富智慧的新詞，可是實際上，至今我們還是深受這個自歐洲傳來的疾病的困擾。這病的名字，就叫「聖女─娼妓綜合症」。

這個病的病因有兩個：

一是禁慾思想對性竭力貶損的態度。**教會的觀點是：男人的下半身和女人的全部，都是魔鬼撒旦的創造**。另外，任何程度的性快感，都是魔鬼附體的徵兆。因此，「性是不潔的」、「性交是令人作嘔的」。正是因為受了撒旦居心險惡的誘惑，人類才時常陷入性的泥沼而無力自拔。

這病因的第二個，就是對愛情的過度抬高和宣揚。父權制的文明，其特徵就是普遍的性壓抑。性慾──照佛洛依德的說法──被壓抑之後，就得昇華。「力比多」的昇華主要有兩個去向：一是對事物本質的好奇和探究，以及對財富的過度追求──無疑，這極大地加速了人類科技和物質文明發展的腳步；第二個去向就是藝術——繪畫、雕塑、音樂、文學和詩歌，在哪一個領域裡不是愛情題材佔有壓倒性優勢呢？一些非常極端的愛情故事，藉助藝術的形式廣為傳播，使得人們被愛情感動的係數愈來愈高，希望被感動的期盼也愈來愈強，人們變得愈來愈貪心，可是又愈來愈不容易感到滿足。做為一百九十三種靈長類動物之一，人類把自己的發情期描述得實在是太感人了，以致於我們陶醉於發情期本身，卻忘記了發情的初衷。順便說一句，人類全年發情期——天天忙於壓抑、昇華和陶醉於前戲。

於是，一方面是性被打倒在地，再踏上一萬隻腳。可是另一方面，卻是愛被捧上了天，由眾多繆斯女神伺候著。愛情是如此嬌嫩，以致於沾上一丁點現實的東西——婚姻、性、財產——都會頓時香消玉殞。聯想到愛情這東西只是在性壓抑之後才出現的新事物，難免讓人對它的本質狐疑起來——難不成，它只是憋得滿臉通紅的男男女女們一起發的一個癔症？

說到愛情的本質，見於書籍的汗牛充棟，可是沒有什麼人比戴尼斯．德．盧熱蒙說得更透徹了：「與愛情相對的一切都維持了愛情。特里斯坦和伊索爾德並不相愛……他們所愛的是愛情，是相愛本身。」赫拉德．申克（Schenk H）對這句話又做了進一步的強調：「相愛的人本來就不是為了滿足慾望，而是為了繼續相愛這一狀態。」看！重點其實並不在於相愛，而在於相愛感。

瞧！這兒就有兩位熱戀中的年輕人：在午後的陽光下，他們一邊呷著香濃的咖啡，一邊將塞尚與雷諾瓦比較了一番。接著，又聽了幾首巴赫。在一起背誦了幾首婉約詞之後，漸漸意亂情迷起來。從怯生生的拉手，到羞答答的撫摸——目前為止，一切都很美好。可是，等脫光了衣服之後，我們的男女主角是多麼的失望呀！女主角發現：剛才談吐儒雅、才思敏捷、風度翩翩的青年才俊，居然有一個如此巨大而醜陋的陽具；而男主角也悲哀地發現：剛才舉止賢淑、吹氣如蘭、千嬌百媚的女神，居然長著一個黑黢黢的性器官！於是，幻想破滅。雙方各自掩面……

在所有的生物中，唯有人類會因為他們長著性器官而感到不好意思，也唯有人類，會因為不得不排泄而感到萬分羞愧——這實在是太不羅曼蒂克了。當斯威夫特（註52）發現他的情人居然會大便，不由得心如刀絞，悲從中來，當即做詩一首：

啊！我親愛的人兒，我親愛的西維亞，

她在大便，她居然在大便！

註52 斯威夫特：英國－愛爾蘭作家，諷刺文學大師，以《格列佛遊記》和《一個桶的故事》等作品聞名於世。

小結

有些印度人非常可愛。他們的女孩子早在七、八歲時就訂了親。在等待出嫁的漫長日子裡，準新娘們享受著充分的婚前性自由。唯獨，不能和未來的丈夫睡覺。只有這樣，這位丈夫才能成為她「唯一」的男人——結婚的時候，他是村子裡唯一還沒和她睡過的男人；婚後，他是唯一和她睡覺的男人。於是，這位幸運的丈夫甚至在結婚前，就充分享受到了「獨一無二」的尊崇。

愛情與性的關係，也並不比婚姻與性的關係更正常些。昆德拉（註53）寫過一部小說，說的是一個漂亮的女護士，發自內心地愛上了一個年輕醫生。這一前所未有的心動是如此的真摯和深邃，以致於她經過深思熟慮之後，做出如下決定：和全院的男人，上至院長、下至燒鍋爐的全都睡一次，唯獨不和她的心上人睡覺。她是這樣考慮的：在她愛上他之前，她是和男人睡過覺的。那麼，如果她和他睡覺，不過是讓她的心上人與某些男人一樣罷了；可是，如果她不和他睡覺，他又和那些她還沒睡過的男人一樣了。所以，為了能給予她真正的情人獨一無二的地位，出路只有一條——和除他之外的所有男人睡覺。

而說到婚姻與愛情的關係，其實也是大大的不妙。希臘詩人帕拉塔說：「婚姻只能給男人帶來兩天的幸福，一天是把新娘帶上床，一天是把她送進墳墓。」但是，妻子通常都比丈夫年齡小，卻又活得長，所以有機會送妻子進墳墓的丈夫並不多。每念及此，怎不令已婚男士們心如刀割，痛不欲生啊！

註53　米蘭・昆德拉：捷克小說家，生於捷克布爾諾市。一九六七年，他的第一部長篇小說《玩笑》在捷克出版，獲得巨大的成功。曾多次獲得國際文學獎，並多次被提名為諾貝爾文學獎的候選人。主要作品有《小說的藝術》、《不能承受的生命之輕》等。

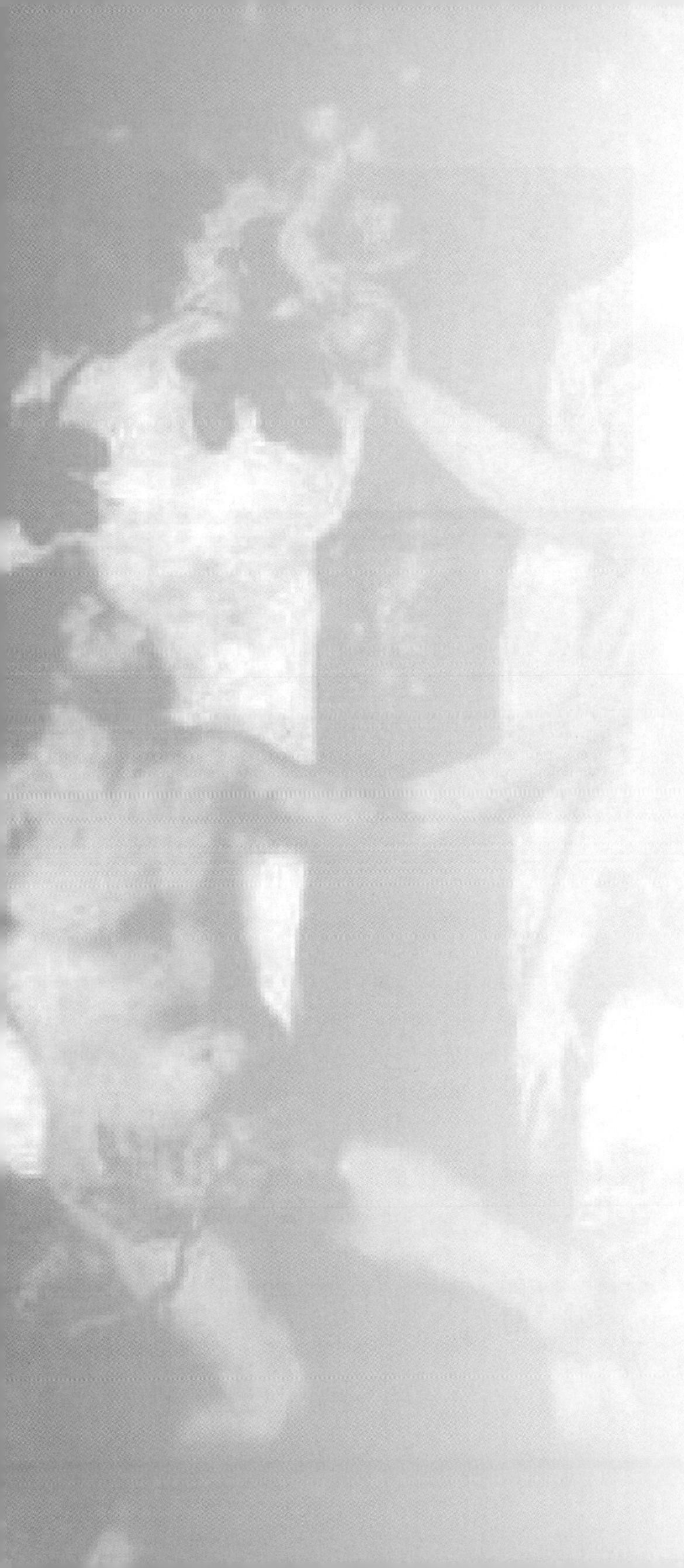

第九章

很多人想出很多辦法，事情卻變得更糟

慾望產生思想，思想產生行動。

——D．H．勞倫斯（D. E. Lawrence）（英國作家，代表作《查泰來夫人的情人》）

亞當夏娃偷吃禁果

先要進行如此這般一番複雜而精妙的思考，然後才肯去性交，這大概就是人類與其他生物之間的根本區別。至少我們已經知道，使用工具已經不能算是人與動物之間的根本區別了。而至於語言能力，座頭鯨和海豚也極有可能具備。

啟蒙運動之後，人人都有了思考的權利和習慣。於是，西方人圍繞著愛情、婚姻和性三者之間的關係這一主題，展開了熱烈的討論，有人甚至還將自己的主張付諸實施——在實踐中檢驗一下看看到底是不是真理。一時間，恍如中國兩千年前先秦諸子的百家爭鳴，熱鬧了好一陣子。

種種解決問題的嘗試，不過就是在婚姻、愛情和性三者中，抬高或貶低其中之一的地位，再不就是否定某兩者之間的關係。總的趨勢可想而知，肯定是抬高性的地位而貶損婚姻的。

狂飆突進運動——中年人的選擇

以歌德和席勒為代表的這個運動，內容沒有它的名字那樣嚇人。又因為其影響所及僅限於文學、戲劇圈的小部分知識份子，所以流傳也不廣。他們主張用兩元化的方法來解決問題：婚外有一個情投意合的戀愛關係，同時卻不放棄穩定的家庭。與時下「家裡紅旗不倒、外面彩旗飄飄」的流行相比，兩者都給予家庭足夠的尊重，只是歌德和席勒們對婚外激情的精神品質要求更高——他們自稱這是他們追求婚外關係的主要動機，雖然他們完全不反對肉體接觸。

因此不難看出，「狂飆突進運動」不過是將中世紀貴族式的、天主教式的通姦資產階級化、知識份子化罷了，完全沒有觸及矛盾的核心。**這種兩元化的選擇，出發點就是在婚姻與個人性愛之間尋找相容的辦法**。因而，有家有業的中年人多傾向於這種選擇，也就不足為奇了。

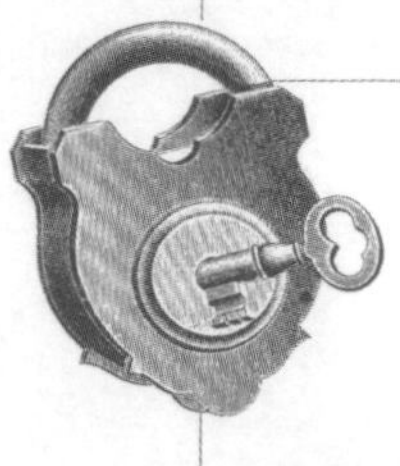

浪漫派——光腳年輕人的鍾愛

到了十八世紀末和十九世紀初，出現了一個當時名噪一時、至今餘音嫋嫋的新思潮，這就是浪漫派。它透過將性提到與愛情相同的高度，治好了「聖女—娼妓綜合症」。浪漫派宣稱：愛情的根本就在於精神愛情和肉慾愛情的完美統一。而為了達到這一完美狀態，「女性精神和肉體的完全平等」是必不可少的——這正是「浪漫」二字討女人歡心的地方。

可是我們已經知道，要產生愛情的感覺，就一定要有性壓抑。而浪漫派所追求的卻偏偏是「精神愛情和肉慾愛情的完美統一」，這就好比把火柴的兩頭一起點著。所以，浪漫的人這輩子會比別人多用很多火柴，也就是可以理解和預見的了。

有東西被強調就總得有東西被輕視。於是，婚姻遭到貶抑——浪漫派宣稱，當一個人遇到「真愛」的時候，他有權，甚至必須擺脫婚姻的束縛，滿心喜悅地去「迎接那發自生命深處的激情的召喚」。正如它的名字所指出的那樣，這個運動太浪漫了，以致於它忘記了人除了「真愛」之外，還是要吃飯的。即便是這個運動的創始者和旗手，在實踐中也把他們的理想演繹得一塌糊塗。

在篇幅達一萬字的《詩辯》中雪萊這樣寫道：「道德最大的祕密就是愛；或者說超越我們自己的本性，把我們自己與他人的思想、行為和人身上的美同一起來。」話說得很漂亮，只是在做的時候，雪萊總是把別人的美連到自己身上，而把自己的麻煩和醜惡連到別人身上。

他結了兩次婚，又都因為找到新的「真愛」而離了婚。可是這卻不是雪萊品行中最令人齒寒的部分。他在詆毀自己的母親與女婿有私的同時，卻幾次試圖勾引兩個親妹妹。為了娶威廉・葛德文（William Godwin）（註54）的女兒瑪麗，他拋棄了第一任妻子哈麗艾特。而關於離婚的原因，雪萊在給哈麗艾特的信中這樣寫道：「妳從來沒有以能使我完全滿足的激情來填補我的心靈，這並不是我的恥辱。」接下來的內容，居然是向已經變成前妻的收信人要錢。這倒與他的一貫風格相一致——在寫給他母親的信中，詆毀其與女婿通姦的後面，是「請把我的電動機和日光顯微鏡寄來」。

與威廉・葛德文一家的接觸，不僅讓他找到了第二次「真愛」並因而有了第二任妻子瑪麗，還讓他有機會誘姦了瑪麗的姐姐范妮，致其服毒自殺。而瑪麗的妹妹克雷爾，雪萊則與之保持長期的私通關係。順便說一句：威廉・葛德文總共就這麼三個女兒。

一八一二年，雪萊去都柏林宣傳愛爾蘭的解放。愛爾蘭從雪萊的宣傳中所得甚少，雪萊卻是不虛此行：在從一個國小老師伊莉莎白・希欽納小姐手中借到一百英鎊（當時那可是一筆大錢）之後，又在一次海邊散步中誘姦了她，然後把她打發回了愛爾蘭。做為他的雇員之一，她被告知會領到每週兩鎊的薪水——薪水總共只發過一次，而借的那一百英鎊，卻從此再也沒提過。

相較之下，浪漫派的另一位旗手拜倫，就顯得「高尚」得多：在威尼斯，他花了兩年半的時間和兩千五百英鎊的費用，睡過「至少兩百個各式各樣的女人——也許更多」。其中有二十四個女人他還記得她們的名字。他甚至曾「高尚地」拒絕了雪萊的小姨子兼情人克雷爾的勾引，只是在她向他保證她早就不是處女——雪萊已經和她睡過之後，拜倫這才肯和她有些首尾，還生下個私生女。

因為完全無需考慮經濟問題，浪漫派詩人們就到處去找女人，找到之後就宣布「她的精神和肉體」得到了「解放」。短暫的「解放」過後自然就是遺忘。如果哪個女人對某個「浪漫的男人」動了真情而不僅僅是逢場作戲的話，她就一定免不了恥辱和悲慘的下場——就像那位愛爾蘭國小教師一樣。

不用說，當然會有很多很多男人願意在額頭上貼著「浪漫」二字，利用婦女性格上愛幻想的弱點，大吃豆腐。他們從來不在女人面前談錢——那多俗呀！只是，如果細心觀察，你就會發現，富婆身邊那些財色兼收的情人們，都是很「浪漫」的。

不過，浪漫派的思想至今卻依然影響著許多人：他們是第一個不歧視性的人，也是第一個口頭上表示男女平等的人——這些都是討女人歡心之處。他們選擇配偶的時候絕不對經濟因素加以考慮。此外，他們還不能容忍「激情已經喪失了」的婚姻。可想而知的是，他們必然都是些頻繁離婚和更頻繁換情人的人。這種摔罈砸罐無所顧忌的極端選擇，自然為年輕人所鍾愛——他們血氣方剛，家裡也沒什麼罈罈罐罐。

註54　威廉．葛德文：英國政治學家和著名作家，出生於一七五六年，早年受過嚴格的宗教教育，後來由於受到法國啟蒙學派的影響，於十八世紀八十年代斷絕與宗教的關係，變成無神論者。主要著作有《政治正義論》、《英聯邦歷史》、《論人口問題》和《凱勒布．威廉軼事》等。

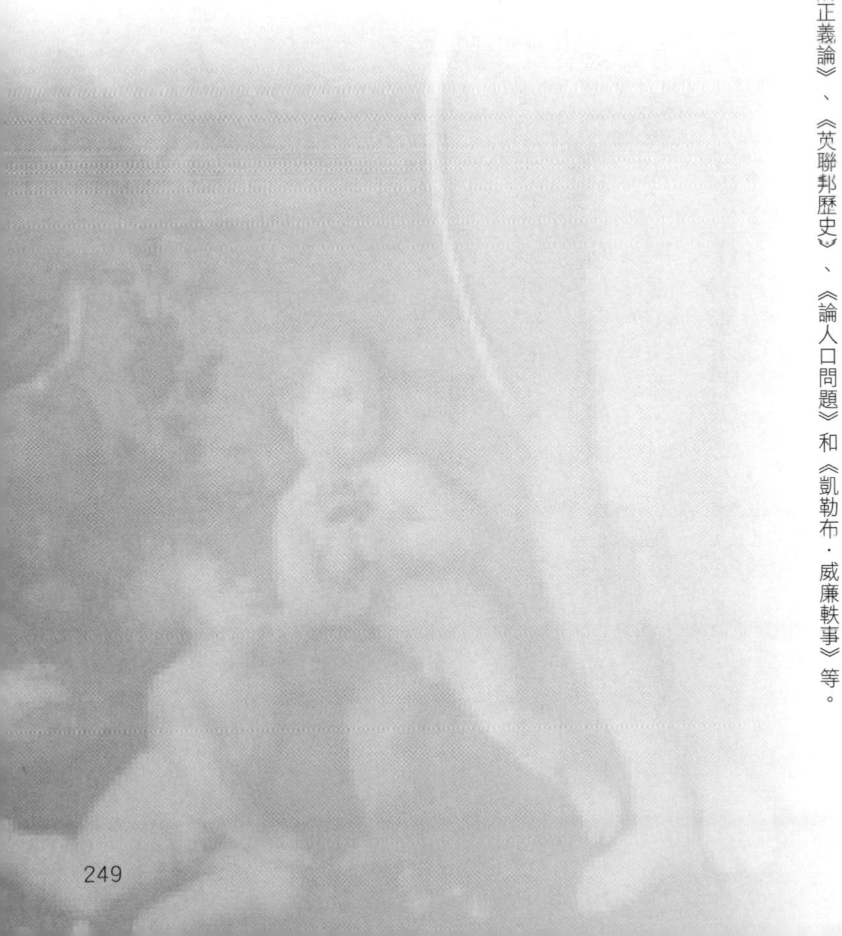

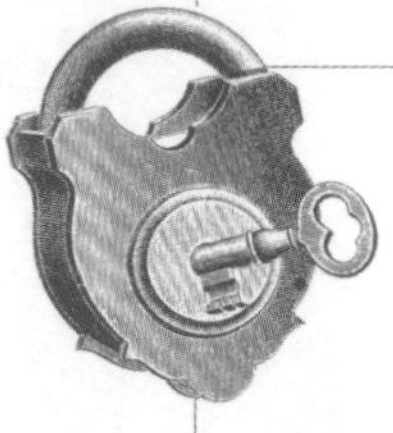

女權主義——一個至今大家都沒弄懂的主張

幾乎是與浪漫派興起的同時，女權主義開始萌芽。只是，那時女權主義的主張及其表達觀點的方式，都與今天的女權主義大相徑庭。事實上，女權主義的發展經歷了大致三個階段：第一就是此時的萌芽期——要求得到一些基本權利，諸如教育權、參政權、想不結婚就能不結婚的權利……等等。那時候，她們的思想主要還是靠著小冊子和文學作品的形式來傳播。可是，有產階級婦女的經濟角色沒有任何改變——她們不工作，沒有收入；而參與工作的無產階級婦女卻又不識字。所以這個階段註定是雷聲小、雨點更小。

女權主義發展的第二個時期是在二次世界大戰之後——戰爭期間鼓勵婦女走出家門參與工作。戰爭結束男人回來了，又重新要求女人回家，女人當然不幹。於是，要求平等的工作權，便成了當時的主要訴求。簡言之，就是「婦女能頂半邊天」、「男人能做的事情女人都能做，有些還能做得更好」之類。其結果，就是婦女擺脫家庭束縛、經濟獨立，進而承擔社會角色。

經濟獨立並走向社會之後，女人們發現不平等仍然隨處可見。於是她們得出結論：光是解決經濟問題還不夠，問題還在於文化的不平等以及社會「以男性為中心」的意識形態。這樣，到了二十世紀六〇年代後期，要求「女性視角」和建立「無性別歧視」的意識形態，便成為第三個發展階段的主要追求目標。

可是時至今日，似乎有多少位女權主義者，就會有多少種女權主張。在受到六千年的奴役之後，女人們終於有了表達自己的權力。於是，心情激動的女人們在沒想好應該說什麼之前，就匆匆跑上了講臺。可想而知——在很多問題上，女人們之間的分歧甚至比她們與男人們之間的分歧還要大。有時候，女人們之間也能達成統一的意見，然而那意見，絕對是我們這些缺乏女性視角的蠢男人們所難以預料的。

比如一九七〇年，美國女權主義運動的高漲，時裝界做出了回應。設計師們想，既然前些日子女人們當眾焚燒胸罩，以示解放壓迫、男女平等，那麼，她們可能也會不喜歡過於性感的超短裙。於是，服裝界推出的新款是一種「剛過膝蓋」的半長裙。服裝界中一言九鼎的大佬加蘭諾斯也發話了：「加長是方向。」

然而結果卻出人意料：女人們居然就為了這麼個服裝樣式的設計，上街遊行去了，手上的標語寫的是：「大腿！大腿！大腿！」朱莉·亨特納（Julie Gentena）——「維護婦女女性氣質和財權組織」的主席——對記者發表了如下看法：「我們絕對不能讓他們既矇住我們的眼睛，又矇住了我們的大腿。我知道有些女人只要加蘭諾斯（時尚達人）一說是時髦的，她們連鐵皮盒子都肯穿。我認為這是一種病態……」接著，關於裙子的長短，女人內部也發生了激烈爭吵——年輕姑娘們指責那些大腿已經失去光澤並布滿贅肉的老女人在運動中摻雜私貨，企圖趁亂把她們年輕漂亮的大腿也遮起來，居心何其險惡！

這場紛爭的結果是：西方婦女普遍穿上了褲子，這是有史以來的第一次。不同的只是：上了歲數的女人們穿長褲，年輕姑娘們穿只包住大半個屁股的「熱褲」。於是皆大歡喜——透過穿褲子，達到了男女平等的目的。而漂亮的大腿，依然得到了裸露的權利！

與「狂飆突進運動」和「浪漫派」男人們之間的區別相映成趣的是，女權主義者們在如何實現男女平等的性方向上，也有著她們自己的分歧——嫁了有錢丈夫的有產階級婦女自稱「溫和派」，要求丈夫與自己一樣貞潔；而無產階級婦女們自稱「激進派」，要求的則是與丈夫同樣的「性自由」。

這一分歧是發人深省的，它似乎向人們暗示了女性嫉妒的動機：一個富人的妻子，會更容易嫉妒——本應屬於她一個人的東西，她不願意與別人分享；而一個窮人的妻子則會顯得大度些——得到的本來就微不足道，再少一點也無所謂。

除了這方面的分歧之外，女權主義者們在其他很多方面也都不統一。這似乎也暗示了當今女性的一個尷尬處境：她們戴著自己做的眼鏡來看待這個世界，但是由於時間過於倉促，鏡片的度數還沒有磨到最合適。這導致了女權主義陣營中充斥了大量的冒牌貨：在要求權利的時候，她們以女權主義者的形象出場；而在談到責任、義務的時候，她們又重拾傳統女性的扮相，擺出一副小鳥依人狀。

她們什麼都要——男人有的一切她們都要，男人沒有的她們也要。她們對什麼都抱怨，可是又找不出可行的辦法。她們抱怨男人不生孩子、不會餵奶，抱怨科學界對「女性的直覺」未給予足夠的尊重，她們抨擊選美活動和女性時裝業，說那是男人把女人當成了馬戲團裡的猴子，可是這並沒有影響到她們自己天天描紅抹綠。她們甚至抱怨做為女人，並不能從每次性生活中得到高潮——這方面，又是男人有得天獨厚的優勢。於是，有些女人大聲疾呼「陰蒂的權利」。

說實話，有很多權利，包括女性「陰蒂的權利」，所有的男人都是很願意給予的——拳拳之心甚至比女性們自己都更加急切。只是，一時間沒找到可行的辦法罷了。

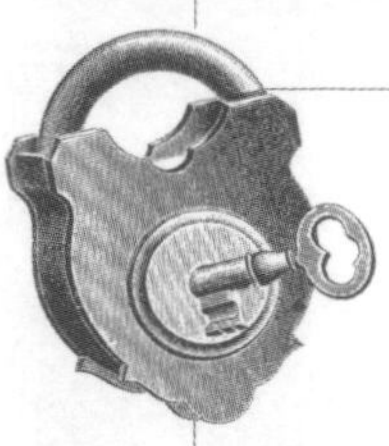

空想主義者和社會主義者——

男人和女人到底以什麼方式交往

社會主義者是主張生產資源公有的。那麼對於以繼承私有財產為目的的家庭，其態度可想而知。在恩格斯看來，出嫁不過是「一次性批發的賣淫」。而貝貝爾（August Bebel）（註55）卻認為婚姻比賣淫還要糟糕，因為妓女好歹還可以挑客人，日後還能從良，「而妻子卻不得不忍受丈夫的擁抱」。

有一件事情是他們沒想到的——人與人之間所有層面上的不平等是不可能被徹底消除的。更何況即便真的能被消除，那也並沒有什麼好處；另有一件事情是他們沒說清楚，或故意語焉不詳的。那就是：在未來的「理想國」裡，男人和女人到底以何種方式交往。

「隨著生產資源為全社會所有、私有制的廢除和兒童教育的社會化……女人和男人一樣是自由和不受妨礙的。**她追求別人，或者讓別人追求自己，最後結婚不考慮別的，只考慮自己的愛慕和好**

感。」——**這是恩格斯對未來社會男女交往模式的展望**。看來，恩格斯認為那時候，男人和女人還是應該結婚的。可是，我們怎麼也找不出一個他們需要結婚的理由！因為，把這句話中的「結婚」用「做愛」來替換，也完全成立。

馬克思主張用社團群居的方式取代家庭。然而一八四三年，他又在《萊茵報》上發表文章，反對簡化離婚手續，看來對婚姻的態度還是比較矛盾。而恩格斯更多的只是對資產階級婚姻觀加以批判，雖然對未來也有展望，卻讓人摸不著頭緒。

一方面，從理論出發，共產主義者對婚姻則使說不上敵視，也至少是極為輕視的。因為恩格斯說得明白：父權制一夫一妻制的家庭，就是為了繼承私有財產這個目的才建立起來的；而另一方面，被他們熱情謳歌的那種擺脫了經濟因素的愛情，在現實中又找不到。於是，當社會主義還只是一個空想的時候，社會主義者們的性觀念便無比自由起來——至少在左翼文學界是這樣。因為，對一個信仰共產主義的人來說，如果他恰好沒有財產，那就再好不過；萬一不幸他有財產，那他就假裝它不存在。剩下的事情就好辦了——自由戀愛。

對此，愛爾蘭的社會主義者喬治·伯納德·叟敏銳地指出：「如果其他事物沒有改變，對婚姻的廢除會比現在更嚴重地奴役女性。」

十月革命一聲砲響，社會主義變成了現實：權力向下歸於人民，而財產則是向上歸於國家。做為人類歷史上第一個社會主義國家的公民，蘇聯人沾沾自喜的心情是可想而知的。於是，他們普遍沉浸在盲目的樂觀之中——共產主義不久就要實現了。因為，「花生已經燒熟了」，剩下的事情只是「再加幾塊牛肉」。在這種情緒之下，共產主義愛情觀，也就「先行一步」了。

既然一切都是公有的，兒童的福利在理論上是歸國家來照管的，家庭自然被置於可有可無的地位。與此同時，個人微不足道的情感，只有投入到偉大的社會主義建設中才有意義，男女之間的卿卿我我，不過是小資產階級腐朽沒落的情調。就這樣，婚姻、愛情一下子都失去了它應有的份量，剩下的，就只有性了。

此時，亞歷山卓·考龍台（註56）不失時機地推出了她的「玻璃與水」的理論：「對性要求的滿足與口渴時喝一杯水的滿足沒有任何區別。在一種情況下人們喝一杯水，而在另一種情況下人們經歷性交。」

在她的小說《愛情之路》中，考龍台反映了二十世紀二〇年代蘇聯年輕人對性和愛情的看法：母親發現女兒熱妮婭與自己的伴侶有了曖昧關係之後，自然很不高興。但更讓母親感到氣憤的是，女兒坦言她與母親的男友睡覺，並不是出於愛他，而只是因為「性是必須有的，因為身體要求其權力，壓制它是不健康的」。當母親問及為什麼她會和一個她不愛的男人睡覺時，女兒的回答是：「我認為像我這樣更簡單、更好……因為愛情會妨礙勞動能力，談戀愛需要多少時間和精力啊！可是我沒有時間。我們企業有那麼多的工作，有許多重要問題需要解決。」最後，當母親指責女兒沒有能力去愛的時候，熱妮婭反駁說：「我愛很多人和事物。我愛您、愛列寧、愛我的工作。可是我為什麼非得愛和我睡覺的男人不可呢？」

是啊，當時絕大多數的蘇聯人都和熱妮婭有著相同的看法——有什麼必要非得愛一個只是和你一起睡覺的人呢？「我們這裡沒有愛情，只有性關係。並且，每個在性關係中找到比生理學更豐富一點的內容的人，都會被做為可憐的和精神受阻礙的主體來取笑。」——另一位作家在小說中這樣寫道。

值得一提的是，這種局面並不是列寧本人所希望看到的。事實上，他非常不贊同考龍台的「玻璃與水」的理論。他說：「任何一個精神健康的男人都不會喝排水溝裡、小水坑裡的水，或者用一個骯髒的杯子喝水。」這讓我們想起了馬克思反對簡化離婚手續的立場。看來，兩位革命導師雖然主張生產資源公有，可是還是認為「生育資源」個人歸個人比較好一些。

到了史達林上臺，事情就全變了樣。普遍的物資匱乏加上戰爭的威脅，不僅導致了禁慾主義的傾向，更將國家集權推向了極致。在這個高壓統治之下，個人變得毫無價值——一切個人層面上的東西要嘛已經犧牲了，要嘛留到下一次。於是，屬於個人層面的愛情和性，便不足掛齒了。而家庭，卻被當作社會結構的最基層組織，得到了空前的重視。

這和中國大陸地區的「文化大革命」（註57）時期的情況是極為相似的。「文化大革命」期間，婚姻的動機是兩個年輕人「為了共同的革命事業走在一起的」，目的則是「培養無產階級革命事業的接班人」。從這個角度來看待婚姻，自然會得出這樣的結論：如果夫妻兩人在革命立場上沒有發生變化，那又有什麼理由離婚呢？所以，從二十世紀六〇年代直到八〇年代初，中國甚至沒有離婚率的統計資料——實在太低了，毫無統計的必要。說到離婚，僅僅提出這個念頭都是可恥的——大夥們都在全身心地投入到社會主義建設當中，你們兩口子居然在想這種事情，多自私啊！多渺小啊！離婚的事情先放一放，抓緊時間把自己的人生觀、世界觀好好改造改造再說！

這些今天聽起來像天方夜譚一樣的東西，卻被整整一代人所信奉和遵循。家庭得到了前所未有的尊重——離婚這種事情，只和「現行反革命」的家屬才沾得上邊。而與此同時，愛情和性卻不值一提——八個樣板戲（註58）中，沒有任何一對男女有戀愛關係，更別提性關係了。《紅燈記》裡李奶奶對鐵梅說：「妳爹不是妳的親爹，妳奶奶也不是妳的親奶奶……」三個不相干的人組成了一個家庭，完全是出於「革命需要」。

就這樣，在理論上最應該輕視家庭的社會主義國家中，家庭卻得到了空前的尊重；而本應得到空前解放的愛情和性，卻被空前打壓。說造化弄人也好，說歷史太過幽默也好，在實踐中，理論每每走向自己的反面。

註55　奧古斯特・貝貝爾：德國社會民主黨議員。

註56　亞歷山卓・考龍台：前蘇聯著名女作家，曾獲諾貝爾文學獎提名。

註57　文化大革命：全稱「無產階級文化大革命」。指一九六六年五月至一九七六年十月在中國大陸地區由毛澤東錯誤發動和領導，被林彪和江青兩個反革命集團利用，給中華民族帶來嚴重災難的政治運動。

註58　樣板戲：中國大陸地區在文化大革命時期被樹立為「革命樣板戲」的以戲劇為主的二十幾個舞臺藝術作品的俗稱。其代表性的作品有京劇《智取威虎山》、《紅燈記》、《沙家浜》和芭蕾舞劇《紅色娘子軍》、《白毛女》等五個劇碼。

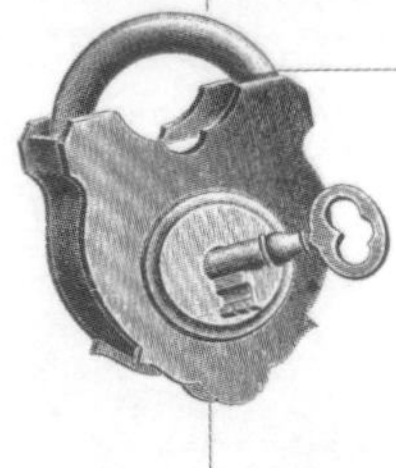

歐奈達——最接近的《理想國》

與恩格斯等人的語焉不詳相比，柏拉圖在《理想國》一書中，對其理想社會中男女關係的描述則非常清晰。在現實的希臘諸城邦中，最合柏拉圖心意的，是斯巴達。

在古希臘人眼中，斯巴達無疑是個另類。它先是征服了拉哥尼亞人，使其成為斯巴達的公有奴隸，即黑勞士。接著又征服了美塞尼亞（Messenia），給予其居民很少的財產權和生命保障，其境遇比黑勞士好，但很有限。斯巴達人把美塞尼亞人佈置在自己與黑勞士之間，發揮出一個緩衝的作用。要知道，黑勞士人數是斯巴達人的七倍，在冷兵器時代，這顯然是個致命的優勢。事實上，斯巴達日後也正是毀於國內奴隸的反叛，而不是外族的入侵。就這樣，斯巴達人雖免於勞役之苦，卻一直生活在驚恐之中。

傳說中偉大的立法者呂庫古（Lycurgus）（註59），為危如累卵的斯巴達人設計了一套古怪的制度，以維持斯巴達的長治久安。從斯巴達生存的時間及其在希臘諸城邦的地位來看，這套制度應該可以打八十五以上的高分。

首先，在政治方面，全體斯巴達人平等享有公民權。名義上，最高權力歸於全體公民大會，但是提議案的權力卻掌握在三十人元老院手上。更糟糕的是，表決的時候並不計票，而是與會者發出喊聲——喊聲是否大到足以通過某議案，由元老們判定。所以這是個不折不扣的寡頭體制。因為，如果你對某提案感到不滿，你的權利僅限於不喊。而在經濟方面，呂庫古規定禁止使用金銀，改用鐵幣。價值十明那的鐵幣，就得用兩頭牛才拉得動。為了防止有人拿一堆錢鍛把錘子或犁，鑄幣時特意加了道工序：焠火時用醋浸一下，讓錢變得脆而易碎。

斯巴達男人終生只有一項工作，那就是訓練和戰鬥。每個男人從十八歲起就要到公共食堂用餐，糧食從家中自帶。如果哪個男人窮得連公共食堂的份糧都交不出，其公民權就會被暫時終止。伙食很差，一個敘巴里斯人在公共食堂喝了一口黑扁豆湯之後說：「現在我知道斯巴達人為什麼不怕死了。」這樣的日子，斯巴達男人一直要過到六十歲。

斯巴達女人的地位很高，雖然沒有資格參加公民大會投票，但是她們有財產繼承權。在亞里斯多德時代，五分之二的土地掌握在女繼承人手上。與其他城邦不同的是，斯巴達少女也要接受體操訓練，訓練的時候與男孩子一樣赤身露體。平常她們穿著半長袍，兩側開叉很高。斯巴達女人因而得了個外號——露大腿的人。事實上，她們連屁股都露得出來，因為那時候的人不知道什麼叫內褲。

雖然有婚姻制度，但是如果李四看上了朋友張三的老婆，可以大大方方向張三提出要求。這種要求近乎我們今天「哇，張太太好漂亮」的恭維，讓張三夫婦心裡很受用，所以通常都不會拒絕。

柏拉圖雖然不喜歡斯巴達的寡頭制，卻更加痛恨雅典淺薄的民主制。在他的《理想國》裡，簡直就是為能征善戰的斯巴達人量身訂作了一個角色，叫做「護衛者」。柏拉圖認為，人們的私心極大地妨礙了他們對城邦的忠誠。要想杜絕私心，顯然就要消滅私有財產和家庭。所以在他的「理想國」中，護衛者只能拿工資，用於日常支出，但不能擁有不動產。進一步，為從根本上打消護衛者們賺錢的動力，以及出於優生優育的考慮，柏拉圖主張透過「巧妙的抽籤」來剝奪劣等男人的生育機會，「以使不合格者在每次求偶的時候，只好怪自己運氣不好而不能怪治理者」。而被選中的好男人和好女人，則分別在「從過了跑步最快的年齡到五十五歲」和「二十歲到四十歲」期間，儘量為城邦多生孩子。孩子一生下來，就被送到幼稚園，由專人負責照料。在母親有奶的情況下，幼稚園的負責人「引導母親們到幼稚園餵奶，但竭力不讓她們認清自己的孩子。」這樣一來，不僅父親的身分被混淆，連母親的身分也被混淆了。

這個設計的麻煩在於：萬一父親與親生女兒、母親與親生兒子，或者同父同母的親兄妹之間發生了關係，豈不糟糕？對於這個問題，柏拉圖給出的辦法是：父母一輩結合後七到十個月內，社團內所有生下的孩子都算是下一輩，上一輩不得與下一輩有性關係。考慮到人群中的年齡是一個連續的過渡，而且人是天天做愛的，並不像鹿那樣一年只發情一個月，所以按這個辦法劃分輩分實際上完全沒有操作性。柏拉圖的這個設計還不如前文所述的澳洲原住民的婚級制：他們生而有標明自己婚級的名稱，正如中國人家譜裡給每一輩一個字那樣，男女各分四級：在男子，分別為伊排、孔博、慕裡和庫比；在女子，分別為卡波塔、瑪塔、布塔和伊帕塔。所有的伊排與所有的卡波塔互為婚配，與其他的則被禁止。餘此類推。

在柏拉圖的設計中，父母雙方的身分都被混淆了，所以平輩之間也無法避免親兄姐之間發生性關係。這又怎麼辦呢？柏拉圖的回答是：「如果當事人願意，而德爾斐神諭（註60）又允許的話……」可見是在搗漿糊。當年維吉爾（Vergilius）（註61）和朋友共用一個情婦，這個情婦還給他們生了個女兒。女兒長大後，維吉爾和他的朋友輪流和他們的女兒睡覺——今天和維吉爾睡覺，就管那個朋友叫爸爸，次日再換過來。要知道，德爾斐神諭並不比輪流叫爸爸更可靠些。

雖然柏拉圖的具體設計有很大的缺陷，但他清醒地意識到，**要想對抗家庭，社團就必須財產公有並打破血緣關係**。史上最成功的社團，當推寺院。修道院也好，廟也好，都是財產公有並誓守獨身的。

柏拉圖之後，認為私有財產乃罪惡之藪的人、反感家庭的人，提出了種種設想。《烏托邦》雖然很有名，但今天看來簡直就是笑料。湯瑪斯·莫爾（Thomas More）雖然主張財產公有，卻並不反對家庭。他的主要設計，除了以三十戶為單位進行選舉之外，重點只在於城裡人和農村人不時的換工作。他也像呂庫古那樣主張取消貨幣，金子和銀子平日只用來做馬桶。遇到戰時，把馬桶拆下來敲一敲，用於給雇傭軍發軍餉。

空想社會主義者中，英國人歐文組建的「和諧村」就是烏托邦的路子——財產公有，卻保留家庭，很快以失敗而告終。男社員們在田裡集體勞動，女社員卻拒絕給丈夫以外的男人洗床單，共產主義還怎麼搞？

而法國人傅立葉卻反過來，主張「不被束縛的情慾」，財產卻是股份制分配。他的社團名叫「法朗吉」。在每一個法郎吉中，男女各分成若干小組居住，以避免某個女子專屬於某個男子的情況發生。於是，便會產生某男小組與某女小組在勞動中建立起的「聯婚」關係。本著「男女搭配，工作不累」的效應，他堅信的結果是：「……不到兩年時間產量即增長百分之五十。我曾說過，這種產量最初將比我們現在的產量增加三倍，而在戀愛自由獲得平衡的情況下，會增加五倍。」他的財產股份制，具體是按資本十二分之四、勞動十二分之五和才能十二分之三的比例，對勞動所得進行分配。資本這一項，可以按每人加入法郎吉時交的錢算出來。**勞動，按工分制來算也統計得出來吧！**問題是，才能這東西怎麼衡量呢？更糟糕的是，迫於外界輿論壓力，法朗吉在具體實施的時候又走了樣。傅立葉手下的得力幹將孔西德朗（Victor Considylan）故意把傅立葉的「情慾」泛化為興趣，極力維護家庭的地位。

倒是傅立葉的義大利擁護者羅西，在巴西建立了一個「塞西利亞社團」。一八九二年，三十三歲、長著一張娃娃臉的護士埃勒達與男伴阿尼巴勒一起加入了進來。羅西決定從我做起、從一點一滴做起，實現導師傅立葉關於情慾的主張，要求埃勒達當自己的情婦，並向社團全體公開關係。據羅西自己說，他因而與阿尼巴勒建立起了朋友加兄弟的親密關係。接著，又有一個叫雅雷阿克的男人要求加入這場多角戀。沒過多久，一位婚齡十八年、已經是五個孩子母親的義大利婦女也宣布加入。羅西興奮地寫道：「舊世界死了！家庭被打倒了！在它的廢墟上將盛開無政府主義的擁抱之花……」然而，這個故事的結局卻喜憂參半：雅雷阿克的興趣很快就轉到別的女人身上去了，阿尼巴勒終日借酒澆愁。而羅西，卻和那位娃娃臉的女護士結了婚，婚禮「非常資產階級化」。

在已有的種種嘗試中，歐奈達無疑是最接近柏拉圖的《理想國》的。

歐奈達的創始人叫約翰．韓弗理．諾伊斯。這個古怪的天才於一八一一年出生於美國佛蒙特州的普特尼。他家境優越，父親是個成功的商人，還是美國的眾議員，母親是美國第十九任總統拉塞福．海斯的堂妹。諾伊斯自幼對宗教充滿興趣，二十歲時進入耶魯神學院，立志獻身宗教事業。一八三四年，他突然有了一次「頓悟」：他認為，上帝不會要求他去做他不可能做到的事情。如此一來，靠外在的行為去接近上帝就變得不可能。然而，至善至美卻又是上帝對所有基督徒的要求。**他堅信「至善」只能透過從內心擺脫罪惡感才能達成**。進而他宣稱，基督已於西元七〇年第二次降臨人世，這象徵著上帝在天治國的開始，最後的審判正日益臨近。他覺得他的這個想法達到了「至善」的境界，但是教會裡的其他人可不這麼想——他被剝奪了公開布道的權利。

回到老家普特尼後，諾伊斯大力宣傳自己的「至善派」教義。他既反對群交亂性的唯靈論，又反對獨身禁慾、代之以做禮拜時全身亂抖的「震顫派」，而是主張社團內「在同一範圍內」的財產和性愛共用。他贊同婚姻，卻又認為「構成婚姻的道義和忠誠，在兩百人之間和兩個人之間一樣可以存在」。其有趣之處，也正在於此。

一八四八年，包括諾伊斯夫妻二人的八十七名成員搬至紐約州的歐奈達的一所大房子裡，正式成立了歐奈達社團。成員所有的財產都歸集體所有，大家合夥湊份子，一起勞動。業務範圍包括做水果和蔬菜罐頭、織絲和製造打獵用具，後來又轉向製作銀器。前十年的總投資達到了十萬八千美元，在虧了四萬美元之後，終於實現了收支平衡，好的年份還能略有盈餘。三十年間，成員最多達到三百零六人。

從理論上說，社團裡的每個女人都是每個男人的妻子。歐奈達並不排斥夫妻兩人同時加入社團，也不要求一對夫妻在加入後解除兩人的法律關係。但是一旦加入，兩人的夫妻關係就「融解」到兩百人範圍的「夫妻關係」中了。他們和其他成員一樣，每個人都住在一個單獨的房間裡，以便於安排約會。在社團內，每個女性成員每週都會有三次與不同男人的「約會」。這使得整個社團內，一直沉浸在「不斷求愛」的氣氛當中。

勞動和求愛之餘，諾伊斯還將成員分成若干小組，每個小組有十到十五名成員，每天都要展開批評和自我批評，防止在勞動中偷懶耍滑，以及某一對男女間產生「特殊的愛情」。

男女交往並非完全沒有限制，其最重要的特色即為「男性克制」。這與諾伊斯本人的婚姻生活有關。在結婚的頭六年裡，他的妻子哈里特懷孕五次，五次居然全都難產，只有一個兒子活了下來。妻子所遭受的巨大痛苦給諾伊斯留下了難以磨滅的印象，所以他在社團內推行「含蓄性交」，即：男人在過程中不能射精。這是個需要反覆訓練才能掌握的本領。所以，社團內十幾歲的毛頭小夥子，一開始只能和已經絕經的老年婦女性交，透過後者的幫助和指導，確實能夠做到收放自如之後，才能與生育期的年輕婦女「約會」。據說，透過這種特殊的訓練後，雖然不能射精，男人也同樣能領略到異乎尋常的「快感」，而女方則不消說，肯定每次都能達到「令人非常滿意」的結果。在歐奈達，是非常強調婦女的「完全滿足」的。從結果來看，「含蓄性交」得到了很好的貫徹——「不小心」弄出來的孩子，總共只有十二個。

雖然性交是人人有份，但生孩子可不是這樣，**只有優秀的男女才有資格生孩子**。至於誰優秀誰不優秀，由諾伊斯領導的二十七人委員會來決定。不用說，諾伊斯本人肯定是「優秀者」之一。經過挑選後，五十三名婦女和三十八名男子獲得了生育權。他們一共生出了五十八個孩子。其中九個孩子的父親是諾伊斯本人。

從取消私產、性資源分享、社會分級和對優生的強調等諸方面來看，諾伊斯的歐奈達確實與柏拉圖的《理想國》非常接近。

諾伊斯老了之後，打算把權力交給自己的兒子。但是不幸，諾伊斯的兒子沒有他那樣的領導能力。更糟的是，他還是個無神論者。成員中有個叫約翰·陶納的不服氣這樣的安排，起而爭奪領導權，遂導致社團的內部矛盾和分裂。加之外部大環境的改變，內憂外患，致使歐奈達於一八八一年一月一日這一天宣布結束公有制，改為股份有限公司。時至今日，股東們不再互相睡覺了，但是業務似乎還開展得很不錯——它仍然是美國上市公司之一。

註59　呂庫古：生於西元前七世紀，創立了斯巴達的政體形式，他是一個帶有傳說色彩的人物，阿波羅神殿的女祭司在傳達神諭時稱他是「諸神所鍾愛的人，不是凡人，而是神。」

註60　德爾斐神諭：即傳說在兩千年前希臘德爾斐神廟阿波羅神殿門前的那一句石刻銘文：「認識你自己」，這句話曾引起過無數智者的深思，後來被奉為「德爾斐神諭」。

註61　維吉爾：古羅馬奧古斯都時期最重要的詩人。著有長詩《牧歌》、《愛奈特》，史詩《埃涅阿斯紀》。

同居——西方人這才認識到孩子的重要性

兩次世界大戰都是發生在二十世紀的頭四十年，這給整個世界帶來了極大的災難。所以我們把目光轉向美國，它是兩次世界大戰都未波及其本土的唯一大國——如果珍珠港襲擊可以忽略不計的話。

中產階級人數的上升和女權運動的不斷發展，使得傾向於要求丈夫和自己一樣貞潔的美國妻子愈來愈多，而不是相反。另外，清教（註62）並沒有給予通姦與天主教相同的寬容。所以，與同時期的歐洲人相比，二十世紀初的美國人更熱衷於離婚，而不是通姦。隨著汽車的普及，美國的家長們除了為自身的婚姻問題苦惱之外，還總是在為孩子們擔心——約翰又開著車來接我們的女兒芭芭拉約會去了，但願他們倆在汽車後座上別太過火。

二十世紀三〇年代，美國的年輕法官本．林塞，抓住了婚姻問題的實質：財產和孩子——做為法官，在辦理離婚案件時他只對這兩樣東西感興趣。在一宗宗大同小異的案件中，林塞漸漸發現：如果一對還沒有孩子的夫妻前來辦理離婚，總是出奇地簡單——這和有孩子的夫妻的情況大相徑庭。

這促使他考慮這樣一個問題：對法律、新教教會和社會來說，一個不要孩子，或者還沒有孩子的婚姻，究竟意味著什麼？

結論顯而易見：沒有孩子的婚姻，不過是一對彼此喜歡的男女住在一起罷了，完全與別人無關，也與法律無關。因此，它毫無社會意義。

基於這一思考，林塞提出了以下三條意見：

⑴婚姻在沒有孩子之前，應該稱為「夥伴婚姻」，只要有一方提出分手，關係即告結束。分手時，女方無權要求贍養費。事實上，這種婚姻甚至不需要辦理什麼手續和結婚儀式，免得律師、牧師和親戚、朋友跟著忙了小半年，兩個事主卻在結婚三個星期之後反悔了；⑵經過這種試婚性質的同居之後，如果雙方有了孩子，或肯定打算要孩子，再辦理各種手續不遲。有了孩子之後，這種婚姻稱為「家庭婚姻」，應受到法律嚴格的保護；⑶教導年輕人最先進和最有效的避孕措施，以確保他們只是在想要孩子的時候才得到孩子，從而避免發生「奉子成婚」的尷尬和勉強。

這種將有孩子的婚姻和沒孩子的婚姻區別對待的態度，無疑是非常正確的。在一個沒有孩子的婚姻中，確實找不到多少社會意義和法律介入的必要。這種做法還帶來了兩個好處：一是芭芭拉的父母再也不用為她在約翰的汽車後座上做些什麼而操心了；二是讓年輕人在締結一個真正的婚姻之前，對他們的決定有了一次深思熟慮的機會。

當然，**林塞的設想還需要兩個條件才能真正得到推廣：一是女性普遍參與工作，能夠自己養活自己；二是男人放棄愚蠢的貞操觀**。這兩個條件在今天都已十分成熟。在有了DNA親子鑑定技術之後，如果還有男人非要娶一個處女做妻子，那就只能用「愚蠢」二字來形容。林塞的思想直接導致了同居的盛行。今天，超過百分之九十的德國姑娘認為，在嫁給某個男人之前如果不先同居一段時間試試看的話，那將是「極為輕率」的。而對一個現代新郎來說，到了新婚之夜才和新娘有第一次性關係，那是不可想像的。要是他碰巧發現他的新娘子還是個處女，那他多半會變得十分緊張——生怕他娶了個「什麼地方出了毛病」的女人。

林塞的主張，讓西方人充分認識到了一個中國人早就明白的道理：婚姻中最重要的部分，其實就是孩子。

決定買一雙鞋之前，所有人都知道應該先把腳伸進鞋子裡去試一試。如今，同樣的明智的人們也終於用到結婚上了。不管怎麼說，結婚和買鞋這兩件事頗有幾分相似——二〇〇二年英格蘭和威爾士的統計資料顯示——經過試婚性質的同居之後再行締結的婚姻，日後會比那些沒試過的「草率」婚姻更容易破裂。這個統計資料一定會令老派的中國父母「備感振奮」。但林塞的擁護者們或許會這樣看待這個統計結果：既然還沒付錢，那就不應該試太久。不然，鞋子會被穿舊的。

無論如何，年輕人現在有了更富激情的婚前性自由，同時，對於今後婚姻的幸福又敢多抱有幾分期許。麻煩僅在於：家庭，看起來不再那麼神聖了——與夫妻二人同在的，不再是基督的靈，而是一個奶瓶和幾塊尿布。

註62 清教：歐洲宗教改革時代後期在英國出現的一支新教教派。「清教徒」源於拉丁文 Purus，意為清潔。十六世紀六〇年代開始稱用，指要求清除國教會中天主教殘餘的改革派。在教義上主要受加爾文宗的影響。清教先驅者產生於瑪麗一世統治後期，流亡於歐洲大陸的英國新教團體當中。清教的興起則是在伊莉莎白一世時期。

性解放——快活過後，男人們被邊緣化了

性解放運動之所以驚世駭俗，並不是因為那時的人們性交次數提高了多少——那時還沒發明出相關藥物，想多也多不到哪兒去。根本還在於他們對固定性關係所持的一種徹底否定態度。「誰要是和同一個女人睡兩次覺，誰就屬於幕後統治階級。」——這是男人的看法。

而女人卻走得更遠——憑什麼每次都得和一個男人睡在一起?!激進的女權主義者麥金農（Catharine A. MacKinnon）是這樣看待男女關係的：「人只分為兩種——操人者和被操者；男人操女人——這就是最真實和最深刻的男女關係。」於是，在麥金農們看來，每一次男女之間的性交，都成了「強迫的異性相愛」：女人只能愛男人，男人因而保持了對女人的性壟斷，進而達到了男人們更加險惡的用心——社會和經濟層面的壟斷。於是，激進的女權主義者們大聲宣揚女同性戀——即使不喜歡也至少應該嘗試一下，以便把「和男人睡在一起」從唯一的選擇轉變為眾多選擇之一。

既然和同一個人不能睡兩次了，那還談什麼愛情呢？於是，考龍台「玻璃和水」的理論，在四十年後的西方再度風行。如果你向某人表達愛意或是情感，得到的一定是嘲笑和蔑視。以當時的觀點來看，性交不過是兩個人全身皮膚外加一小段黏膜彼此摩擦一小會兒罷了，除了一身臭汗和疲乏之感之外，不應該再產生任何其他效果。

進一步觀察之後我們會發現，表面上看去極其熱衷性交的男男女女們，其實骨子裡對性的評價並不高。更多的時候，他們甚至是帶有幾分自虐地「為性而性」。維萊娜·施泰凡在其長篇小說《蛻皮》中這樣寫道：「……性應該是一個必須輕視的事情，性再也不應該成為和另一個人交往時的高潮，而只是一個相識的無足輕重的可能性。」

確實是一個瘋狂而無法理解的時代！其背後，一定隱藏著複雜而深刻的原因。時間是十分重要的，六〇年代！那時候都有些什麼？

(1)女性經濟獨立和女權主義的高漲

六〇年代，美國和西歐徹底從二次世界大戰的創傷中恢復過來，生活水準極大提高。女性的收入也大幅攀升，由以前的貼補家用到了真正經濟獨立的地步——這，是性解放運動的根本前提。這個運動與以往的性放縱之所以如此不同也正在於此：從開始到結束，女性從沒想到過要透過與男人性交獲得金錢上的好處。

與此同時，女權主義也正處於其第三個階段。在此階段中，婦女們發現，在獲得了經濟和政治層面的平等之後，性別差異依然存在。於是，她們意識到在價值、道德、生理、心理、文化等諸多方面，都需要擺脫男人的參照，建立起屬於她們自己的座標。可是剛開始的時候，除了大方向感和急迫的心情之外，還真的就沒有什麼具體的主張。因此她們願意做各種嘗試，並將種種嘗試推向極致。在眾多的嘗試中，性自然是其中最重要的一種。

(2)佛洛依德心理分析和存在主義哲學

佛洛依德的基本觀點家喻戶曉。人人都知道「力比多」，知道人格由超我、自我和本我三部分構成——力比多在這三個部分之間自由流動，才能避免神經官能症。既然話都說開了，大家心裡想的都一樣，那麼，做某事與不做某事之間就並沒有太大區別。以前，一個人做了某件不好的事情，別人就會指責他「真丟人，真不道德」；可是現在，他和別人的區別僅在於他有「賊膽」去做了，如果他受到指責的話，也只能是「您膽子真大」之類，這樣的指責又能讓人有多在乎呢？而那些卻硬憋著的，結果得了神經官能症，害人害己，誰更光榮還兩說呢！於是，人們不僅對各種出格行為極為寬容，更在內心深處喪失了對道德觀念的尊重。

另一方面，人們把談論性話題當作解除內心壓力的靈丹妙藥。媒體、學術界以及普通人的日常談話中充斥著關於「性高潮」、「自慰」、「焦慮」等等的話題。這既導致色情刊物的氾濫，又致使大眾將「對性持有開明態度」與否作為衡量一個人教養水準的標準。這種以「科學」面貌出現的對性的新態度，使得舊有的性道德觀念不戰而降。

與此同時，薩特的存在主義哲學風行一時。

存在主義的三個基本命題——「存在先於本質」、「人生是痛苦的」和「世界是荒謬的」——直接導致了個人主義的極端膨脹。

薩特將「存在先於本質」定義為存在主義哲學的第一命題，意思即說「事物的本質是由人賦予的」。從這個命題不難看出：存在主義的核心本質，就是要讓人去僭越神的位置。從此，上帝從高高在上的天國跌落至每個人的內心——由先前的 above everyone 變成了 within everyone。這使得每個人早上起床洗漱的時候，從鏡子中直接看到了神——他本人！於是，人人都跟著薩特喊他那句著名的口號：「人是自由的，人就是自由！」

既然「人是自由的，人就是自由」，可「人生卻是痛苦的」，那麼，還有什麼理由阻止自己及時行樂呢？另外，「世界又是荒謬的」，那麼，還有什麼清規戒律是值得尊重的呢？

(3)社會導向由生產轉為消費

進入二十世紀六〇年代，西方社會出現了人類有史以來從未有過的新情況：生產能力大於消費能力！這一情況給社會各層面帶來的巨大影響，是無論怎麼強調都不會過分的。今天，消費居然成了需要商家發掘、刺激和引導的事情。人不再像馬克思所說的那樣「被勞動所異化」，而是——被弗洛姆精準地指出——被消費所異化。

什麼是「被消費所異化」？舉一個例子：如果一個人在辦公室裡掏出一支香菸之後，發現菸盒裡只剩下一支了。他就會把這最後一支菸拿出來到處敬人，嘴上說：「最後一支了，幫幫忙！」在這種情況下，他的同事一定不會讓他失望的。為什麼他給別人敬菸反倒要說「幫幫忙」？因為這最後一支菸被送掉之後，他就可以早點享受再去買一包菸的快樂了。可是我們知道，理性的態度倒應該是他把這最後一支菸放在貼身襯衫的口袋裡——就像電影《上甘嶺》裡戰士們手上的那顆蘋果——留到最困難的時候再抽，別人跟他要他都不肯給才對。

理性的消費已經不能填飽機器的胃口，商家需要消費者「無理性」地消費。方法自然是創造時尚和品牌。人們願意多花五千塊錢購買一款新手機，只是因為顯示幕是藍色的——第二年這款手機就降到了五百塊。可是這並不妨礙消費者繼續購買今年的新款——又多花五千塊錢——這次為的是手機可以拍照，儘管他們心裡明白，花五千塊錢可以買一個非常好的照相機，比手機拍照不知道要好多少倍。

新的形勢需要新的意識形態——後現代主義。桑塔格（SusanSontag）（註63）將後現代的特徵定義為「拒絕闡釋」——必須逃避，因為它根本經不起闡釋。新新人類們看重的是經歷過什麼或體驗過什麼，而不是擁有過什麼；他們看重的是被關注，而非被稱讚。在這種情況下，他們努力於做到比別人「更什麼」——只要能比別人「更」就行了，至於是「更高尚」還是「更無恥」、「更好」還是「更壞」，反倒成了無關緊要的細節。

對後現代的人來說，他們最怕的是「被理解」，最渴望的是「被關注」。在今天這個社會，「被關注」和成功之間是完全可以畫上一個等號的。美國已經有過一位演員出身的總統——隆納・威爾遜・雷根（Ronald Wilson Reagan）；今天，他們又選出一位渾身肌肉的動作片影星當州長——阿諾・史瓦辛格（Arnold Alois Schwarzenegger）——一個腦袋和口腔裡也塞滿了腱子肉的傢伙；而義大利人，則乾脆選了一個三級片豔星當議員——她的競選綱領是：「讓我們充分享受性愛吧！」這樣的事情，在五十年前是無法想像的。

在這種情況下，性交自然是一種很好的體驗和經歷，甚至乾脆就是一種消費行為！不需要解釋，不需要理由，需要的只是一小會兒前後擺動的運動。只有從這個角度才能理解，為什麼性解放浪潮中，人們拒絕和同一性伴侶做愛超過一次——同一種經歷，沒必要再來一次。

在談到消費的時候，弗洛姆這樣說：「五花八門的消費給人造成最大的幻覺是，消費者自以為是在自由地支配自己的財產和享受，實際上卻渾然不覺地淪為消費的奴隸。」只需將這句話中的「消費」改成「性交」，「財產」改成「身體」，便可將其做為性解放運動最好的總結。

這種後現代觀念還解釋了為什麼在當今中國社會裡，一個老姑娘會比一個離婚女人承受的壓力更大。從消費的角度來看，一個老姑娘更像是個無人問津的商品——這是消費社會中最大的失敗；而相較之下，一個離婚女人不過是一個被用舊的商品罷了——至少，她被消費過。

⑷口服避孕藥和越南戰爭

一九五九年 Gregory Pincus 發明口服避孕藥雌二醇，自此，性與生育徹底分開，為性解放在技術上掃清了障礙。一九六五年，美國捲入越南戰爭，導致民眾與政府間的對立情緒。美國人民需要做點什麼出格的事情，以向社會權威們表達自己的不滿。於是，他們不停地示威，並不停地與陌生人性交。這兩點，也是美國性解放運動聲勢浩大的重要原因。

無數婚姻破裂，愛情遭到嘲諷和唾棄，只有性交——在一個過高的頻率上，人們還在勉為其難、頗有幾分自虐地維持著。男男女女一邊抽送著一邊大聲抱怨：「媽的，連通姦都沒意思了，這日子真是無聊透頂！」直到八〇年代初，愛滋病毒為這一切畫上了句號。

喧囂過後，各方人士坐下來盤點得失：發現都是輸家。

女人不得不獨自承擔撫養孩子的重任，因為她無法確認孩子的父親。男人們剛開始還心頭竊喜——發現一場盡興的狂歡過後，居然無須付帳。但過了不久，他們便發現大事不妙：很多女人選擇了單親家庭生活，而不再需要一個丈夫。那些明明知道誰是孩子父親的女人中，居然有三分之一不告訴對方——她們放棄撫養費的要求，只是因為她們不再信任男人，也不想與別人分享對孩子的親情。

註63 蘇珊．桑塔格：著名的女權主義者，美國女小說家、評論家，被認為是當代最重要的理論批評家之一。

小結

當初，圍城是男人們建立起來的。可是建好沒多久，男人們就感覺悶得慌。於是，他們在城牆上開了好多小門，經常出城去「散散心」。如果一直這麼下去，問題應該不是很大。只是四十多年前男人們犯了傻——把自己的老婆一起帶出城逛了逛。男人們的玩性總是大的，過了一陣子之後，他打發老婆和孩子先回去，自己又多玩了一會兒。

可是，當他想回家的時候，卻發現老婆和孩子已經建立起一個新城。城裡，已經沒有了他的位置。就這樣，丈夫被逐出了家庭的核心地位，取而代之的，是母子親情——母親是質子，孩子是中子，兩個人緊密地形成原子核，佔據了家庭的中心。而父親，卻成了無人理睬的電子，份量不足原子核的百分之一，在城牆外無精打彩地打轉。

他心裡明白，他再也進不去了！

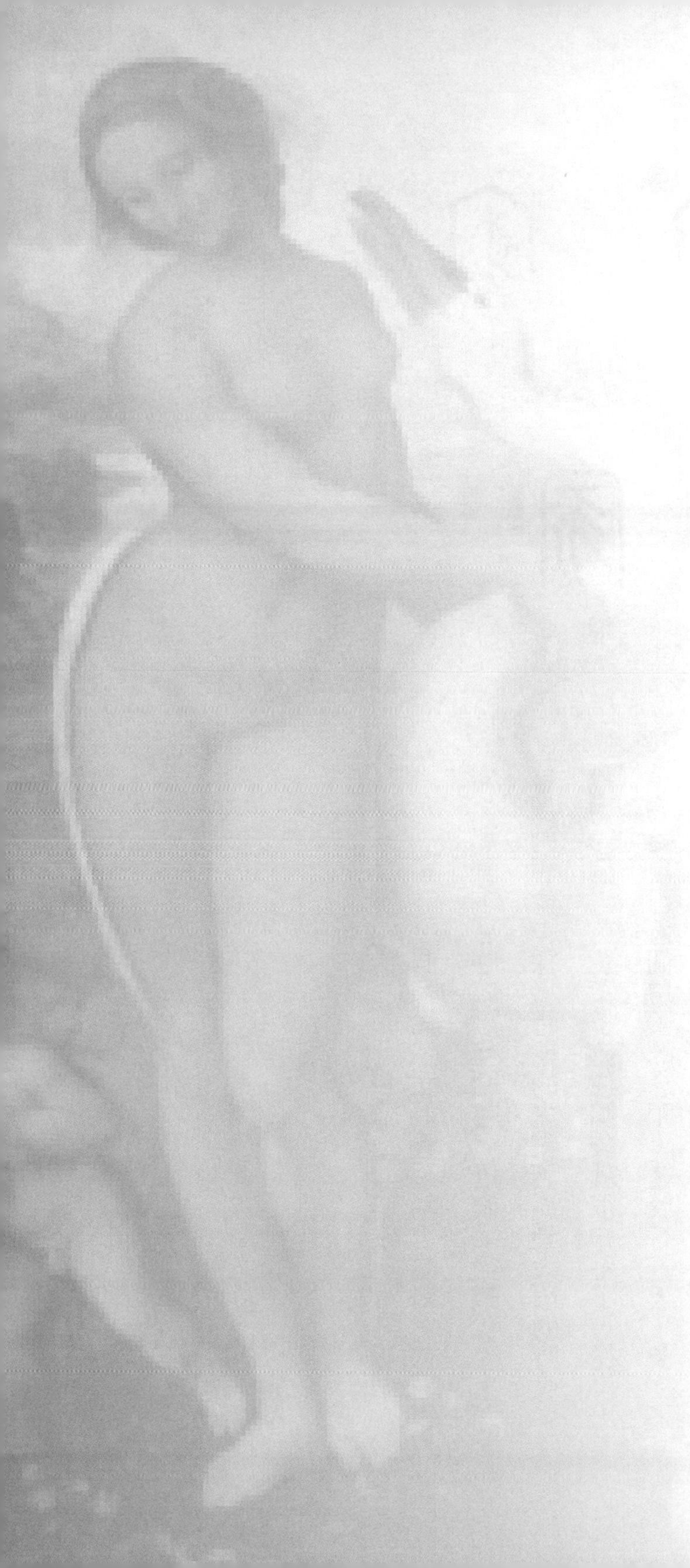

第十章 走好，父親

既然倒退不是答案，那麼我們如何前進呢？

——理安·艾斯勒（Riane Eisler）（註64）（英國人類學家，代表作《聖杯與劍》）

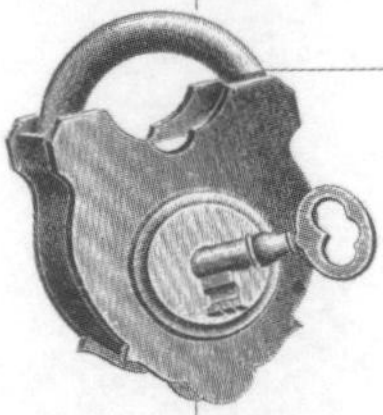

家

金文大篆 家　　金文 家　　甲骨文 家

繁體隸屬 家　　小篆 家

「家」這個字從字面上看，就是屋頂下有一頭豬。那麼本意應該是豬圈嘍?!這個字曾讓我產生過這樣的想像：採獵時期的先人們遇到大雨的時候，找到一個大芭蕉葉子遮住腦袋就很知足了，從沒出現過給自己蓋個房子的念頭。終於有一天，多捉了一頭野豬吃不掉，於是壘了四道牆把豬圈起來。結果當天晚上狂風大作、大雨傾盆。先人們發現牆裡的豬比他們舒服得多。於是豬和人裡外換了個地方——家，就這樣誕生了！

《說文解字》（註65）裡的解釋很有意思。說「家」本意是以牛做犧牲、祭祀祖先之場所，引申義為「拘罪之陛牢」。後來覺得豬比牛的繁殖力強，先人們希望在生孩子這事情上能和母豬一樣在行，遂捨牛而取豬，「牢」就變成了「家」。我覺得許慎的這個解釋和我上面的猜測不相上下——都沒什麼譜。

前一陣子，關於家庭起源又有新解：有英國人類學家聲稱家庭起源於生火做飯。理由是古時候沒有打火機和火柴，生一堆火很不容易——鑽燧取火難度比較高，不是人人都會；而閃電點著一根木頭又沒有被雨澆滅，又實在是個小機率事件。所以，就需要分工合作：一個人出去找吃的，另一個人在家看著火。火既然這麼寶貴，當然不願與人分享，故而分工小組最終細分至兩個人。本著男女搭配工作不累的原則，小組成員由一男一女構成。吃飽了就淫慾，於是一夫一妻就組成了家。

這個說法很有意思。與猴子相比，我們人類最大的特點確實就是用火加工食物和男女分工。男女分工是因為我們人類的幼仔需要長時間地照料，母親沒辦法參與狩獵，只能一邊帶著孩子，一邊做做採摘工作。可是說到非要有人看著火堆，卻正好說明母系氏族制度的優越——如果每個女人都在家看著火，那麼誰去摘野果子呢？

所以，這個標新立異的新說法只能是博君一笑罷了。家庭的起源，還是恩格斯說得對——男性對自己子女的確認。

一個孩子的母親是誰，這不會弄錯。可是要想確認孩子的父親，那辦法只有一個——專偶制。

如果 DNA 檢測這項技術早發明六千年，或許母系氏族社會能一直保存至今也說不定——男人可以透過驗血，來滿足自己小小的好奇心。

雖然家庭的目的只是「確認父親」，但 Family 一詞開始的時候卻與父親不沾邊。拉丁文的 Familia，意思僅指「在一個灶上吃飯的所有僕人。」這個定義讓人頗感意外，它既沒提男主人，也沒提女主人，孩子就更不用說了。然而今天，「家庭」這個詞的意思卻完全顛倒過來：它既不指奴隸和僕人，也不指代房子或爐灶，而只是指「家人」。一個美國人拿著自己孩子的照片給你看的時候，會很乾脆地說：「This is my family.」如果孩子去念大學或是結了婚出去，這個美國人還會加一句補充：「My family is gone.」。

和家庭的定義一樣，家庭的實質也發生了根本性的變化。想想我們的祖母或外祖母——僅僅只是兩代人之前。她需要跑到河邊去洗全家人的衣服、每天從井裡挑水回家洗菜做飯、孩子們的衣服和鞋也得自己做。她還知道怎麼製作鹹肉、臘肉、大醬和各種小鹹菜，不然整個冬天全家就沒菜吃。除此之外，為了當一個稱職的母親，她還得是個半個醫生、能背誦很多童謠和兒歌。我的奶奶和外祖母都是這樣的女人。據我媽媽說，我的外祖父可是個好男人，不抽不嫖，唯一的缺點只是愛打麻將。如果哪天回家的時候，手上托著一包滷味，或是從口袋裡掏出一大把山核桃分給他的四個孩子，不用說，那天準是手氣比較好。不過這樣的時候並不多，因為他的牌技實在是糟糕。我的外祖母雖然每天都被孩子和家務累得直不起腰來，但仍然對她的丈夫很滿意。至於讓丈夫分擔家務的念頭，她一輩子想都沒想過。

而如今，每家都有了洗衣機和微波爐，有的人家裡甚至還有洗碗機。如果是去大一點的商場買褲子，商場都提供免費的褲管修邊剪裁服務，還有誰自己做褲子呢？如果想吃沙拉，只需把菜切一切就行了——超市裡有幾十種口味的沙拉醬可供選擇。自從二十世紀六〇年代生產大於消費以來，大批多餘的勞動力轉向了第三產業，正如喬治．莫里所說：「人以材料為對象並用以製造新東西的舊公式，改變成了人以人為對象並促使之行動的新公式。」稀奇古怪的職業和服務應有盡有，你可以打電話讓附近的小超市為你送來一瓶醬油，外加一小袋十三香（註66）；你也可以讓網路書店把你想要的書直接送到家裡；如果你感冒了，你甚至可以打電話請家政公司派個人來遛遛你的狗。

專業化的機構和服務可以說是應有盡有。再加上各式各樣的家用電器的普及，家務事確實沒有以前那麼可怕了。如果一個單身女人帶個孩子，只要她有工作、有收入，就完全應付得過來。

除了夫妻雙方橫向的分工和角色發生變化之外，家庭的縱軸也發生了極大的變化。我們的祖父母那一代人，平均二十六、七歲上下就父母雙亡了。而在今天，因為平均壽命的大大延長，通常一個人父母雙亡的時候，他多半已經退休了。在這種情況下，遺產繼承變得毫無意義。老一輩的父母會化整為零，在孩子上大學、結婚、買房的時候給予持續的支援，然而他們卻並不和孩子住在一起。

等到孩子終於穩定下來，也有了自己的孩子，老人們卻變得更加省吃儉用。他們給孫子賺錢的勁頭，甚至比給兒子賺錢的勁頭更大。大多數老人都能活到參加自己孫子的婚禮。僅僅兩代人以前，四世同堂可是個方圓百里的稀罕事情，甚至可以得到官方的褒獎。

雖然老人通常並不與子女住在一起，但是親情非但沒有減弱，反倒因為隔輩親的效應而有所增強。這進一步削弱了夫妻合作撫育後代的必要性。那句俏皮話是怎麼說的來著？「女人不需要男人，正如魚不需要腳踏車。」七十年前，這一切都是根本無法想像的。

人類社會自上個世紀六〇年代進入後工業時代，其根本特徵——生產大於消費——對社會的各層面產生了顛覆性的衝擊。在佛洛依德看來，人類由採集進入農業社會，就是由即時的滿足變成延遲的滿足——以前，只要一伸手，就可以摘到果子吃，如果沒果子摘，直接餓死倒也痛快。然而進入農業社會之後，為了有口吃的，得從春天一直忙到秋天。所以，他認為文明的本質就是壓抑，就是有條不紊地犧牲力比多，並把它強行轉移到生產勞動和相應的社會制度建構上去。**由「快樂原則」向「現實原則」的轉變，是人類難以排遣的精神創傷**。追根究柢，六千年來的文明，是以普遍的匱乏和窘迫為基礎的。

那麼今天，雖然因為分配不均使得人類還沒有徹底根除飢餓和貧困，但從整體上看，既然富庶和過剩已經取代了匱乏和不足，那麼壓抑性的文明也就喪失了繼續存在的基礎。人類有沒有希望建立一種非壓抑性的新文明呢？這正是我們這一代人所面臨的最重要的使命。

許多學者對這個問題都給出肯定的答覆，並提出了各自的構想。赫伯特・馬爾庫塞（Herbert Marcuse）（註67）從心理學角度出發，提出的辦法是將性慾轉變為愛慾。而理安・艾斯勒則將混沌理論應用於人類歷史的審視，並透過回顧歷史，為我們描述了這種新文明的可能性。

在理安・艾斯勒看來，相較於幾十萬年時間跨度的母系文明，只有幾千年歷史的父系文明只是在通衢大路的行進過程中骨碌碌滾向路邊荊棘的一次意外——艾斯勒稱之為「文明的改道」。那麼隨之而來的問題就是：父系文明——這個意外——何以會產生？

對於這個問題，理安・艾斯勒在《聖杯與劍》一書中用混沌理論給出了解釋。一個複雜系統要想產生相變，須滿足內、外兩個條件：內因是遠離平衡態，意即系統內部充滿了矛盾和衝突，從而富於能量而變得敏感；外因則是系統外部出現一個擾動。這個擾動雖然能量很小，但因為系統離平衡態足夠遠，所以仍可以對龐大的系統產生顛覆性的影響。就好比一塊幾十噸重的石頭正好在懸崖邊上，一個蘭花指就可以把它推下去一樣。

母系社會之所以會遠離平衡態，答案在於農業。原始農業的產量很低並且不穩定，遇到荒年，部落間就會發生戰爭。較之「含哺而熙，鼓腹而遊」的採獵時期，整個母系社會顯得動盪不安。此時，外部出現了一個微小的擾動——外高加索地區的三次寒流，使得以遊牧維生的庫爾甘人無法生存，於是大舉向歐亞大陸入侵。更要命的是，該死的庫爾甘人還掌握了冶鐵技術。鐵這個東西比銅更硬，而且還輕。以石頭和青銅為武器的母系社會遂「歷史性地敗北」，聖杯就此讓位於劍。

理安·艾斯勒就是用這混沌學的觀點來看待社會歷史的。在她的眼裡，一個幾百萬年來保持繁榮穩定的母系人類社會，因為蝴蝶拍動了一次翅膀——指的是六千多年前外高加索地區的幾次寒流，使得生活在那兒的遊牧民族庫爾甘人活不下去了，於是大批入侵歐洲和印度——造成了前所未有的大動盪。**屠殺、掠奪、毀滅之後，人類社會建立起一個與以往迥異的新系統，父權制社會**。新的秩序被建立起來，社會重新變得「井井有條」起來。只是，以往母系社會的秩序是建立在平等與合作的基礎之上的；而父權制社會的秩序，則是建立在統治和被統治、壓迫和被壓迫的基礎之上。在這個社會中，男人統治女人；一些男人統治另一些男人。

父權制系統有兩個最基本的特徵：首先，是一夫一妻制的男女關係模式；其次，是普遍的性禁忌——更主要表現在女人這一方。可想而知，讓這個系統保持穩定絕不是一件容易的事情，因為我們已經知道：

⑴男人的天性是好色的；⑵女人的天性也是好色的；⑶從時間跨度來看，現行的父權制模式只佔到人類整個歷史的百分之一點四，談不上有什麼深厚的根基；⑷父權制宗教觀和道德觀的目的，

就是為了讓每個男人都能得到血統上靠得住的後代，以使繼承財產。為此，女人婚前須守貞操，婚後不許與其他男人有性接觸。從理性和人性的角度來看，父權制社會的價值觀並無值得令人尊重的地方；(5)男人控制女人最有力的武器，就是剝奪她們經濟獨立的能力。

從以上可以看出，問題的核心正在於男人對女人經濟上的控制。如果女人獲得了經濟上的獨立地位，人類社會這個系統的內部就會再次積蓄起變革和重建秩序的能量。

羅曼·羅蘭有一句名言：「痛苦這把犁刀，一方面割破了妳的心，一方面崛起了生命的新水源。」這句話用在上世紀六〇年代西方婦女身上，是最恰當不過的了。經歷了性解放運動過後，她們發現男人不再值得信賴、指望和依靠，她們被迫獨自承擔起撫養孩子的重任。這時她們發現：沒有男人的日子，並不像想像得那麼糟——窮是窮了些，可是，卻也有了以前不曾有過的諸多好處。瑪麗蓮·亞隆（Marilyn Yalom）在《老婆的歷史》一書中，表達了這個時代職業婦女們的心聲：「為什麼在妳根本就不需要丈夫提供性生活、經濟支援、共用住宅和共同撫養孩子的情況下，還要麻煩地結婚呢？」

是啊，為什麼非要結婚不可呢？

二十世紀六〇年代男男女女之間瘋狂的性愛，總讓人聯想起六千年前庫爾甘人揮舞刀劍直指南方的母系農業社會。如果說，六千年前外高加索的幾次寒流是蝴蝶翅膀的第一次拍動，那麼，導致性解放運動的蝴蝶翅膀，又是什麼呢？生產大於消費，存在主義哲學，還是口服避孕藥？

假設這是一道非做不可的選擇題，正確的答案更像是C——口服避孕藥。如果這個答案看起來有些令人發笑，那也只是因為人們對避孕方法帶來的便利早就習以為常，總是低估了這小藥片的重大意義。保險套只適用於「按部就班」的性生活——良家婦女們總不至於像妓女一樣，天天往包裡塞上幾個保險套出門吧？

相較而言，口服避孕藥不僅可以「事先」服用，更可以「事後」補救。這使得女人對「突發」的性事件——通常是與非固定的性夥伴——的態度大為改變。雖然口服避孕藥在一九五九年就已經發明出來，但直到六〇年代中期，才獲許像OK蹦一樣在藥店裡公開出售。

簡．路易士在談到口服避孕藥帶來的變化時這樣寫道：「即使是最粗糙的統計學表格，也能顯示出就青年男女雙方性活躍程度而言，一九七四年的水準明顯高於一九六四年。剛開始的時候，是男性的性活躍程度顯著增長；而緊接著——女性迎頭趕上。」

儘管我們對那蝴蝶的翅膀到底是什麼並無十足的把握，也不知道這一場喧鬧的塵囂最終將落定何處，但我們有十足把握的是：今天，我們正身處於一個劇烈變動的時代。並且，對於這個正在發生的變化本身，也仍然可以有一個清醒的認識——以父親為核心地位的傳統家庭模式，正處在不可挽回的崩潰之中。父親——這個曾經無比風光的角色——被「邊緣化」了，取代他而佔據家庭核心地位的，是母子的親情。

女人對以父親為核心的傳統父權制家庭模式的反叛，其方式主要有兩種：同居和單身。

註64　理安・艾斯勒：美國著名文化人類學家，現代文藝復興的代表人物之一；國際廣義進化論研究小組成員，國際夥伴關係研究中心的創始人。

註65　《說文解字》：簡稱《說文》。作者是東漢的經學家、文字學家許慎。《說文解字》是我國第一部按部首編排的字典。現代有同名書籍和電視節目。

註66　十三香：又稱十全香，就是指十三種各具特色香味的中草藥物，包括紫蔻、砂仁、肉蔻、肉桂、丁香、花椒、大料、小茴香、木香、白芷、三奈、良薑、乾薑等。屬調味料，廚房用品，佐料。

註67　赫伯特・馬爾庫塞：德裔美籍哲學家和社會理論家，法蘭克福學派的一員。馬爾庫塞與馬克思、毛澤東並稱為「3M」。

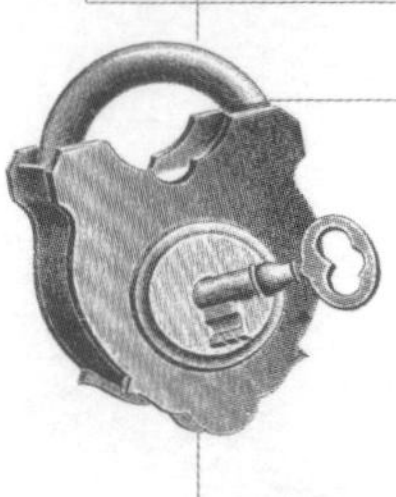

同居

一九七二年至一九八二年的十年間，當時的聯邦德國同居率上升了十倍。尚未結婚的年輕職業女性是這樣看待婚姻的：「女人放棄了職業，等待著男人回家。當精疲力竭的丈夫終於到家之後，卻坐在電視機前，沒有交談的話題和興致。最後，他進了臥室——什麼也不做，除了打呼嚕。」這樣的婚姻生活自然是令人生畏的——它意味著無聊、空虛和僵化。因此，年輕伴侶刻意避免讓他們之間的關係「合法化」。因為在他們看來——正如赫拉德．申克（Schenk H.）（註68）所言——「一紙結婚證書只能給他們提供了一份虛假的安全感，使他們在互相爭取對方的努力中提前疲勞、懈怠。」

當然，一個女人選擇只是與她喜歡的男人同居，而不是嫁給他，往往意味著需要女方有更強的自我意識和更獨立的經濟地位。只有在這種情況下，她才不願意讓她和一個男人之間的關係具有「額外的」法律效力和社會意義，也不願意與這個與她共同生活的男人有什麼財產上的糾葛。總之——如果關係破裂，她是個「輸得起」的女人。

美國俄亥俄州的調查顯示：一對同居的男女在收入方面更加接近——女方收入占兩人總收入的

百分之四十一，而婚姻中的女性則只占了百分之二十七。另外，相較於婚姻而言，同居關係顯得更具「彈性」，使得女人感覺得到一種隨時可以動用的「再次選擇」的權利和機會。同樣是俄亥俄州的這個調查顯示：一半的同居關係會在一年之內破裂，維持五年以上的同居關係，僅占了百分之十；英國的調查也顯示：維持十年以上的同居關係僅占了百分之五。即便是在有了孩子之後，同居破裂的機率也會比有孩子的夫妻鬧離婚的機率高出四倍。

這種將關係僅僅維繫在同居水準而不是結婚，似乎是女性主動的選擇。英國的調查顯示：當有了孩子之後，女性與同居夥伴結為夫妻的願望，下降了百分之六十——這種情況一定大大出乎中國人的預料。

在結婚率直線下降和離婚率持續上升的同時，同居成為愈來愈多的男女的選擇。在美國的佛羅里達、密西根、密西西比、北卡羅萊納、北達科他、佛吉尼亞和西維吉尼亞諸州，男女同居至今仍被視為是一種輕罪，抓到了會被處以短期監禁或是五百塊錢的罰款。即便如此，在二十世紀九〇年代這十年間，上述諸州的同居人數還是增長了將近一倍——從五十萬對上升至九十三萬對，增幅為百分之八十六。對全美的統計顯示，這十年中，非婚姻家庭的增長速度，是婚姻家庭增長速度的兩倍多。

今天，美國有近一半的成年人選擇同居或乾脆單身（見圖一）。結婚的人占了百分之五十二，

2000 年美國婚姻狀況

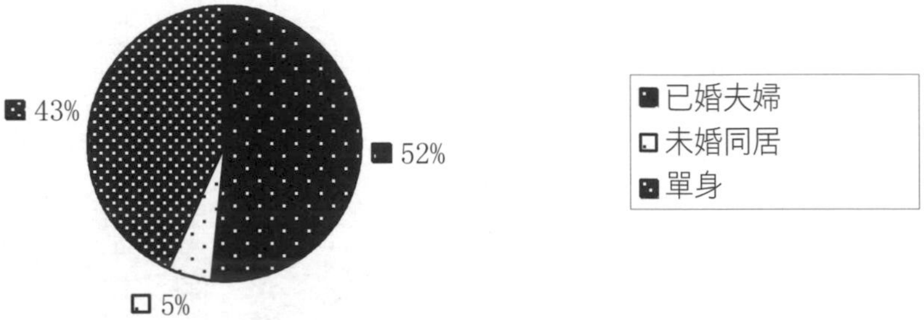

圖一

但其中的大部分是屬於那種「混合家庭」——夫妻中至少有一方不是第一次婚姻，並且，他們至少有一方不是孩子的生父或生母。傳統意義上的家庭模式——一對夫妻和屬於他們兩個人的孩子共同生活——在美國只占了百分之二十五左右。

如今，西方各國的同居者愈來愈傾向於男女雙方都有各自的住所，這使得他們的情況與單身之間很難界定。現在認定某兩人是同居關係，並不意味著這兩個人一定要共用住宅。那麼，兩個各有住宅的同居者，與兩個單身者之間的多次約會又有什麼區別呢？

(1)同居者的關係更穩定，接觸頻率更高；(2)同居者的性關係往往是排他性的，後者則否；(3)同居者兩人雖然各有各的房子，卻至少有一方手上有另一方家裡的鑰匙，並且，可以隨時去對方家而不用事先打招呼。

西方社會的同居模式，還有一點是和今天中國試婚性質的婚前同居有很大的不同。在英國，只有五分之三的同居關係以後會轉化為婚姻，但這些同居者們卻很熱衷生孩子。調查顯示：在一九九七年這一年中，英國百分之二十二的孩子出生時，其父母是同居關係。而在二十年前，這個比例僅為百分之二；在美國，有三分之一的孩子出生時，他的父母不具備法律婚姻關係；而在社會福利水準極高的冰島——國家可被看作是所有孩子的稱職父親，情況自然可想而知——二〇〇〇年，將近三分之二的孩子出生時，沒有法律意義上的父親。由此可見，今天，**西方社會愈來愈將同居關係視為一種「常態」，而不僅僅是婚姻的過渡或是權宜**。

相較之下，今天中國的情況僅與二十世紀七〇年代的西方社會更為接近。同居者主要由兩種人構成：一是婚前試婚性質的同居——當女方懷孕之後，他們往往就會「奉子成婚」；二是兩個離婚者在一起同居——雙方通常對再次締結一個婚姻心有餘悸。另外，男女雙方又都有前一次婚姻帶來的扯不清的撫養義務。所以，他們更偏愛經濟平等的同居關係，而不是另一次婚姻。而中國的同居關係則往往排斥孩子。

中國人目前仍然對非婚生子心存偏見或疑慮。如果一對夫妻關係很糟糕，人們往往會這樣勸告說：「看在孩子的份上，湊合湊合吧！」可是如果一對男女雖然關係很融洽卻沒辦結婚手續，大家反倒覺得他們不應該生孩子。這樣的看法有什麼道理呢？說到底，對孩子來說，重要的是父母能不能給他關愛和安全感，而不是他的父母有沒有一張結婚證書。

註68 赫拉德·申克：德國自由作家，哲學博士。於一九九四年成為國際筆會的成員，目前在德國弗萊堡附近生活。她曾在C. H. Beck出版社出版過的作品有《簡樸人生——在富足和苦行中尋找幸福》（1997）和《家·幸福死亡——自傳體報告》（1998）等。

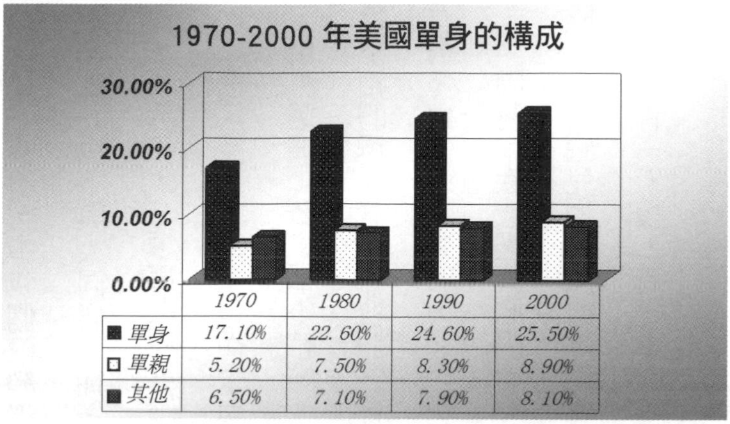

圖二

不管怎麼說，一對同居者看起來還是很像一對夫妻的，因為：

⑴他們往往住在一起；⑵兩人間有排他性的性關係；⑶雖然談不上有「同居後共同財產」這一說，卻也免不了互相請客送禮物、共同承擔水電瓦斯費之類的日常費用；⑷另外，他們愈來愈像婚姻夫妻一樣堂而皇之地生孩子。

相較於這些同居的女人，另一些女人則更為激進：為什麼非得要一個男人呢？或者說，為什麼非得要一個固定的男人呢？她們打定主意自己過日子——如果非得和什麼人在一起生活，那也只是和她們的孩子，而不是男人。

從（圖一）中我們已經得知，二〇〇〇年美國有百分之四十三的成年人單獨生活，他們既不結婚，也不與人同居。從（圖二）中我們得知，美國至少有四分之一的成年男女從沒結過婚。一九九八年，一項專門研究婦女婚姻狀況的調查中發現：十五～四十四歲的美國婦女當中，有百分之二十八從未結婚，也從未與人同居過。英國二〇〇二年的調查分析顯示：五分之一的英國年輕人也將選擇一輩子都不結婚。另外，單親家庭中的一部分人雖然和孩子一起生活，但他們仍然是不折不扣的單身者——他們既沒結過婚，也不曾與人同居過。除了這些從未嘗試過婚姻的人之外，另有很多喪偶或離異的男女，也從他們的某一次婚姻結束之後，加入到單身的行列之中。

因為宗教或經濟原因而守獨身的現象，在西方社會源遠流長。因而，不能將西方人選擇單身的原因一股腦兒地歸於對婚姻生活的反感。另外，單身這個概念又往往會混有「雜質」。拋開「撒謊的同居者」不談，造成單身的原因也過於複雜——可能是男方的原因，也可能是女方的原因；可能是主動的選擇，也可能只是被動的無奈。加之在此我們關注的重點只是女性。因此，我們只將所有單身中的「單親母親」做重點討論，從中管窺西方現代社會女性對待傳統婚姻態度的轉變。

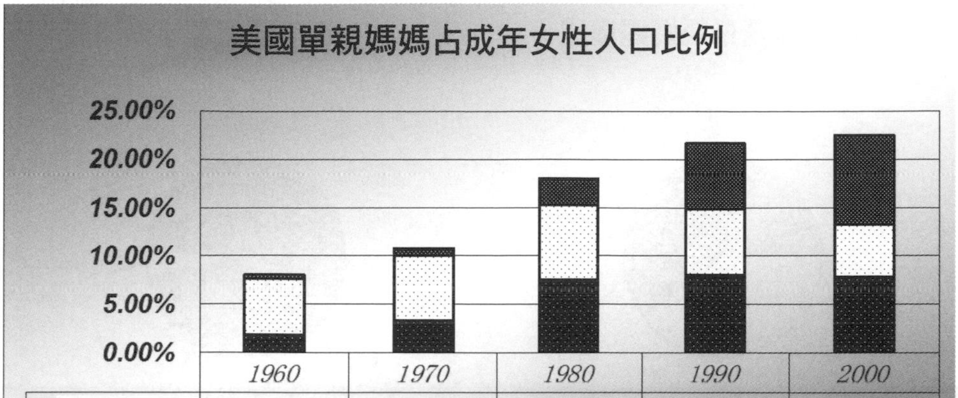

	1960	1970	1980	1990	2000
■ 未婚媽媽	0.35%	0.76%	2.75%	6.81%	9.15%
□ 喪偶或遺棄	5.77%	6.69%	7.72%	6.85%	5.44%
■ 離婚	1.90%	3.32%	7.51%	7.98%	7.85%

圖三

單親媽媽——這個在中國人眼裡女人最不幸的狀態——在美國從一九六〇年的占全部成年女性的百分之七，上升到二〇〇〇年的接近百分之二十五。進一步觀察發現，女性被動進入這一狀態的原因——喪偶或遺棄——反而有所下降（從百分之五點七七到百分之五點四四）；大幅上升的第一位是未婚媽媽（從百分之零點三五到百分之九點一）、第二位則是離婚（從百分之一點九到百分之七點八五）——差不多都是女性主動選擇的結果。要知道，今天美國的離婚案中，百分之九十是由女方提出來的。

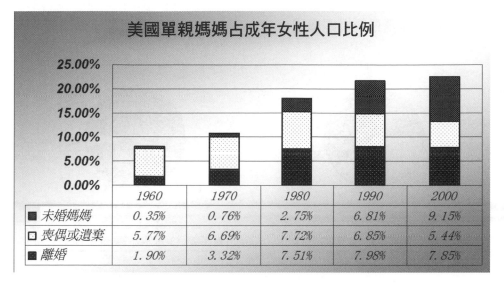

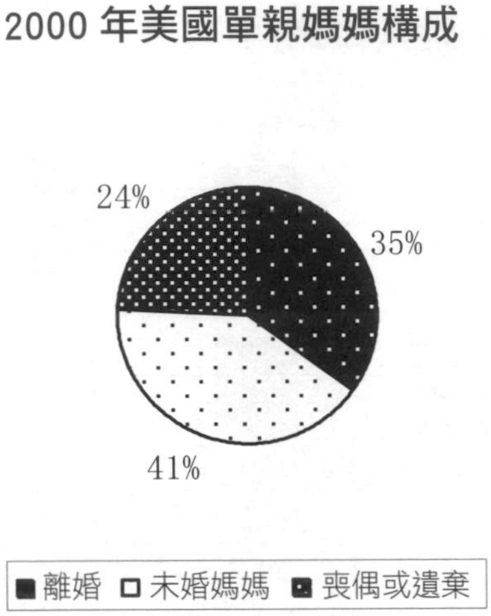

圖五

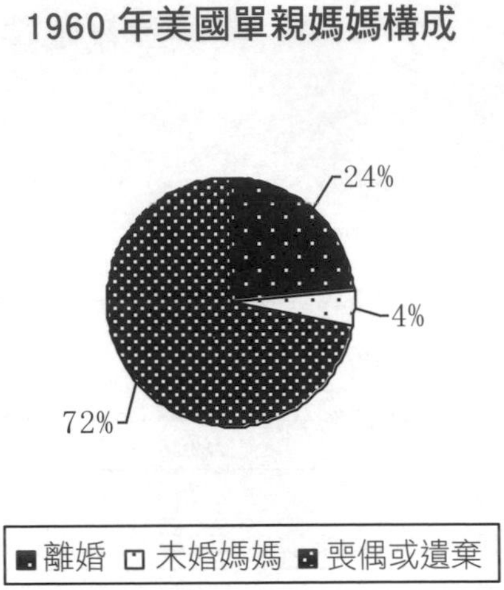

圖四

從一九六〇年（圖四）與二〇〇〇年（圖五）的單親媽媽構成情況對比來看，造成單親媽媽的原因也確實發生了極為顯著的變化。在一九六〇年，造成單親媽媽的最主要原因是喪偶和遺棄（百分之七十二），而與傳統觀念最為抵觸的未婚媽媽，僅占了百分之四，顯示單親媽媽的一種被動狀態。公眾當時對未婚媽媽們的態度可想而知。二十世紀初的時候，未婚媽媽被視為道德觀出了嚴重問題，通常要被送入精神病收容所。到了五〇年代，她們又被看為「受害者」，社會道德家們對她們寄予了「無限同情」。一九五二年，英格麗·褒曼沒結婚就為著名導演羅伯特·羅斯里尼生了一對女兒——伊莎貝拉和英格麗。打從那之後，公眾對未婚媽媽的態度才開始有所轉變。今天，在斯堪地納維亞國家，諸如丹麥和瑞典，情況與五十年前整個顛倒了過來——如今，反倒是未婚媽媽們對已婚媽媽們指手畫腳起來。她們抱怨說，國家給每個孩子同等數額的補貼顯然有失公允——在婚姻家庭中，是夫妻兩個賺錢的人共同撫養孩子，而她們則是單獨撫養孩子。因此，國家應該給她們的孩子更多補貼才對。

從（圖五）可以看出，今天美國的情況與四十年前相比發生了根本性的變化：最為主動的選擇——不結婚就生孩子的未婚媽媽，占了最大的比例（百分之四十一）；因為離婚而成為單親媽媽的，也從一九六〇年的百分之二十四上升到百分之三十五；而最為被動的喪偶和遺棄反倒成了最少見的原因——從一九六〇年的百分之七十二下降至二〇〇〇年的百分之二十四。

以上的種種資料，**顯示愈來愈多的婦女成為單親媽媽，是她們主動選擇的結果**。最為極端的，就是那些明明知道父親是誰卻不告訴對方的未婚媽媽——這占了能夠確認孩子父親的未婚媽媽總數的三分之一——她們放棄男方的撫養費，寧願窮一點，也不想與男方分享對孩子的親情。

美國公眾對這些未婚媽媽的看法也發生了翻天覆地的變化——四十年前，她們是些「不要強」的女人；而今天，她們卻成了公眾眼裡最「要強」的女人。簡．瑪特斯寫了一本書《主動選擇做單親媽媽》（Single Mothers by Choice），並在全美到處創建同名組織（SMBC），以使日益增多的單身媽媽們能夠互相幫助。這個組織的口號是意味深長的：「單親撫養並不一定意味著要獨自承擔一切。」不過，這裡沒男人什麼事情，簡．瑪特斯看來是想建立一個「母系氏族社會」——只是與古代的母系氏族相比，「氏族成員」間並沒有血緣關係。有的，只是志同道合。

關於美國的單親媽媽，以下的一些資料深刻地揭示了她們對傳統婚姻模式的反叛：

⑴今天，美國每三個孩子當中，就有一個是由母親單獨撫養；⑵所有這些單親媽媽中，有百分之四十以上從未結過婚；⑶百分之二十五從未結婚的美國婦女，已經有了自己的孩子；⑷在過去的十年中，單親家庭增長了百分之六十；⑸沒有丈夫的家庭增長速度是已婚家庭增長速度的三倍；⑹從一九八五年開始，婚內生育呈下降趨勢，而婚外生育呈明顯增長。

在談到二十世紀六〇年代以來的這種種變化時，簡・路易士將其歸納為兩個分裂。第一個分裂發生於六〇年代，指的是婚姻與性的分裂——男女交往模式呈多元化的態勢，他們或同居、或保持單身狀態頻繁與異性約會，婚姻不再是成年男女獲得性機會的唯一選擇；第二個分裂發生於八〇年代，指的是婚姻與生孩子之間的分裂。女人們獲得經濟獨立之後，本能地覺得「婚姻」這東西有什麼地方不對勁——既然我和男人一樣能夠賺錢養活自己，那憑什麼還要我在下班後幫他洗襪子和做飯呢？於是，愈來愈多的職業女性接受了西蒙・波娃（Simone de Beauvoir）（註69）的勸告——「如果女性瞭解了這一切還想要一個孩子，那她們最好要孩子，但不結婚。因為婚姻是最大的陷阱。」

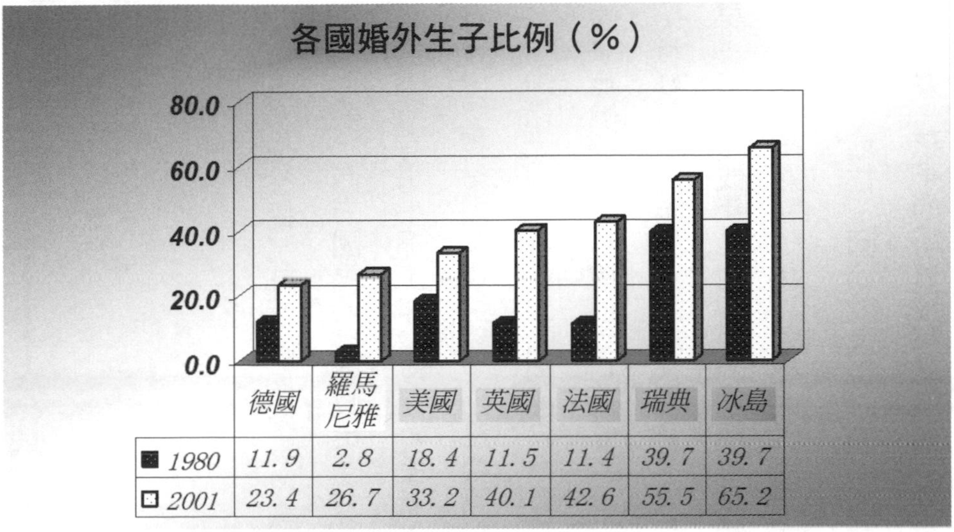

	德國	羅馬尼雅	美國	英國	法國	瑞典	冰島
■ 1980	11.9	2.8	18.4	11.5	11.4	39.7	39.7
□ 2001	23.4	26.7	33.2	40.1	42.6	55.5	65.2

圖六

二十世紀八〇年代開始，在婚內生育趨於下降的同時，同居者和單身的婦女則開始非常踴躍地生孩子。

從（圖六）中我們可以看出：就發達國家而言，要嘛已經是半數以上的孩子在婚姻外出生，要嘛是正朝著這個目標飛速前進。至此，傳統婚姻所擔負的最基本的生物功能——性，以及最基本的社會功能——生育和撫養孩子，全都遭到顛覆。赫拉德．申克用這樣一句話對今天婚姻的處境做了總結：「傳統意義上只能從婚姻中得到的一切內容，如今在婚前或婚外都能得到。」

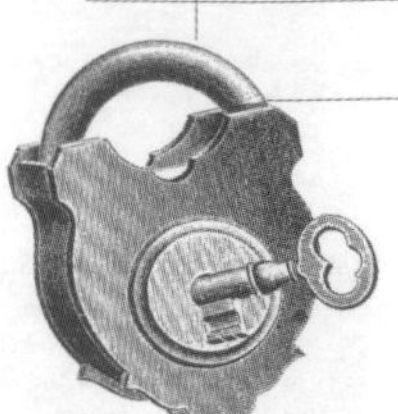

國家——公共父親、還是公共丈夫？

國家是父權制社會的最高級組織形式。因此，它的家庭政策，也一直是「男性化」的。直至五十年前，西方國家的家庭政策一直基於這樣的假設：(1)所有男人都工作，成為養家者；(2)所有的女人都成為全職太太，操持家務；(3)所有的孩子都有父母雙親，由父親供養、由母親照料。

由以上假設推斷出的國家家庭政策，必然是將國民分成兩個等級——男人，他們的妻子、兒女。國家無須為女人和孩子的利益操心——她們顯然是第二等的，由一個個特定的男人供養。國家只須照料好每個成年男人的利益就行——為他們提供工作、社會保險和養老金制度。一旦一家之主死得早，他的未成年子女和他的寡婦可以憑藉他的撫卹金繼續維持生計。

基於這樣的設想，國家就一定要利用其強大的專政力量來維護婚姻的合法性、維護丈夫在家庭中的核心地位。**國家就像是一個「公共丈夫」，它替所有的丈夫出頭，做好兩件事情——確立丈夫對老婆、孩子的所有權和統治權；以及，懲罰通姦。**

一個妻子與人通姦自然要受到最重的懲罰。因為，她動搖了父權制社會得以建立的最根本目的——男人獲得合法繼承人。因此，一個通姦的猶太妻子是要被亂石砸死的；而懲罰一個男人的通姦行為，則是因為他損害了另一個男人的財產。如果他是與一個已婚婦女通姦，他會被罰得重些，通常是和「淫婦」一起被亂石砸死——因為他危及了那個丈夫的所有財產。如果他與一個未婚姑娘通姦，則會被罰得輕些——因為，他損害的只是那個做父親的一部分財產。《舊約》中規定：如果一個男人與一個處女性交而被人看見——這個姑娘在婚姻市場上的價值就被損害了——他必須向姑娘的父親賠一筆錢。然後，不管他愛不愛這個姑娘，也不管他是不是已經有了老婆，他都得把這個姑娘娶回家。

二十世紀六〇年代之後，西方的情況發生了根本變化。首先，婦女不管出嫁與否，她都能與兄弟平等地繼承其父母的遺產；其次，無過錯的（no-fault）自由離婚法案在西方普遍實施。婚姻破裂後，女人不但可以帶走孩子，還能帶走丈夫的一半財產；最後——更為重要的是——婦女普遍走出家門參與工作，獲得了經濟上的獨立。面對這突如其來的新形勢，國家應該如何應對呢？

我們舉三個發達資本主義國家——日本、法國和美國為例。

日本政府頑強地扮演著「公共丈夫」的老角色：一個姑娘可以工作，可是如果她結婚嫁人，就必須回到家中相夫教子。也就是說，**一個妻子和一個經濟獨立者之間，日本女人只能二選其一**。這使得日本在經濟高度發達的今天，婚姻狀況與傳統農業社會相比仍沒有什麼大的改變——離婚率較低；雖然有一定程度的婚前性自由，但婚前同居現象卻很少見——三十歲以下的婦女中，只有百分之五與男人有同居關係。

另外，儘管日本男人熱衷於嫖妓是全球聞名的，可是日本的妻子們卻很少通姦。因此不難理解，雖然日本的經濟已經十分發達，但從男女平等方面和文化氣質上來看，它距離真正的現代社會仍相距甚遠。日本社會僅有的一點「現代氣息」，也只能是愈來愈多的女人拒絕結婚，或者更可憐地——結婚後晚要孩子。如果一個日本女人生了孩子之後非要堅持工作的話，那往往意味著她不得不和婆婆住在一起。這顯然是年輕媳婦們最不喜歡的狀況。

近年來，日本政府頭痛於人口負成長問題，因而，也開始嘗試在一定程度上扮演「公共父親」這樣一個新角色——「越過」一個個丈夫，去直接關心婦女和孩子的利益。一九九二年頒布了有關職業婦女享受產假的法令。但是，只有百分之十一的三十歲以下婦女和百分之十九的三十～三十四歲職業婦女「休了產假」。大部分職業婦女一到要生孩子就辭職回家了。其中原因，一是沒有廉價而令人放心的公共托兒系統，二是「工作單位的氣氛」根本不接受一個女人生了孩子之後又回來上班。

關於孩子的補助，日本政府也簡直是小氣到家：在低收入家庭中，所生的頭兩個孩子在六歲前，每月可以享受大約五十美元的補助；第三個及以後的孩子，補助標準為每月一百美元。五十美元在日本是一個什麼概念？我們舉一種水果為例：在東京的超市裡，一個方形西瓜的售價是八十三美元。

由此不難理解，日本的一個社會學家將政府的種種努力簡單地歸結為一句話──「沒有牙齒的立法」。事實上，日本政府用在兒童福利上的錢是所有發達國家中最少的──僅佔其 GDP 的百分之一點九。相應的，其兒童貧困率則高達百分之九點五（見圖七）。考慮到日本離婚率很低，絕大多數的婦女和兒童還處於婚姻的「保護」之中，而不像西方社會有那麼多的單親媽媽，百分之九點五這個數字應該讓日本政府感到羞恥和難堪。可想而知的是，在現有的社會條件下，日本婦女一旦成為單親媽媽，她和她的孩子將不可避免地陷入貧困。

與日本相比，歐洲大陸國家則走向了另一個極端。它們對新形勢迅速做出了──或許有點過頭的反應。**他們完全放棄了「公共丈夫」這個老套的角色，改而全力扮演一個「公共父親」**。在這些「公共父親」中，最熱心和最稱職的莫過於斯堪地納維亞國家和法國了。

以法國為例。首先，從「人人平等」的前提出發，法國認為一個人的權利，不能因為其與異性交往的模式「與眾不同」而受到損害。因此，政府承認單身者、未婚媽媽、異性同居者和同性戀同居者一切人等，與已婚者享有相同的權利。這樣，雖然它並沒有直接否認婚姻，卻承認不結婚的和結婚的完全一樣。實際上，也就是否認了婚姻。

就這樣，法國政府把關注點完全轉到了孩子身上，至於成年人之間以何種方式相處——結婚還是不結婚，異性戀還是同性戀，同居還是單身——政府乾脆無所謂。

要想當一個好「父親」，首先就得有錢。因此，法國和斯堪地納維亞國家都採取了殺富濟貧的高稅收政策，以建立起一個平民主義的高福利社會制度。

有了錢之後，法國政府便給每個孩子——不論生在窮還是富的家庭、也不管是婚生、非婚生還是領養來的——發同樣數額的津貼。一個有兩個孩子的家庭，每月得到的子女津貼數相當於法國男性平均薪水的百分之九點五。津貼一直發到孩子滿十八歲——相較之下，日本才給每個孩子發五十美元，而且只發到六歲。

考慮到相較於雙親家庭，單親家庭在撫養孩子中所處的弱勢，法國政府除了按孩子人頭發放的「大鍋飯」之外，還專門給單親家庭發放額外的補助，以避免他們陷入貧困。

光給孩子發錢是不夠的。要想做一個好「父親」，還必須照顧好孩子的母親。在這方面，法國政府可以說是無微不至：

(1)早在一九一三年，法國就通過了婦女「帶薪休產假」的法案。今天，法國婦女在生頭兩胎的

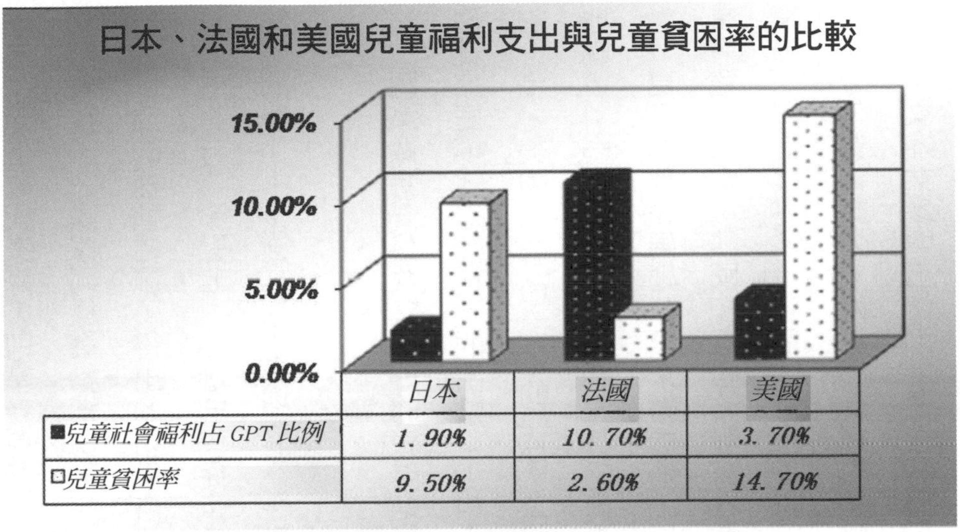

圖七

時候，都能享受到「強制性」的十六週帶薪產假。期間可拿到百分之八十的淨薪水，產假結束後可繼續回去工作。如果生更多的孩子或是雙胞胎，產假更長。

⑵產假結束後，在孩子滿三歲前，或家中有兩個孩子要照料時，父母雙方可任選其一留在家中照看孩子。在此期間，國家仍然發給薪水。孩子滿三歲之後，由政府負責為留在家裡的那個家長重新安排和他以前從事的差不多的工作。

⑶高品質的、全日制的和廉價的托兒中心，以解除「工作媽媽」們的後顧之憂。法國公共托兒中心的品質是如此之好，以致於絕大多數不工作的家庭主婦也會把孩子送到托兒中心去，以便讓孩子得到更好的教育。另外，收費也十分低廉，通常不超過一個普通家庭收入的百分之十～

十五；而低收入家庭，則享受免費待遇。如果雙職工父母不把孩子送到托兒中心，而是雇人到家裡來照料孩子，國家同樣發給補助。

以上的種種措施，得出的結果自然是令人滿意的。在法國，每年投在兒童福利上的資金，占其GDP的百分之十點七。相應的，兒童貧困率則為百分之二點六（見圖七）。這個數字與日本形成了鮮明的對比——儘管法國人均收入比日本還要低。

國家做為「公共父親」的表現是如此出色，法國的男人們自然變得可有可無。以父親為核心的傳統家庭模式遭受更大的衝擊——和美國相比，法國的離婚率雖然差不多，可是結婚率卻只有美國的一半。美國二〇〇二年的一個人口調查在比較了結婚、同居和單身的增長趨勢之後，不無憂慮地說道：「十年內，結婚將成為少數美國人的選擇。」而這種情況，在法國則早已成為現實。

更多的單親媽媽甚至未婚媽媽、更多的同居關係，意味著法國婦女更大程度的經濟獨立。在所有發達國家中，法國和美國的婦女就業率是最高的（百分之四十六 vs. 百分之四十七）。所不同的是，美國婦女更多的只是「部分時間用於工作」的不充分就業，而法國婦女更多的則是「全日制」的充分就業。另外，得益於良好的托兒系統，在二十五～三十九歲這個年齡層，有百分之七十八點八的法國婦女參與工作——遠高於美國，更高於日本。

相較於高福利的平民主義法國，美國的氣質是「自由主義」的，它不能容忍對富人徵過高的稅，卻能夠容忍更大程度的社會貧富差異。從（圖七）中看出，美國在兒童福利上的花費雖然遠不及法國，卻也達到了百分之三點七。可是，它的兒童貧困率居然高達百分之十四點七。對一個全球最強大的國家來說，這不能不說是一個令人悲哀的數字。

在意識形態上，美國政府還是充當著傳統「公共丈夫」的角色——它給予婚姻很多特權，而將非婚生子以及同性戀者領養的孩子，不同程度地排除在兒童福利之外。此外，它也不給生育期婦女必要的幫助。當政府在某些時候不得不承擔起「公共父親」的角色時，又顯得十分斤斤計較——它總是試圖找到孩子的血緣父親，並逼迫這個男人替政府多負擔些責任。

我們將美國與法國做一比較：

(1)聯邦政府不承認同性戀和同居關係具有法律效力；(2)兒童福利：美國並沒有普遍的兒童津貼。生育至少兩個孩子的家庭，只能得到一定程度的減稅；(3)對貧困家庭的救助條件很苛刻。比如聯邦政府推行的貧困家庭臨時救助計畫（Temporary Assistance to Needy Families program，簡稱TANF），除了對施助對象進行嚴格甄選之外，還有獲助期限一次不得超過兩年、終生累積不得超過五年的規定。另外，政府常常給失業的獲助者找一些低收入的工作，以便減少給他們的救助。這樣一來，結果往往是——正如經濟學家林恩·卡羅莉在國會中所做的證詞那樣——獲助者從沒有工作的貧困轉入有工作的貧困；(4)單親媽媽受歧視：在美國，非婚生子的母親為了能得到一點減稅優惠，必須向州政府指認孩子的父親，以便政府向這位父親徵收兒童撫養費。這樣一來，不能明確父親的孩子的權益，自然受到損害。這一做法正與法國相反——法國政府認為，一個孩子沒有父親，恰好是政府多給這一對母子救濟的理由。在美國五十個州中，只有威斯康辛州對無法確定父親身分的孩子沒有歧視。美國人做了一個調查：窮爸爸如果不需要賴帳，他和孩子的關係會變得更加親密。否則，他往往就不見了蹤影。

令人感到不解的倒不是這個調查的結果，而是美國人何以要做這個結論不言自明的調查。

(1)在苛刻非婚生子的同時，美國政府卻向一對已婚者徵收比兩個單身加起來更多的稅。理由似乎是：兩個人合夥養孩子，相較於單親家庭是得了便宜——美國政府也實在是太會算計了；(2)直到一九九三年，美國婦女才有休產假一說，而且僅限於在員工超過五十人的公司裡工作的雇員——為期十二週，沒有薪水；因此不難理解，在符合條件的婦女當中，有百分之六十四放棄了產假，因為她們「休不起」；(3)美國沒有公共托兒系統。托兒費用往往超過一個貧困家庭總收入的百分之二十五。只有百分之十左右的家庭能夠享受到托保津貼；(4)離婚法雖然各州不盡相同，總體看來卻對婦女極為不利。只有加利福尼亞、路易士安娜和新墨西哥這三個州，離婚婦女才有權得到一半的財產——還僅限於女方是全職太太的情況。

由此不難理解，為什麼有高達百分之二十五的美國單親媽媽陷入貧困。而在同樣實行「自由主義」的英國，單親媽媽的貧困率更是高達百分之六十二。

理安·艾斯勒將男女關係分為兩種情況：**父權制下的「統治關係」和她理想中的「平等夥伴關係」**。她進一步指出：在一個國家中，男人對女人的統治愈厲害，這個國家就愈是「男性化」、愈是富於侵略性。由此不難理解，為什麼今天在世界各地到處惹是生非的會是美國和英國，而不是法國或瑞典。至於日本，因為受制於「戰後憲法」，它失去了向海外派兵的權力。即便如此，它還是透過出錢給美國，從中得到了「參戰」的快感——一種類似於買鞭炮請別人放的「快感」。儘管那鞭炮的響聲，往往要在「意淫」中才聽得真切。

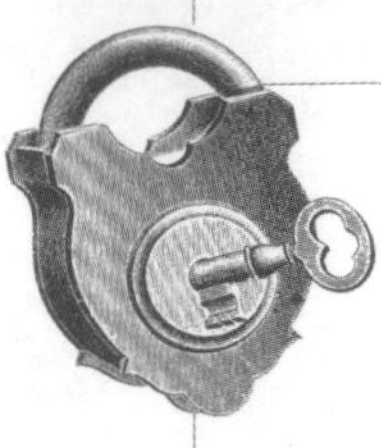

父親待在什麼位置？

國家政策對婚姻家庭的模式影響甚大。即便如此，在日本、美國和英國等父權制思想仍然嚴重的國家，以父親為核心的傳統家庭模式還是處於不可挽回的崩潰之中。

一個孩子的身上雖然來自父母的基因各占一半，但母親一方卻要「額外」承擔懷孕和哺乳的重任。因此，一個符合生物學基礎的家庭，必將以母子親情——而不再以父子所屬關係——為核心來加以建構。那麼，在新形勢下，那個曾經無比風光的父親，應該跑到什麼位置去呢？

很多人做這樣的設想：既然家庭核心重又回歸到母子親情，似乎我們再回到母系氏族社會就萬事大吉了。但是，這條路顯然走不通。因為，一是現代婦女在國家的幫助下，並不一定非要和有血緣關係的姐妹或母親同共居住，合作撫養孩子。以美國為例，即使國家沒有為單親媽媽提供充分的育兒支援，單親媽媽們也選擇了自發地組織起來（SMBC）互相照應，而並不是抱著孩子回娘家；第二個原因是，在現代社會，只要男人或女人願意，就能運用技術方法來確認出一個孩子的生父——這是傳統母系社會的組織框架內無法相容的一個新情況。

既然「父親」這個事實已經被發現，我們就無法假裝「它」不存在，然後重新回到母系氏族社會。今後，即使國家做為「公共父親」可以滿足孩子的一切經濟需求，在心理層面上，孩子也更願意結識自己的父親，而不是一個舅舅。因此，在未來的家庭中，還是應該有父親的位置——雖然他已經從中心地帶被趕了出去。

那麼，新的家庭框架應該是什麼樣子的呢？

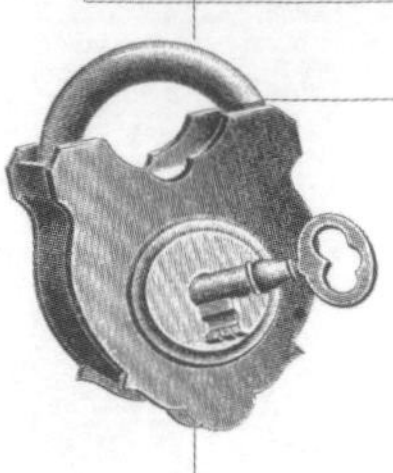

浪漫的相容——法國人的觀點？

法國電影《生活的奇蹟》，為我們展現了法國人對家庭演變趨勢的理解。

一個以畫漫畫和寫作兒童書籍維生的職業婦女佐埃，在經歷了兩次失敗的婚姻之後，與五個孩子共同生活在一起。兩個前夫雖然都已經有了自己的生活，卻時常回來看望孩子——從不事先打招呼，因為兩個男人都有鑰匙。

一次偶然的機會，讓佐埃遇見了她二十年前的初戀情人馬蒂約，不久便與他同居。矛盾開始產生：馬蒂約受不了兩個前夫居然經常不打招呼就跑到家裡來。尤其是晚上當他和佐埃親熱的時候，她的某一個前夫會不時把腦袋伸進臥室，問前妻黃油和鹽放在什麼地方——他餓了，想給自己做一份煎雞蛋。

馬蒂約與兩位前夫談判：到這個家裡來可以，必須事先打招呼。另外，交出這個家的鑰匙！

兩位前夫顯然持不同意見：我們是這個家裡五個孩子的父親。而你，不過是個陪女主人睡覺的傢伙。相較之下，當然是我們更有權力擁有這個家的鑰匙。

馬蒂約與孩子父親們的矛盾，自然影響到了他與家裡五個孩子之間的關係。終於，他忍無可忍，搬出這個家了事。看著佐埃抑鬱終日，前夫們心中甚是不忍。兩個人商量之後，一起去找馬蒂約，交出鑰匙，請他再搬回去。

電影的結局是：三個男人成了好朋友，與那位母親和她的孩子們融洽相處。還有一點值得提及：馬蒂約之前也經歷過一次失敗的婚姻，失敗的原因在於他發現他深愛的女兒蘇萊維不是他的親骨肉，而是妻子與他人通姦的結果。可是在電影的結尾，馬蒂約還是把蘇萊維帶進這個大家庭，與佐埃、她的五個孩子，或許還得算上那兩位前夫，共同生活在一起——這正是這部電影人情味最濃的地方。

在母系社會，一個男人喜歡孩子，是因為他喜歡這孩子的媽媽；而在父系社會，一個男人喜歡孩子，是因為那是他的親骨肉。法國的這個電影，似乎就是想讓這兩種喜歡同時並存。他們的家庭構想是：母親和孩子是一個家庭的核心，像質子和中子一樣構成一個原子核。而男人們，則像電子一樣在外周軌道上移動——他們或許是被像中子一樣的孩子的品格所吸引；或者是被像質子一樣的母親的電荷所吸引；又或許是兩者兼而有之。

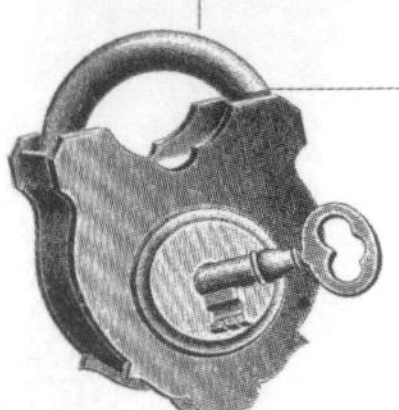

用技術解決一切——英國人的冷酷？

英國科學家羅賓．貝克寫了一本令人驚駭不已的書——《未來的性》。更加讓人嘖嘖稱奇的是，寫這本書的傢伙居然有一個穩定的家庭，還生了五個孩子。

在這本書中，羅賓．貝克對未來人類的性活動、產生後代的方式以及家居模式做了展望——在他的構想裡，已經沒有婚姻這東西了：

（A）複製、體外受精、代孕和親子鑑定等技術普遍得到使用；（B）付得起錢的男人和女人，一到成年就把輸精管和輸卵管結紮起來，使性和生育徹底分開，以避免不小心弄出個孩子，付一大筆撫養費的風險；（C）如果一個男人想要孩子，他就上網，到卵子庫裡去買一個他滿意的卵子。卵子主人的身高、體重、智商、眼睛和頭髮的顏色、家族遺傳病史等等的資料，一應俱全——可是就是不許他認識卵子的主人；買回卵子後，就到醫院去用自己的精子做人工授精。之後，他還得再花一筆錢找一個代孕母親。等待九個月，便可以得到一個有自己一半血統、與他人完全無關的孩子。當然，如果這個男人比較自戀，他也可以複製一個孩子。在這種情況下，他買卵子的錢就可以省下了，只需要找個女人替他懷孕就行了；（D）如果一個女人想要孩子——同理，既可以透過網路買精子，用來讓自己的卵子受精，也可以複製一個孩子。複製自己或是其他知名人士都行——前提當然是買得到他的一個體細胞。當然，女人可以選擇自己生孩子。可是如果她怕痛，也可以像男人一樣——花一筆錢雇個女人替她生；（E）這樣，每個男人和每個女人都有能力「單獨」得到孩子。可是，孩子的概念卻完全變了：這個孩子可能與你有著最最親密的關係——比如一個女人親自生下自己的複製嬰兒——母親不但親自生孩子，孩子的基因也與母親的完全相同。也可能，一個孩子看起來卻更像一隻寵物——比如一個女人花錢雇了個代孕母親，然後複製了知名人士的孩子——這孩子既不是這位「母親」生的，又與這位「母親」毫無血緣關係；（F）每個單獨帶著孩子的男人或女人，總免不了力不從心的感覺。於是，成年人們往往找伴同居在一起，以便相互間有個照應——當一個人出去與情人約會的時候，另一個人可以留在家中照料所有的孩子。為了給孩子們一個「完整家庭」的氛圍，這種「家居夥伴」關係往往選擇異性搭配。他們之間可能有性關係，也可能沒有；（G）家裡的每一個孩子，從血緣上看，要嘛屬於男方，要嘛屬於女方，要嘛哪一方都不屬於。所以，兩個「同居夥伴」間生一個屬於雙方的孩子便不可取——對其他孩子來說，這是一種不公平；（H）為了保持與情人的長久關係，兩個相愛的人不應該住在一起。如果兩個情人想有一個他們的孩子，既可透過性交——如果兩個人都沒結紮，也可以透過體外受精——如果至少有一方已經結紮；

生下的孩子可以由男方撫養，也可以由女方撫養——一切取決於雙方事先的協議。

這樣的設想遠超過一般人的想像和心理承受能力。可是又不得不承認，這裡面不僅有不少吸引人的地方，更有在將來成為現實的可能性。現在人們對複製有著一種本能的反感，但正如「墨菲法則」所言：「某件事情只要可能發生，它早晚就一定會發生。」總有一天，人們會像接受保險套一樣地去接受複製技術。就一項技術而言，它本身並無善惡。更何況，自然界中超過百分之九十五的生物都是採用無性的繁殖方式，可見複製也不是什麼稀奇古怪的事情。但是現階段，對複製的禁止是明智的，因為它在技術上還很不成熟。人們在道德、倫理和心理層面，也沒有做好接受這項新事物的準備。但無論如何，我們不應該對這項技術本身心存惡念，也阻擋不了它將被普遍應用於人類自身的前景。

羅賓·貝克的核心思想，大概可以戲謔地歸結為這樣一句話：和不住在一起的人做愛，不和住在一起的人發生性關係；和認識的人做愛；和不認識的人生孩子。如果彼此認識的一對男女非要生個孩子不可的話——看來這是未來社會力圖避免的唯一事件——那得事先簽個合約。

父系還是母系——來自德國的困惑？

德國的一個電影《美味關係》，反映了人們對家庭制度深層次的思考。

廚師瑪爾莎有一個姐姐，七年前在與一個義人利人有了一夜情緣之後，成了一位單親媽媽——有了一個女兒，名叫列娜。一次，列娜的母親帶著列娜來看望瑪爾莎，途中發生了車禍。結果，列娜的母親死於非命。留下列娜，與姨媽瑪爾莎一起生活。

按照母系氏族的繼承規則來看，這當然是天經地義的安排。只是這件事情發生在今天，便有了不對勁的地方——列娜為與姨媽一起生活感到屈辱，因為，她畢竟還有一個父親！

於是，孩子便和姨媽鬧起了種種彆扭，並堅持要求尋找自己的父親。瑪爾莎用盡一切辦法，試圖改善與列娜的關係，最終歸於失敗，只好去找孩子的父親。終於，孩子的父親找到了，把列娜帶去了義大利。

分離之後，瑪爾莎和列娜都陷入了深深的失落。沒過多久，瑪爾莎去義大利看望列娜——不用說，孩子見到了姨媽，也是萬分高興。

故事到此，似乎所有人都沒了主意。孩子到底應該跟她的父親，還是跟姨媽呢？於是，導演含糊其詞地安排了列娜的父親及其女友、瑪爾莎及其男友馬里奧這四個大人，坐在一張桌子前興高采烈地野餐。而列娜則和她父親的另外幾個孩子，繞著桌子跑來跑去。

小結

我們正處在這樣一個變化和轉型的時期——這是我們每個人都能感受得到的。但是，對於未來，我們卻不能假裝知道答案。米蘭．昆德拉寫了一個非常有意思的小劇本——《雅克和他的主人》，結尾是這樣——

雅克：好。我為您引路……往前走……

主人：（環顧四周，極為窘迫）我很願意，但是往前走，往哪兒？

雅克：我向您透露一個大祕密。這是人類最古老的玩笑。往前走，不管是哪兒。

主人：（環顧四周）不管是哪兒？

雅克：（用手畫了一個大圓圈）無論您往哪兒看，全都是前面，往前走啊！

主人：（無精打采）真了不起，雅克！真了不起！

雅克：（憂鬱地）是的，先生，我也覺得這不錯。

主人：（簡短的舞臺手法之後，悲傷地）那好吧！雅克，往前走！

是的，**這正是人類最古老的玩笑——不論朝哪兒看，都是前面；不論朝哪兒走，都是前進。**

但我們心裡知道一件事情：只要我們一「前進」，就得離開現在這個地方。

在此，我們向即將謝幕的那個男主角誠懇地道一聲珍重：走好，父親！

國家圖書館出版品預行編目(CIP)資料

性愛簡史：為什麼嘴上談愛，腦袋裏會想到性／肉唐僧著.-- 第一版. -- 臺北市：樂果文化出版：紅螞蟻圖書發行, 2016.01
面； 公分. --（樂繽紛；27）
ISBN 978-986-92619-0-6(平裝)

1. 性別 2. 父權

544.7 104027255

樂繽紛 27

性愛簡史：為什麼嘴上談愛，腦袋裏會想到性

作　　者／肉唐僧
總 編 輯／何南輝
責任編輯／韓顯赫
行銷企劃／黃文秀
封面設計／張一心
內頁設計／申朗創意

出　　版／樂果文化事業有限公司
讀者服務專線／（02）2795-3656
劃撥帳號／50118837號　樂果文化事業有限公司
印 刷 廠／卡樂彩色製版印刷有限公司
總 經 銷／紅螞蟻圖書有限公司
地　　址／台北市內湖區舊宗路二段121巷19號（紅螞蟻資訊大樓）
電話：（02）2795-3656
傳真：（02）2795-4100

2016年1月第一版　定價／280元　ISBN 978-986-92619-0-6